擎旗领航担使命
凝心聚力创一流

——武汉大学基层党建工作典型案例选编

主　编　姜星莉

副主编　王临平　刘义胜　谌启航　闵　杰

参　编　张　锋　李　响　倪　清　向　昭　顾笑聪
　　　　许艺凡　陈一夫　阮文凯　宋雨禾

武汉大学出版社
WUHAN UNIVERSITY PRESS

图书在版编目(CIP)数据

擎旗领航担使命 凝心聚力创一流：武汉大学基层党建工作典型案例选编／姜星莉主编．-- 武汉：武汉大学出版社，2025.1.
ISBN 978-7-307-24805-2

Ⅰ. D267.6

中国国家版本馆 CIP 数据核字第 20248PN023 号

责任编辑:陈　红　　　责任校对:汪欣怡　　　版式设计:马　佳

出版发行:**武汉大学出版社**　　(430072　武昌　珞珈山)

(电子邮箱：cbs22@whu.edu.cn　网址：www.wdp.com.cn)

印刷:武汉中科兴业印务有限公司

开本:720×1000　1/16　　印张:27.25　　字数:446 千字　　插页:1

版次:2025 年 1 月第 1 版　　2025 年 1 月第 1 次印刷

ISBN 978-7-307-24805-2　　　　定价:98.00 元

序　言

　　党的十八大以来，以习近平同志为核心的党中央高度重视高校党的建设，作出一系列重大部署，推动高校党的建设取得了重大进展和明显成效。武汉大学坚持以习近平新时代中国特色社会主义思想为指导，深入学习贯彻习近平总书记关于党的建设的重要思想，认真贯彻落实新时代党的建设总要求和新时代党的组织路线，旗帜鲜明地把党的领导落实到办学治校全过程各方面，让各级党组织始终成为坚持党的领导的坚强战斗堡垒。

　　近年来，学校党委以增强基层党组织的政治功能和组织功能为着力点，以推进党建与业务深度融合为切入点，以党建示范创建和质量创优为牵引点，以落实立德树人根本任务、引领和保障事业高质量发展为落脚点，纵深推进教师"双带头人"培育、学生"活力创新"、机关"转作风树形象"等三大支部建设工程，入选全国党建工作"标杆院系"4个、"样板支部"14个（总数位居全国高校前列），基层党组织建设呈现出全面进步、系统提升的生动局面，党建工作的辨识度、美誉度、贡献度显著提升。

　　在高标准推进基层党建工作的过程中，全校各基层党组织坚持守正创新，凝练了一批特色做法。例如，马克思主义学院党委以全国重点马院和马克思主义理论一流学科建设为契机，坚持"姓马、信马，言马、研马""四马"同抓，着力培养堪当民族复兴重任的时代新人。水利水电学院党委建立健全"四级联动、五会贯通"党建工作全链条机制，打造多层次多类别党建"样板"体系，形成了珞珈山下特有的"红色水文现象"。文学院古籍整理和汉语言文字学党支部秉承"全国高校黄大年式教师团队"的优良传统，把践行习近平总书记重要回信精神融入传承冷门绝学、弘扬中华文化的生动实践。生命科学学院研究生第二党支部始终牢记习近平总书记"粮食安全要靠自己"的殷殷嘱托，践行新时代水稻候鸟精神，把论文写在祖国大地上。

　　为深入学习贯彻习近平新时代中国特色社会主义思想，宣传和推广全校基层党组织创新开展党建工作的特色做法，党委组织部开展了基层党建工作典型案例征集活动。在各分党委（党总支）推荐申报、学校党的建设和全面从严治党工作领导小组成员单位评审的基础上，按照优中选优的原则，最终遴选出 100 个典型案例，形成了《擎旗领航担使命 凝心聚力创一流——武汉大学基层党建工作典型案例选编》。《选编》主要包括"推进党建业务双融双促""践行立德树人初心使命""赋能事业高质量发展""发挥基层党组织战斗堡垒作用"等四个部分，案例主题鲜明、重点突出、内容翔实、条理清晰，具有较强的示范引领作用和参考借鉴意义。

2024 年 12 月，学校胜利召开第十次党员代表大会，深入分析了新时代新征程学校的历史方位和使命任务，科学制定了"两步走"战略安排，明确提出要将"造形""铸魂"贯穿组织体系建设始终，为进一步全面深化改革、加快建设中国特色世界一流大学提供坚强组织保证。全校各级党组织要深入学习贯彻习近平新时代中国特色社会主义思想和党的二十届三中全会精神、全国教育大会精神，贯彻落实学校第十次党员代表大会精神，把握基层党建围绕中心、服务大局的职责定位，牢记嘱托、感恩奋进、乘势而上、追求卓越，通过多种方式学好、用好党建工作典型案例，源源不断地把党建优势转化为发展优势、把党建成果转化为发展成果，着力形成抓党建引领、蹚改革新路、谋事业发展的生动局面，以更坚定的自觉、更昂扬的斗志、更有为的担当，奋力答好"推进中国式现代化，武大何为"的时代命题。

武汉大学党委书记　黄泰岩

2025 年 1 月于珞珈山

目　　录

目　录

2

第二编　践行立德树人初心使命

第三编　赋能事业高质量发展

第四编　发挥基层党组织战斗堡垒作用

擎旗领航担使命　凝心聚力创一流

——武汉大学基层党建工作综述

党委常委、组织部部长　姜星莉

入选全国党建工作"标杆院系"4个、"样板支部"14个，总数位居全国高校前列；发展党员2.4万余人，其中高知群体近2000人、国家级高层次人才近30人，党员队伍迸发生机活力；学校层面示范培训2.9万余人次，各分党委兜底培训15万余人次，党员政治素养和能力本领不断提升；设立203个党员先锋岗、190个党员责任区，党员突击队闻令而动、冲锋在前……5年多来，组织部门坚持以习近平新时代中国特色社会主义思想为指导，深入学习贯彻习近平总书记关于党的建设的重要思想，认真贯彻落实新时代党的建设总要求和新时代党的组织路线，以增强基层党组织的政治功能和组织功能为着力点，以推进党建与业务深度融合为切入点，以党建示范创建和质量创优为牵引点，以落实立德树人根本任务、引领和保障事业高质量发展为落脚点，不断健全上下贯通、执行有力的组织体系，为中国特色世界一流大学建设凝聚起磅礴力量。

一、聚焦凝心铸魂，创新理论武装持续深化

组织是"形"，思想是"魂"。加强党的组织建设，既要"造形"，更要"铸魂"。组织部门坚持把学习贯彻习近平新时代中国特色社会主义思想作为首要政治任务，坚持集中性教育与经常性教育相结合，教育引导全校党员干部、师生深刻领悟"两个确立"的决定性意义，不断增强"四个意识"、坚定"四个自信"、做到"两个维护"。

（一）牢记殷殷嘱托，以感恩奋进铸牢政治忠诚。2023年12月1日，在

武汉大学参加南北极科学考察近 40 年之际，习近平总书记给学校师生代表回信，嘱托全校师生"胸怀'国之大者'，接续砥砺奋斗，练就过硬本领，勇攀科学高峰"。组织部门将学习贯彻习近平总书记重要回信精神与巩固拓展主题教育成果紧密结合起来，纳入党员、干部教育培训的首要内容，纳入分党委党委会会议、党支部主题党日"第一议题"，推动全校各级党组织和党员干部、师生增强责任感和使命感，磨砺真本领、投身大事业，把政治忠诚落实到牢记嘱托、感恩奋进、乘势而上、追求卓越的实际行动上，锚定"武大之位"，奋发"武大之为"。古籍整理和汉语言文字学党支部秉承"全国高校黄大年式教师团队"的优良传统，把践行习近平总书记重要回信精神融入传承冷门绝学、弘扬中华文化的不懈努力；中国南极测绘研究中心研究生党支部累计举办 200 余场科普报告，将"爱国、求实、创新、拼搏"的南极精神作为思政教育的鲜活素材。

2023 年 12 月，历史学院党员师生在考古发掘现场学习习近平总书记重要回信精神

（二）抓实集中教育，以理论清醒保持政治坚定。 理论上清醒，政治上才能坚定。组织部门坚持把深入学习贯彻习近平新时代中国特色社会主义思想作为首要政治任务，牵头开展"不忘初心、牢记使命"主题教育、党史学习教育、学习贯彻习近平新时代中国特色社会主义思想主题教育、党纪学习教

育等党内集中教育，一体推进理论学习、调查研究、推动发展、检视整改等重点任务，确保理论创新每前进一步、理论武装就跟进一步。校领导带头举办专题读书班、带头开展交流研讨、带头领题调研、带头检视整改；发挥哲学社会科学"一方重镇"的学科优势，加强宣传和研究阐释，为推动党的创新理论学术化、学理化、体系化作贡献；创新方法载体，用好周恩来旧居等校内红色资源，开展"行走的党课"，推动理论学习往深里走、往实里走、往心里走；实施"我为群众办实事"项目 3300 余项，解决一大批师生急难愁盼问题……每一次党内集中教育，都是理论武装的重要课堂，都是自我革命的生动实践，都是凝心聚力的奋进号角。

2024 年 9 月，学校召开党的建设和全面从严治党工作领导小组（扩大）会议，总结党纪学习教育开展情况

（三）**坚持融入日常，以学思践悟锤炼政治品格**。科学理论是推动工作、解决问题的"金钥匙"，越学越觉得有信心，越学越觉得有力量，越学越觉得有方向。组织部门坚持融入日常、抓在经常，综合运用督导、考评、备案等多种方式，推动全校 1400 余个党支部认真落实"三会一课"、组织生活会、谈心谈话、民主评议党员等各项制度，用好批评和自我批评武器，使全校党员干部、师生在党内政治生活"大熔炉"中，锤炼党性、百炼成钢。全校党员、干部全面系统学、及时跟进学、深入思考学、联系实际学，

在学习热潮中接受全面深刻的政治教育、思想淬炼、精神洗礼，自觉践行初心和使命，不断提振信心和斗志，始终保持统一的思想、坚定的意志、协调的行动和强大的战斗力，更加自觉地把党中央和学校党委的决策部署落到实处。

2024 年 6 月，党委组织部、党校党支部与图书馆学系教师党支部开展联学共建

二、着力强基固本，党的组织体系更加严密

加强高校党的建设，必须完善党的建设制度机制，促进各级组织上下贯通、执行有力。组织部门坚持大抓基层的鲜明导向，持续用力抓组织覆盖、抓基层基础、抓双向融合、抓责任落实，基层党组织政治功能和组织功能不断增强。

（一）严密组织体系，筑牢"压舱石"。严密的组织体系是党的优势所在、力量所在。组织部门聚焦增强基层党组织政治功能和组织功能这个重要任务，推动分党委严格执行民主集中制，扩大党的组织和党的工作的覆盖面，不断筑牢基层党建工作"压舱石"。组织部门负责人分别列席 31 个学院的党委会会议、党政联席会议，将"两个议事规则"纳入分党委书记、学院院长、新任中层干部等培训班次的重点内容，推动各分党委进一步健全集体领导、党政分工合作、协调运行的工作机制。针对大学生思想活跃的特点，在全国首创并已经连续实施17批党建网格化工程，在学生宿舍区建立11个"一站式"学生社区服务中心，依托校学生会、研究生支教团等团学组织、实习实践团队成立17个"功能型"党支部，实现对青年学生的全面有效覆盖。主动适应国家科技创新的新型组织形式，根据基础前沿研究、跨学科交叉融合的客观需要，依托高等研究院、宇航研究院、科研公共服务条件平台等灵活设置党组织，在前沿交叉学科研究院单独设立党委，理顺中国南极测绘研究中心等一批研究机构党组织隶属关系，引领推动党员科研团队主动服务国家战略需求、聚焦"卡脖子"技术，产出更多原创性成果。

2024年5月，学校举办首届全国水利院校党建工作论坛

（二）**夯实基层基础，激活"红引擎"**。党建工作的难点在基层，亮点也在基层。组织部门以纵深推进"三大工程"为抓手，持续提升党支部标准化规范化建设水平。高起点实施教师党支部书记"双带头人"培育工程，督促各分党委选优配强教师党支部书记"双带头人"，其中"国字号"人才20余名，教师党支部参与提职晋级、评奖评优等重要事项讨论决策更有底气；投

入 100 余万元经费，资助 5 批、近 300 个"活力创新工程"项目，珞珈红色文化节、党建网格化工程等学生党建特色品牌异彩纷呈；深化机关党支部"转作风树形象"工程，引导机关党员干部加强作风建设、优化工作流程、提高服务效能，"作风建设月"等活动持续深入开展。同时，分 2 批培育 100 个校级"样板支部"，遴选 130 件"支部好案例、书记好党课、党员好故事"，征集 100 个基层党建工作典型案例，全校基层党组织争当标杆、创建样板的氛围更加浓郁，党建工作显示度、贡献度、美誉度不断提升。相关经验做法在全国高校党委组织部长培训班、"双一流"暨长三角高校党建工作高质量发展论坛等场合作专题推介。

2023 年 9 月，学校研究生会功能型党支部开展迎新志愿服务活动

（三）**推进双向融合，破解"两张皮"**。只有围绕中心、建设队伍、服务群众，推动党建和业务深度融合，党建工作才能找准定位。组织部门聚焦党支部这个最基础的组织、最基本的单元，在全国高校率先印发《党支部党建与业务工作深度融合指导方案》，针对教师、学生、管理服务等 3 类党支部，从强化理论武装、服务中心工作、团结凝聚师生、健全保障机制等 4 个方面，分别提出 12 条有针对性的融合举措。首批 30 个融合试点党支部探索出了系务委员会制度、党员应急岗等有效载体，党支部党建与业务工作双向融合的理念更加牢固、载体更加丰富、效果更加显著。围绕全国重点实验室重组、

国家重点研发计划项目实施、重大科研成果转化等中心工作，指导相关单位设立功能型党支部、党员先锋岗和党员责任区，推动党员科研团队进行原创性引领性科技攻关，获批重组 4 个、新增 3 个全国重点实验室，学校作为第一完成单位连续 3 次获国家科技进步奖一等奖。

2022 年 11 月，多学科教师党支部开展交流研讨

（四）**压实党建责任，牵住"牛鼻子"。**组织部门认真落实《中共中央办公厅　国务院办公厅关于精简优化基层考核的通知》等中央文件精神，改革考评机制，更加精准有效地传导管党治党的政治责任，切实为基层减负和赋能。精简优化指标，将党建考评指标控制在两级以内且二级指标减少 20% 以上，根据年度工作重点动态调整考核指标；改革考评方式，注重在日常调研和常态工作中增强对各分党委的指导，不再单独进行现场考评，二级单位现场述职从两年全覆盖调整为一个届期（五年）全覆盖；加强综合研判，突出事业发展核心指标完成情况，考准实绩实效，淡化具体排名，探索采用"等级制"呈现考评结果并在一定范围内公开。同时，经常对党支部建设情况进行分析研判，督促各分党委把党支部建设作为最重要的基本建设、抓好党支部书记述职评议考核工作，真正做到真管真严、长管长严。

2023 年 3 月，学校举行 2022 年度分党委（党总支）书记抓基层党建工作述职评议考核会

三、强化事业感召，党员队伍迸发生机活力

党员是党的肌体的细胞，是党的活力的源泉。组织部门始终把党员队伍建设作为一项基础性、根本性、经常性任务来抓，聚焦党员发展、管理监督、教育培训、作用发挥等关键环节，锻造新时代高素质党员队伍，为中国特色世界一流大学建设凝聚磅礴的先锋力量。

（一）加强政治吸纳，永葆"一池活水"。党员是党的肌体的细胞和党的活动的主体，发展党员工作是党的建设一项经常性重要工作。组织部门认真贯彻坚持标准、保证质量、改善结构、慎重发展的方针，通过计划倾斜、专项推动、情况调度等方式，指导推动全校各级党组织加大在优秀青年教师和优秀学生中发展党员的力度。党员校领导出席教师党员发展大会，对青年教师入党表示祝贺、给予勉励；突出先进性和纯洁性，把好党支部"培养教育考察关"、分党委"审批关"、组织部门"审核关"等"七关"，严把标准、严格程序、严肃纪律。自 2019 年 1 月以来，全校共发展党员 2.4 万余人，同期有9.6万余人申请入党，5.8万余人被确定为入党积极分子，党员队伍建设始终保持"一池活水"。

2023年12月，有机化学所党支部召开党员发展大会

（二）从严教育管理，锻造"一块整钢"。党要管党、全面从严治党必须落实到党员队伍的管理中去。组织部门推动各分党委认真贯彻《中国共产党党员教育管理工作条例》，将严的要求落实到党员教育管理工作全过程各方面，将党员参加支部活动、履行党员义务等情况作为组织生活会和民主评议党员的重要内容，认真做好党籍和党员组织关系管理，以及党费收缴、管理、使用等工作。发现党员有思想、工作、生活、作风和纪律方面苗头性倾向性问题的，及时进行提醒谈话，抓早抓小、防微杜渐。坚持严管和厚爱结合、激励和约束并重，认真落实党员权利保障、荣誉表彰等规定，使全校党员既有义务、有责任、有奉献，又有权利、有温暖、有荣誉。在庆祝中国共产党成立100周年之际隆重表彰113名"优秀共产党员"和22名"优秀党务工作者"，每年列支专门经费用于元旦、春节、"七一"前后走访慰问党员，向1400余名老党员颁发"光荣在党50年"纪念章，激励全校党员牢记初心使命、赓续红色基因、汲取奋进力量、逐梦时代新篇。

2021 年 6 月，学校召开庆祝中国共产党成立 100 周年表彰大会

（三）抓实基本培训，实现"一贯到底"。组织部门健全常态化培训特别是基本培训机制，突出政治导向、问题导向、实践导向，构建多主体协同、多要素融合、多环节贯通新格局，推动党员教育培训一贯到底、有效覆盖。修订实施《中共武汉大学委员会党校工作细则》等制度文件，健全完善党委统一领导，组织部、党校牵头抓总，12 个相关部门协同参与的工作格局，着力构建科学规范、协同高效、执行有力的党员教育培训制度体系。以坚定信仰、增强党性、提高素质为重点，制订年度党员教育培训工作计划，把学习贯彻习近平新时代中国特色社会主义思想作为必修课，分层分类组织、分期分批开展，统筹开展覆盖入党积极分子、发展对象、预备党员的全周期入党培训，覆盖新党员、党员骨干、党支部书记、内设机构干部、中层干部的全链条党员骨干培训，党员教育培训工作质量持续提高、体系日臻健全、效果更加显著。组织二级单位主要负责人到北京、深圳、上海等改革前沿地区调研先进做法、更新思想观念，组织青年干部到昆山杜克大学学习高水平课程体系和跨学科教育模式，组织高层次青年人才到四川绵阳现场感悟"两弹一星"精神的丰富内涵和时代价值。积极探索互动式、观摩式、体验式等党员教育教学方法，依托中央党校、国家教育行政学院等开展线上培训，录制党

员教育培训网络课程，生动诠释党的光辉历程、党的伟大成就、伟大建党精神，推动新时代党的创新理论"飞入寻常百姓家"。

2024 年 7 月，学校组织二级单位主要负责人赴兄弟高校培训交流

（四）推动作用发挥，高扬"一面旗帜"。 组织部门积极搭建党员日常发挥作用平台，哪里最需要、哪里最艰苦，哪里就有党的旗帜高高飘扬，哪里就有共产党员冲锋在前。党员教师坚持为党育人、为国育才，争当"四有"好老师，涌现出"全国模范教师""荆楚好老师""全国教育系统先进工作者"等一批先进典型。党员科技工作者始终心怀"国之大者"、坚持"四个面向"，"国家最高科学技术奖"获得者李德仁院士、南北极科学考察团队等在科研攻关方面取得重大成果，国际法治研究院等"珞珈智库方阵"着力服务国家重大战略和经济社会发展，把论文写在祖国大地上。学生党员在专业学习、志愿服务、社会实践、创新创业等方面发挥示范带头作用，通过参加"西部计划"、研究生支教团、定向选调等方式，到西部和艰苦边远地区建功立业，让青春之花绽放在祖国最需要的地方。党员干部和医护工作者在抗击冰冻灾害、应急处突等重大任务面前，拉得出、冲得上、顶得住、打得赢。

2024 年 7 月，学校召开学习贯彻习近平总书记在全国科技大会、国家科学技术奖励大会、两院院士大会上的重要讲话精神暨李德仁院士报告会

四、矢志争创一流，彰显组织工作使命担当

2024 年 12 月，学校胜利召开第十次党员代表大会，作出"两步走"战略安排，强调要深化改革，激发勇创一流、奋进前列的强劲动力，奋力谱写中国特色世界一流大学建设新篇章。站在新的历史起点上，组织部门将坚定扛起管党治党政治责任，坚持用改革精神和严的标准，扎实做好理论武装、选贤任能、强基固本、育才聚才各项工作。

2024 年 12 月，中国共产党武汉大学第十次党员代表大会胜利召开

（一）**以更高站位深化理论武装**。深入学习贯彻习近平新时代中国特色社会主义思想，健全以学铸魂、以学增智、以学正风、以学促干长效机制。推动全校各级党组织认真落实"第一议题"制度，形成传达学习、研究部署、推进落实、督查督办、反馈报告工作闭环，切实把政治忠诚落实到具体行动和日常工作之中。大力弘扬基层党组织加强思想政治工作的优良传统，坚持用科学理论培养人、用正确思想引导人，引导全校党员特别是青年学生党员树立正确的世界观、人生观、价值观，传承红色基因、赓续红色血脉。坚持以党的政治建设统领领导班子建设，推进政治监督具体化、精准化、常态化，督促领导班子树立和践行正确政绩观，确保改革始终沿着正确的政治方向前进。

（二）**以更优导向抓好选贤任能**。贯彻中央最新文件精神，健全干部选任、能上能下、落实"三个区分开来"等系列制度，试行非定向民主推荐方式，加强干部交流轮岗，健全干部职业发展机制，畅通能上能下"双通道"，鲜明树立选人用人正确导向。把健全培养选拔优秀年轻干部常态化工作机制作为重中之重来抓，实施年轻干部"琢玉"成长工程，有计划地把年轻干部放到吃劲岗位、重要岗位和急难险重任务中去经风雨、见世面、壮筋骨、长才干，对德才表现和工作实绩突出、实践证明确实优秀的年轻干部，不搞论资排辈、平衡照顾，不拘一格大胆使用。精准把握不同类别、岗位、学科背景的干部对于教育培训的需求，建立"精准选题+分组调研+成果转化"培训机制，充分激发干部队伍活力。

（三）**以更严标准推进强基固本**。牢固树立"大党建"理念，全局谋划推动"铸魂领航·奋进前列"党建示范工程，凝练党组织"对标争先"、珞珈宣讲体系、"1631"工程、"头雁"训练营、"青马工程"等系列党建项目品牌，凸显集成优势和叠加效应。持之以恒抓基层、打基础，构建高质量的党建工作体系，提升基层党组织政治把关、引领发展、凝聚人心的能力。针对新兴学科建制，创新党组织设置形式，促进党建与业务深度融合，推进拔尖创新人才培养、关键核心技术攻关、教师队伍建设等重点工作。设立用好功能型党组织，推动党支部这个"神经末梢"向人才培养、科学研究等关键领域延伸，提高"双带头人"教师党支部书记队伍储备数量和配备质量，进一步发挥党支部战斗堡垒作用。

（四）**以更实举措开展引才育才**。通过举办专题培训班、发挥党员专家

"传帮带"作用、开展国情社情教育、选派挂职锻炼等方式，强化思想引领和事业感召，加强对高层次人才的政治引领和政治吸纳，做好在高层次人才中发展党员工作，源源不断地把各方面先进分子凝聚在党的旗帜下。千方百计做人的工作，切实关心关爱人才，把解决思想问题与解决青年人才"急难愁盼"问题结合起来。发挥党的政治优势和组织优势，健全党管人才领导体制和工作格局，深化人才发展体制机制改革，完善"弘毅学者"人才发展体系，围绕破解"唯帽子"顽瘴痼疾，健全人才评价体系，努力形成人才辈出、人尽其才、才尽其用的生动局面。

党的力量来自组织，组织能使力量倍增。组织部门将坚持以习近平新时代中国特色社会主义思想为指导，坚持组织路线为政治路线服务，把党的领导贯彻到组织工作各方面全过程，厚植组织优势，凝聚奋进力量，彰显一流水准，为进一步全面深化改革、加快建设中国特色世界一流大学提供坚强组织保证。

第一编

推进党建业务双融双促

聚焦中心、服务大局，
推动党建与业务深度融合

李　樵　戴　昀

2019 年 7 月 9 日，习近平总书记在中央和国家机关党的建设工作会议上指出："只有围绕中心、建设队伍、服务群众，推动党建和业务深度融合，机关党建工作才能找准定位。"① 近年来，党政办公室第一党支部坚持围绕中心抓党建、抓好党建促业务，立足学校改革发展大局，找准基层党建和"三服务"工作融合的结合点、发力点，不断完善党建与业务工作双向融合的制度机制，切实将融合的成果转化为推动高质量发展的实际成效。

【背景】

党政办公室在学校治理体系中居于特殊重要地位、肩负重要职责使命。为教育管理监督党支部党员和组织宣传凝聚服务师生更加有力，为成为服务促进学校中心工作的坚强战斗堡垒，党政办公室第一党支部通过强化理论武装、聚焦中心工作、团结凝聚师生、加强队伍建设，实现党建与业务工作在思想、发展、力量、素质四方面深度融合，推动党支部党建与业务工作融合的理念更加牢固、载体更加丰富、效果更加显著。

【做法】

（一）坚持凝心铸魂，在学思践悟中实现思想融合。党支部始终坚持把强

---

① 习近平．论坚持党对一切工作的领导 ［M］．北京：中央文献出版社，2019：309.

化理论武装作为重要政治任务抓紧抓好，坚持理论学习同推进办公室工作相结合，通过专题会议研讨学、教育基地现场学、读书交流分享学、网络平台自主学、调研走访实践学等多种形式，在学习中既提高政治站位、提升党性修养，又打开工作思路、创新工作方法，推动实现党建与业务在思想上同频共振。党支部党员张平文、窦贤康等围绕习近平总书记重要讲话精神，立足学校使命任务，为党支部全体党员讲授"国之大者与战略机遇""深入学习贯彻习近平总书记关于建设科技强国重要论述，推进中国特色世界一流大学建设""落实立德树人根本任务，推动高水平科技自立自强"等专题党课，现场参与指导"党史学习教育专题组织生活会"和《习近平谈治国理政》系列专题学习理论交流会，着力将理论学习成果转化为干事创业的实际本领。

（二）坚持服务大局，在攻坚克难中实现发展融合。党支部始终坚持将党建与业务工作同谋划、同部署、同落实，引导广大党员干部勇担重任、冲锋带头、攻坚克难，有效推动样板支部建设和学校改革事业融合发展。近年来，党支部所在的党政办公室成为多项重点专项工作的牵头单位，如学习贯彻习近平新时代中国特色社会主义思想主题教育领导小组办公室综合组组长单位，党的建设与全面从严治党工作领导小组办公室、武汉大学130周年校庆筹备工作办公室、学校疫情防控指挥部办公室等，在服务学校中心工作和高质量发展中充分发挥战斗堡垒作用，圆满完成了一系列大事、要事、难事，推动创建学校党建工作样板支部取得了显著成效，实现了党建与业务在发展上双向融合。

（三）坚持服务师生，在统筹协调中实现力量融合。党支部始终坚持以为学校、为师生服务为己任，充分发挥统筹协调、服务保障等职能，持续团结凝聚各方面力量。统筹组织开展毕业典礼、抗疫医护赏樱专场、世界第七届军运会羽毛球赛事组织等多个大型活动，协同全校各单位完成对上级部门、兄弟高校交流来访等接待工作，切实发挥办公室运转中枢作用和党支部战斗堡垒作用。聚焦学习贯彻习近平新时代中国特色社会主义思想主题教育、党史学习教育和"下基层察民情解民忧暖民心"实践活动，党支部组织召开全校办公室主任座谈会、启动实施全校二级单位"赋能计划"、协同开展管理服务走进院系活动，在积极联系服务师生的过程中，充分发挥党员先锋模范作用，广泛凝聚师生校友等各方力量。

（四）坚持从严从实，在建强队伍中实现素质融合。党支部始终坚持把党员队伍建设作为最经常、最基础的工作，持续加强政治教育、党性锻炼和能力提升，推动党员干部从党建和业务两个维度看待问题、分析问题、解决问题，为党建与业务深度融合提供坚强组织保障。举办大学公共形象塑造与传播、党内法规专题学习等讲座；赴湖北省国家安全厅、保密实训平台实践研学；组织开展疫情演练、公务接待路演；参观学习南北极科学考察展、文化遗产智能计算实验室等，不断增强党支部党员在公文写作、礼仪规范、法治思维、保密安全、综合协调等多方面的能力素质，引导党支部党员努力成为工作的模范、岗位的先锋、业务的能手。

第一党支部开展"用国家的大事业磨砺青年人的真本领"
主题党日活动

【启示】

（一）**推进党建与业务工作深度融合必须坚持系统谋划**。党建与业务工作深度融合是一项系统工程。党政办公室第一党支部坚持把支部建设放到学校改革发展的大局中去思考和谋划，推动基层党建和中心工作在部署上相互配合、在实施中相互促进，有效推动党建工作和业务工作双融双促。这启示我们，要坚持系统思维，推动党建与业务工作一起谋划、一起部署、一起落实、一起检查，实现党建工作与业务工作融合发展。

（二）**推进党建与业务工作深度融合必须健全工作机制**。围绕发展抓党建，抓好党建促发展，就是要让党建工作与业务工作互为引领方向、激发动力、提供保障。党政办公室第一党支部通过不断完善统筹协调、协同配合、动态管理、激励约束的工作机制，把对党员的教育、管理、监督等职责融合到业务工作的各环节，将组织、宣传、凝聚、服务大局等职责贯穿于党建工作的全过程。这启示我们，要找准党建和业务工作融合的结合点、发力点，从组织设置、队伍建设、考核评价等方面，推动形成党建与业务工作深度融合的机制保障。

（三）**推进党建与业务工作深度融合必须夯实基层基础**。围绕中心、建设队伍、服务群众，是新时期机关党建工作的根本职责和核心任务。党政办公室第一党支部紧紧抓住党员队伍建设这个根本，通过实施政治思想引领工程、示范建设推进工程、服务能力提升工程，把强队伍、抓党建、促业务有效贯通起来。这启示我们，要坚持在队伍建设上着力，引导党员干部练就党建与业务工作两方面过硬本领，通过素质融合为党建与业务工作融合赋能。

一目标两促进三结合，党纪学习教育显实效

赵　妍

　　纪检监察干部队伍肩负着监督执纪执法的重要职责。党的十八大以来，习近平总书记先后提出"打铁还需自身硬""打铁必须自身硬""牢记打铁必须自身硬的道理"，要求纪检监察干部必须进行最坚决最彻底的自我革命，纯洁思想、纯洁组织。学校纪委、监察专员办机关党支部全体党员牢记职责使命，将党纪学习教育作为纪检监察干部队伍教育整顿之后，自我革命的又一次实际行动，努力走在最前面，做到最彻底。

【背景】

　　2024 年 4 月，党纪学习教育开展以来，纪委、监察专员办机关党支部紧密围绕学校党委《党纪学习教育实施方案》，认真研究制订党支部实施方案，坚持以党纪学习教育"走在最前面，做到最彻底"为目标，以促进自身建设与促进协助职能发挥为方向，通过学纪说纪相结合、学纪释纪相结合、学纪用纪相结合，扎实开展党纪学习教育，取得多方面成效。

【做法】

　　（一）**严格落实"第一议题"，多措并举提高学纪质量和说纪水平。**严格落实"第一议题"是党支部一贯做法。党纪学习教育开展以来，党支部坚持将及时跟进学习习近平总书记重要讲话、重要指示批示精神，与党纪学习教育共同作为"三会一课"必选项，确保党的创新理论贯穿党纪学习教育全过程。党支部先后开展专题党课、专家辅导、主题党日、青年干部论坛等 10 余场，帮助党员深学细悟《中国共产党纪律处分条例》，鼓励党员边学边讲，学

透讲深。同时注重走出去联学互学，以联合主题党日的方式，走进法学院，和宪法学与行政法学博士生党支部共同开展"学党纪、守党纪、做廉洁有为的合格党员"学习活动；走进新华社湖北分社，与新闻信息中心湖北中心党支部共同开展"学党纪、守初心、铸忠诚"学习活动。在交流互鉴中，多学一步、学深一层，争做绝对忠诚、绝对可靠、绝对纯洁的党员干部。围绕学校党委 2024 年全面从严治党工作要求和党纪学习教育要求，党支部配合学校党委、纪委举办以案说纪会 5 场，支部党员 20 人次参与其中，以学纪收获提升说纪水平，获得广泛认可。

党支部与新华社新闻信息中心湖北中心党支部
在党纪学习教育期间开展共建主题党日活动

（二）服务大局，深入学纪释纪推动形成党员师生遵纪守纪的良好氛围。党支部在落实党纪学习教育要求的同时，牵头承担学校党委党纪学习教育督导工作，通过传达上级要求、下发工作提示、审核实施方案、参与理论学习及警示教育等，加强对分党委（党总支）党纪学习教育的督促指导，防止"上热中温下冷"，推动党纪学习教育取得实效。为党委主要负责同志讲授党纪学习教育专题党课做好服务；聚焦重点人群，党支部党员万清祥同志为全体校领导、校长助理及各单位负责人讲授党纪学习教育专题党课，为机关与直属单位副职、学院行政副院长讲授党纪学习教育专题党课，党支部书记蒋明同志为全校专职纪检干部讲授党纪学习教育专题党课；深入一线，党支部万清祥、蒋明 2 位同志先后为各分党委讲授专题党课 10 余次，蒋明同志以学纪释纪为 200 余名 2024 届选调生扣好初入职场"第一粒扣子"，汪咏波同志为机关与直属单位青年干部讲授专题党课，互助共勉，争当青年表率。编写警示教育典型案例，选取学校 7 个重点领域真实案例，介绍违纪违规情形，阐释"六大纪律"要求，真正以身边事教育身边人，为广大党员干部、师生敲响警钟。曾有医护人员表示，"以前总感觉我们医护群体离违纪违法很遥远，看到'身边人'的'活教材'，让我深受触动，真的是思想上松一寸，行动上就会偏一尺"。

（三）立足本职，以学纪执纪推动纪检监察工作高质量发展取得实效。支部全体党员深知作为执纪者，只有不断增强纪律意识、提升执纪能力，才能让铁纪"长牙"、发威。为此，党支部将党纪学习教育与单位业务工作相结合，将提升政治监督能力、医疗领域腐败问题集中整治作为 2024 年"一校一策"2 个选题，获中央纪委国家监委批准；将群众身边不正之风和腐败问题集中整治、重点领域专项监督检查作为年度 2 项工作重点，紧抓不放，相关工作已向上级纪检监察机关汇报。党支部党员学纪用纪的工作成效和敢于斗争、善于斗争的责任担当得以充分彰显。

【启示】

（一）充分认识党纪学习教育的重大意义是党支部开展好党纪学习教育的重要前提。2024 年，在全党开展党纪学习教育，是党中央为加强党的建设，推进党和国家事业发展作出的一项重要部署，开展好党纪学习教育就要站在坚定拥护"两个确立"、坚决做到"两个维护"的政治高度深刻认识其重大意义。

（二）教育引导党员干部学纪、知纪、明纪、守纪、执纪是党支部开展好党纪学习教育的重要目标。组织党员干部原原本本学纪、为党员干部多形式说纪释纪，最终是要帮助党员干部明白党的纪律规矩是什么，明白能干什么、不能干什么，把遵规守纪刻印在心，内化为言行准则。

（三）党建与业务深度融合是开展好党纪学习教育的有效方式。作为纪检监察干部所在党支部，在党纪学习教育中坚持更高标准、更严要求，充分发挥示范带动作用是应有之责。只有将党建与业务工作深度融合，党支部组织建设才更加有力，党纪学习教育才更加有效，才能确保全体党员准确规范释纪用纪，切实提高履职本领，有力维护纪律的刚性和严肃性。

坚持"三炼"发力，
锻造高素质干部人才队伍

刘义胜　顾笑聪

党委组织部、党校党支部始终以高度的政治自觉和强烈的使命担当，坚持思想政治淬炼、实践实战锻炼、艰苦地区磨炼"三炼"发力，全面提升干部人才队伍政治素养、专业能力，为答好"中国式现代化，武大何为"的时代答卷提供坚强思想政治保证和能力支撑。

【背景】

政治路线确定之后，干部就是决定的因素。近年来，学校在提升拔尖创新人才培养质量、加强高层次人才队伍建设、构建高水平学科体系、推动管理服务优化升级等方面取得了显著成效，呈现出蒸蒸日上的良好势头。在这一过程中，党委组织部、党校党支部着力打造一支党性强、能力优、作风硬的高素质干部人才队伍，有力支撑学校事业高质量发展。

【做法】

（一）突出思想政治淬炼，分层分类开展干部教育培训。始终把习近平新时代中国特色社会主义思想作为教育培训的主课必修课，第一时间将习近平总书记给武汉大学参加中国南北极科学考察队师生代表的重要回信精神纳入教学体系，引导党员干部牢记殷殷嘱托，把党的创新理论转化为坚定理想、锤炼党性和指导实践、推动工作的强大力量。针对分党委书记、院长、机关部门主要负责人、中层副职、内设机构干部等不同群体，每年举办校级示范培训班 10 余场，按照"缺什么、补什么"的原则，分层分类开展培训，科学设计"一融双高"、拔尖创新人才培养、高水平学科体系、治理体系现代化等内容，帮助干部增强适应新时代发展要求的本领和能力。在高质量办好珞珈干部大讲堂，邀请中国延安干部学院、北京大学等单位专家以及地方党政领导干部来校授课的基础上，坚持"有组织地走出去"，组织二级单位主要负责人到北京、上海、深圳等改革前沿更新思想观念，组织青年干部到昆山杜克大学提升国际化视野，组织青年高层次人才到绵阳现场感受"两弹一星"精神。

2024 年 7 月，学校组织二级单位主要负责人赴兄弟高校培训交流

（二）突出实践实战锻炼，推进青年学术骨干校内挂职。分 3 批遴选 127 名青年学术骨干校内挂职，在各部门、单位"挂实职、行实权、干实事"，建好双肩挑干部"蓄水池"。通过"一对一"配备管理工作指导导师，组建支委会、班委会，开展集中授课、分组研讨、集体座谈等系列措施，建立常态化交流机制，开展有针对性的教育、交流、指导，帮助挂职青年学术骨干提高思想政治素质、管理工作能力和担当作为本领。挂职期间，青年学术骨干立足教师和干部的双重角色，在认真履职尽责、服务事业发展的过程中，不断拓展工作思路、提升治理水平，逐步成长为既懂专业又懂管理的综合性人才。对于挂职期间表现突出、各方面条件较成熟的 22 名青年学术骨干，进一步加大使用力度，适时选任到中层领导干部岗位。

2024 年 9 月，学校召开青年人才调研座谈会

（三）突出艰苦地区磨炼，做好干部人才援派挂职工作。统筹落实"援藏""援疆""西老革""博士服务团"、驻外使领馆等中央援派项目，教育部直属高校"组团式"对口支援项目，赴恩施定点帮扶项目，江苏、湖北等地方引智计划，近 3 年派出挂职干部人才 120 人次。坚决贯彻"选硬人"原则，有步骤、有计划、有重点地把那些政治素质好、潜力大、有能力的干部，特别是优秀年轻干部人才选派到条件艰苦、情况复杂的地区去磨炼意志、增长才干，帮助他们不断增强应对突发事件、处理复杂问题和做好基层群众工作的能力。加强考核管理和跟踪服务，落实"管理干部进藏、进疆、进青满 1 年后可以提拔使用，援藏援疆援青专业技术人才职称晋升的指标予以单列"等支持政策，提拔使用 15 人、晋升职称 8 人，树立起鲜明的政策导向。援派挂职干部人才牢记初心使命，勇于担当作为，为服务国家战略和地方经济社会发展贡献武大智慧和力量，涌现出"西藏大学的'汗血宝马'"刘星等一批先进典型。

【启示】

（一）锻造高素质干部人才队伍，要始终把政治训练作为首要任务。坚定理想信念，坚守共产党人精神追求，始终是共产党人安身立命的根本。高校干部人才只有筑牢信仰之基、补足精神之钙、把稳思想之舵，才能落实好立德树人根本任务，扛起"当好学生引路人"职责。必须坚持以习近平新时代中国特色社会主义思想为指导，把政治训练贯穿干部人才成长全周期，不断提高政治判断力、政治领悟力、政治执行力，锤炼忠诚干净担当的政治品格。

（二）锻造高素质干部人才队伍，要始终把能力提升作为重点聚焦。高校干部人才既要政治过硬，也要本领高强。要强化专业训练，加快知识更新、能力培训，不断夯实干部人才队伍的专业能力、专业素养和专业精神。要抓好实践锻炼，注重在重要任务和重大改革中磨砺干部，在真抓实干中提高服务师生、推动高质量发展的能力本领。要把"引进来"和"走出去"结合起来，引导干部人才增强创新意识、提升创新能力，在解放思想中放大格局，在对标前沿中破题发展。

（三）锻造高素质干部人才队伍，要始终把服务发展作为根本目标。加强干部人才队伍建设，必须紧紧围绕学校中心工作，锚定5至10年建成中国特色世界一流大学的战略目标，从推动高质量发展的需求侧着眼，从干部人才培养选拔使用的供给侧发力，加强顶层设计、融通选育链条、做好统筹推进，树立重实干、重实绩、重担当的鲜明导向，激励引导干部人才在学校事业改革发展中奋发进取、担当作为，为推动学校事业高质量发展提供坚强的干部人才保障。

[党委统战部党支部]

党建引领党外知识分子理论学习机制创新

郭建中　李莎莎　姬建建

　　武汉大学党外知识分子工作受到党中央高度关注，时任中央统战部部长孙春兰、尤权先后专题调研学校党外知识分子工作。学校党委统战部认真贯彻落实习近平总书记关于做好新时代党的统一战线工作的重要思想以及党中央关于做好新时代党外知识分子思想政治工作决策部署，不断完善机制、强化措施，积极引导党外知识分子深入学习贯彻习近平新时代中国特色社会主义思想。这里以党委统战部党支部引领党外知识分子理论学习为例，介绍建机制、搭平台、创品牌、出成效全过程，为做好党建引领高校党外知识分子思想政治工作提供参考借鉴。

【背景】

　　高校是党外知识分子聚集地，引领党外知识分子理论学习具有重要的理论与实践意义。党的二十大报告指出："加强党外知识分子思想政治工作，做好新的社会阶层人士工作，强化共同奋斗的政治引领。"加强党外知识分子理论学习，要坚持党的集中统一领导，以习近平新时代中国特色社会主义思想为指导，坚定不移走中国特色社会主义道路。

【做法】

　　（一）完善领导机制，强化党外知识分子理论学习顶层设计。一是强化组织领导。党委统战部党支部以加强自身理论学习中心组建设为基础，指导各民主党派校委会、党外知识分子联谊会成立理论学习中心组，健全学习制度，统筹各基层组织开展理论学习，推进高校党外知识分子理论学习

28

机制创新。二是发挥大统战工作格局作用。深入推进分党委（党总支）"四个一"同心工作，面向党外知识分子开展教育培训、情况通报、联谊交友、交流座谈活动，开展党支部主题党日活动时邀请党外人士共同参加学习。三是注重分类指导。针对各民主党派的界别特色和学校党外知识分子分布在不同学科、不同院系等特点，在理论学习内容、方式上切实发挥各自特长，彰显特色优势。

（二）**完善保障机制，强化党外知识分子理论学习制度规范**。一是健全带动机制。在抓好党支部学习教育的同时，坚持党内带动党外，支持各民主党派、无党派人士和党外知识分子开展"凝心铸魂强根基、团结奋进新征程"主题教育和纪律学习教育，确保党内党外同步同频。二是完善制度体系。制定了《武汉大学各民主党派、无党派人士理论学习中心组学习细则》《武汉大学各民主党派、统战团体"珞珈同心圆"讲坛实施细则》等文件，健全内部管理，明确工作要求，确保理论学习成为常态。三是健全服务体系。为民主党派开展理论学习建设专门活动室，设立专项活动经费，安排党员参加各民主党派组织的理论学习活动，确保理论学习高质高效。

（三）**完善学习机制，强化党外知识分子理论学习融入日常**。一是指导理论学习落实。指导制订学习计划，定期发布学习内容，购买统一战线相关书籍，编印学习资料，注重线上与线下、集中与自学相结合，确保党外知识分子理论学习落实落细。二是推动学习型组织建设。党委统战部党支部定期邀请党外人士参加主题党日活动，参加各民主党派校委会理论学习中心组集体"读书会"并作主题发言，组织召开内部研讨会、经验交流会等活动。三是建立评估反馈机制。指导各民主党派校委会开展党外知识分子思想政治状况双月报，要求党外人士参加学习培训后撰写心得体会，将党外人士参加集中培训学习情况作为评价组织及个人的重要依据。

（四）**完善培训机制，强化党外知识分子理论学习实用实效**。一是加强教育培训。推荐党外代表人士参加包括中央社会主义学院在内的各级各类培训、学习，以"不忘合作初心，继续携手前进"为主题，定期组织开展统一战线骨干培训。二是组织研讨交流。在党外知识分子中开展"不忘合作初心、团结奋进新征程"读书活动，组织党外知识分子代表参加湖北省委统战部主办的第二届东湖论坛等专题研讨，开展征文活动，组织编印教育培训心得体会。三是注重实践教学。坚持课堂讲授、案例分析、体验教学与在线课程、远程

党支部邀请党外人士参加党纪学习教育主题党日活动

培训相结合。2023 年，组织学校党外知识分子赴西安、延安、黄冈等地参加实践教学，各民主党派基层组织、党外知识分子联谊会分赴省内多地开展调查研究和联学共建活动。

（五）**完善成果转化机制，强化党外知识分子理论学习成果运用**。一是形成一批实践创新成果。历经 5 年建设，学校统一战线十大活动品牌已卓有成效，获"全国统战工作实践创新成果"、全省首批高校统战工作"十佳品牌"和"十佳创新实践站"等荣誉。二是形成了一批高质量社情民意、咨政建言报告。近年来，党外人士提交的建言献策成果质量齐升，多篇次获得党和国家领导人重要批示及党派中央表彰。三是形成了一批理论研究成果。发表和编撰《武汉大学统一战线发展史》等与党外知识分子工作相关的论文著作数十篇（部），获中央统战部"2022 年度全国统战理论政策研究创新成果"三等奖、"建党 100 周年与中国共产党领导的多党合作"理论研讨会优秀论文奖等。

【启示】

（一）**必须将思想政治引领作为党外知识分子理论学习的首要任务**。党委统战部党支部始终坚持党建与业务深度融合，不断增强党外知识分子对中国共产党和中国特色社会主义的政治认同、思想认同、理论认同和情感认同，拓展了新时代高校党建引领党外知识分子理论学习新模式。

（二）**必须将体制机制创新作为党外知识分子理论学习的有效途径**。党委统战部党支部通过构建完善的组织领导体系、工作制度、工作队伍和条件保障，搭建务实高效的理论学习与实践教育平台，为提升高校党外知识分子的理论政策水平，以及在服务国家和社会发展中发挥积极作用探索出了崭新途径。

（三）**必须将提升综合素质作为党外知识分子理论学习的重要目标**。党委统战部党支部坚持为学校打造一支专业优势突出、实践能力强、社会影响力大的党外知识分子队伍不懈努力，广大党外知识分子通过加强理论学习，做到学思用贯通、知信行统一，政治判断力、政治领悟力和政治执行力切实增强。

聚焦"三个融合",
拓展"党建+巡视"新格局

陈丽霞　施　路

2019年至今是武汉大学党委巡视工作从起步到发展、成熟并不断深化的过程,也是党委巡视工作领导小组办公室党支部工作不断发展创新的过程。自2021年3月成立以来,党委巡视办党支部以习近平新时代中国特色社会主义思想和党的十九大、二十大精神为根本遵循,旗帜鲜明地把"两个维护"作为巡视根本任务,将党建与第一要务、核心业务和专业服务相融合,不断拓展"党建+巡视"新格局,为武汉大学高质量发展护航。2022年和2023年连续两年,党委巡视办党支部书记述职评议考核被机关与直属单位党委评为优秀等次。

【背景】

党的十八大以来,在以习近平同志为核心的党中央坚强领导下,巡视工作取得显著成效。习近平总书记在二十届中央纪委二次全会上强调,要把巡视利剑磨得更光更亮,勇于亮剑,始终做到利剑高悬、震慑常在。作为中管高校,要深入学习贯彻习近平总书记关于巡视工作的重要论述,带头用习近平新时代中国特色社会主义思想武装头脑、指导实践、推动工作,全面提升巡视质效、精准跟踪整改实效、提升标本兼治能效,更好地担负起党和人民赋予的使命。

【做法】

(一)将党建与第一要务融合,强化政治引领。一是凝心铸魂,加强思想建设。近年来，全体党员深度参加党史学习教育，推动党史学习教育常态化长效化，参加学习贯彻习近平新时代中国特色社会主义思想主题教育和党纪学习教育。党支部每年制订理论与业务学习计划，将巡视业务学习融入党支部各项活动。每年40至50次的党支部学习及各项活动，将理论与业务的深度融合不仅仅体现在物理融合，更体现在一种化学融合，将学习质效提升到新层级。二是强基固本，加强组织建设。党支部书记切实履行党建工作第一责任人的职责，班子成员认真履行党建工作"一岗双责"，在近年来人员变动较大的情况下，做到党建和业务工作无缝衔接。组织全体党员赴山西武乡开展"强党性 铸忠诚"主题党日活动，参观湖北省党风廉政警示教育基地，开展"感受科技魅力 感知珞珈实力""提高保密素养 筑牢安全防线"等主题党日活动。与历史学院、测绘遥感信息工程国家重点实验室、南极中心等党支部开展支部共建活动。开设巡视工作讲坛，让每位党员走上讲台，提升工作的"三化"水平。

2024年6月，党支部联合4家单位赴湖北省党风廉政
警示教育基地参观学习

（二）将党建与核心业务融合，凸显责任担当。一是抓好中央巡视整改督办工作。将扎实抓好中央巡视整改督办工作作为践行"两个维护"的重要检验事项。落实中央纪委要求，制定落实中央巡视整改审核评估意见分解表和学校党委落实中央巡视"一校一策"工作方案，中央巡视159项整改措施全部落实到位，整改完成率100％。每季度报送持续深化巡视整改相关材料。二

是深化政治巡视。2019 年至今，除完成八轮内部常规巡视，实现巡视全覆盖以外，还创新巡视方式，开展 4 轮专项巡视、2 次机动巡视和 5 轮巡视"回头看"。"四箭齐发"不断增强巡视的震慑力和穿透力。每轮（次）巡视均量身定制巡视工作方案、观测要点、工作模板，形成更高质量、更具针对性的巡视报告，极大细化了工作颗粒度。三是强化巡视整改和成果运用。压实巡视整改主体责任，做好三级巡视反馈，协同纪委、监察专员办审核整改材料，组织召开巡视整改汇报会；突出立行立改，召开现场办公会传导巡视整改压力；推动未巡先改，向全校相关二级单位下发工作提示和工作通报；加大成果运用，每轮巡视后制订巡视成果运用方案，并结合深层次问题撰写工作专报，向有关部门提出工作要求；建立健全与纪检监察、组织、审计等部门的协调协作机制，统筹推进各类监督力量整合、程序契合、工作融合。中央巡视办评价武汉大学"巡视工作非常扎实"。

2024 年 4 月，学校党委巡视工作领导小组召开 2024 年第 1 次会议

　　（三）将党建与专业服务相融合，促进同题共答。 一是为巡视组提供专业服务。在巡前吃透文件、制订方案、精心选配人选，先于巡视组"破题"；巡中组办会商、走访调研、提供指导、保障后勤；巡后做好总结考核、加强交流、提供研究平台等，当好巡视组的"调度室"和"大后方"。二是加强巡视干部队伍建设。搭建干部"演练场"，截至 2024 年 6 月，共组建 68 个巡视组，抽调 460 人次参加巡视工作。深化理论研究，连续两年组织召开湖北省

"深化全面从严治党　推进清廉湖北建设"理论研讨会和湖北省廉政文化研究会年会,组织14个"以巡促治"巡视课题并结项,出版《高校内部巡视理论探索与案例分析》《新时代廉政文化建设面面观2023》两本图书。三是与被巡视单位同向发力。内部巡视累计开展个别谈话一万余人次,大范围的个别谈话让广大师生员工主人翁感、存在感不断增强,对巡视工作认可度、满意度不断提升。巡视整改和成果运用,推动解决了一些师生反映强烈但长期没有解决的问题,凝聚起与被巡视单位以及广大师生员工同向发力的"最大公约数"。

【启示】

（一）要在提升政治素养和专业素养上持续下功夫。作为政治监督部门,要时刻把"走在前,作表率"铭记于心,不仅先学一步、学深一步,还要做到融会贯通、知行合一,将学习成果有机融入巡视工作。

（二）要在建强战斗堡垒上持续下功夫。对标标杆党支部要求,落实全面从严治党要求,扎实推进党支部标准化、规范化建设,完善廉政风险防控机制,充分发挥基层党组织战斗堡垒作用和党员先锋模范作用。

（三）要在推动党建与业务深度融合上持续下功夫。推动党建与业务工作双向融合的理念更加牢固、载体更加丰富、效果更加显著。坚持严的基调、严的措施、严的氛围,科学谋划巡视工作,深化巡视整改和成果运用,不断彰显以巡促改、以巡促建、以巡促治效能。

坚持"三个强化"，推进党建和业务深度融合

孙太怀　陶孝芳

2019 年 7 月 9 日，习近平总书记出席中央和国家机关党的建设工作会议并发表重要讲话，强调"只有围绕中心、建设队伍、服务群众，推动党建和业务深度融合，机关党建工作才能找准定位"。① 作为学校党委职能部门党支部，党委研究生工作部党支部将"围绕中心、建设队伍、服务群众"作为推动党建和业务深度融合的根本遵循，始终坚守"为党育人、为国育才"使命任务，以落实立德树人根本任务为主线，立足自身建设，坚持"三个强化"，着力提升质量，不断强化党建引领作用，为培育能够担当民族复兴大任的时代新人作贡献。

【背景】

为深入贯彻落实《关于加强和改进中央和国家机关党的建设的意见》，推动习近平总书记"7·9"重要讲话精神落到实处，教育部 2022 年提出"一融双高"。近年来，党委研究生工作部党支部坚持以党的力量凝聚研究生，聚焦队伍建设、业务指导、平台搭建扎实推动机关党建和学生思想政治工作业务融合发展，不断增强党组织政治功能和组织功能，为学校事业高质量发展和时代新人培育提供有力支撑。相关经验做法被教育部官网及《光明日报》《中国教育报》《中国青年报》等媒体宣传报道。

【做法】

（一）育好"领头雁"，强化"融合"队伍建设。作为党支部的"领头

---

① 习近平. 论坚持党对一切工作的领导［M］. 北京：中央文献出版社，2019：309.

雁",党员骨干是推进"融合"的重要基础。为提升"领头雁"的能力素质,党支部不断完善"头雁训练营"研究生党员骨干培养模式,将集中培训优化调整为经常性教育,以"融合"为重点设置"强基固本、提质赋能、示范引领"三个阶段、必修+选修两类课程。按照"学科相近、兼顾交叉"原则设立临时党支部,围绕重要节点、重大事件和师生需求,创新开展组织生活,适时进行结对共建,定期研讨热点话题,打造组织生活"融合"样板,辐射带动全校研究生党支部全面过硬。此外,党支部自2017年开始通过博士生宣讲团培育了221名博士生党员骨干,他们聚焦青年味、学科味、生活味、理论味和实践味倾心打造理论宣讲课程,累计宣讲1200余场,辐射55万余人次;推出宣讲微视频50余部,播放超1000万次,成为党支部理论学习的重要支撑、党的创新理论宣传的重要力量。

(二)用好"指南针",强化"融合"业务指导。精细化指导是推进"融合"的重要保障。党支部以"融合"为导向,抓实"每月开展1次主题党日"这一要求,拓展学生发展需求这一"融合"增长点,精心设计主题,创新活动环节,细致梳理资源,面向研究生党支部按月推送主题党日资料包,不断强化资料包的"指南针"作用。2023年3月—2024年8月已推送"就业知识知多少,支部帮忙解烦恼""护航成长,打造阳光心态"等29个资料包。以"就业知识知多少,支部帮忙解烦恼"主题为例,资料包设计了就业意向调研、选调生政策宣讲、优秀选调生分享等环节,梳理了选调生校友、选调生政策等资源,引导研究生党支部不断加强创新、关照师生需求。此外,党支部持续优化研究生党支部"活力创新工程"项目,专设"跨学科·强融合""科技攻关青年突击队"等"融合"选题,引导研究生党支部以"融合"为方向不断提升研究生党支部组织力、凝聚力和战斗力。

(三)奏好"协奏曲",强化"融合"平台搭建。丰富的平台是推进"融合"的重要手段。近年来,党支部坚持奏好"协奏曲",凝聚广泛合力拓展线上线下"融合"平台。在网络平台方面,党支部每年组织主题微视频接力,先后开展了"心怀国之大者,勇做时代新人"党史接力及"时代新人说——听身边人讲故事""我的学科在武大"微视频接力,引导研究生党支部、党员在深入学习、切实体会、用心展示相关主题的过程中汲取力量、砥砺前行。3年来,研究生党支部累计推出40余部微视频,播放近500万次。在线下平台方面,党支部从2024年4月开始实施"大手牵小手 共育一'珈'人"党建引领大中小学思政课一体化建设项目，组织研究生党支部发挥学科优势，打造融爱国主义教育、科学素养提升、科学家精神传承等于一体的大思政课，在推动大中小学思政课一体化建设中培育新时代好少年、锻炼新时代好青年。2024年春季学期累计与附属学校合作开展活动10余次，覆盖中小学生9100余人。

2024年4月，党支部策划推出的"大手牵小手　共育一'珈'人"
党建引领大中小学思政教育一体化建设项目正式启动

【启示】

（一）**将融合体现在建强工作队伍上，大力营造上下一心的工作氛围。**一方面，加强党支部党员队伍建设，创新开展研习周论坛，提升党员理论水平。设置学部联络员，督促党员担当先锋模范。2021年1月以来，党支部32人次获校级及以上表彰，其中12人次获省部级荣誉。另一方面，加强导师、辅导员和党员骨干队伍建设，高标准选拔、高质量培育博士生宣讲团、研究生党建研究会、兼职辅导员等党员学生团队，积极搭建珞珈"研"讲、好导师公开课等平台，不断强化队伍协同，广泛凝聚合力服务研究生全面成长发展。

（二）**将融合体现在服务中心工作上，全力构建"党建+"工作模式。**秉承"围绕中心抓党建、抓好党建促发展"的工作理念，党支部创新工作模式，将党建融入时代新人培育各方面。一是实施"党建+科研",以样板党支部培育为契机,指导分党委优化党支部设置,将党支部设在科研团队中以更好发挥作用。二是实施"党建+实践",组织开展红色实践研修、"武大研行"社会实践、"博士生基层服务团"等社会实践活动,不断涵养研究生家国情怀。三是实施"党建+文化",将党建融入校园文化建设,指导测绘遥感相关学科研究生党支部编排情景剧《逐梦南极》,以武大师生南极科考故事引领广大学生传承弘扬武大南极科考精神。

（三）**将融合体现在坚持守正创新上,广泛树立敢破能立的工作理念。**党支部始终坚持将守正创新体现到党建和业务融合的工作实践中,坚持因事而化、因时而进、因势而新,打造了包含"头雁训练营""活力创新工程""主题党日资料包""接力微宣""大手牵小手"的品牌矩阵,引导研究生党支部树立创新和融合意识,不断提升基层党建工作实效。

[学生就业指导与服务中心党支部]

以高质量党建促进毕业生高质量充分就业

来 瑞 龙 滔

就业是最基本的民生,事关人民群众切身利益,事关经济社会健康发展,事关国家长治久安。2024年5月27日,习近平总书记在中共中央政治局第十四次集体学习时强调,促进高质量充分就业,是新时代新征程就业工作的新定位、新使命。要坚持以人民为中心的发展思想,持续促进就业质的有效提升和量的合理增长,不断增强广大劳动者的获得感幸福感安全感,为以中国式现代化全面推进强国建设、民族复兴伟业提供有力支撑。

【背景】

高校毕业生是党和国家宝贵的人才资源,是促进高质量充分就业的重点群体。学生就业指导与服务中心党支部(以下简称中心党支部)认真学习贯彻习近平新时代中国特色社会主义思想,坚决落实党中央、国务院和教育部对高校毕业生就业创业工作的决策部署,将党建工作与就业工作深度融合,不断强化价值引领,拓宽就业渠道,完善就业指导,精细就业服务,构建一体化贯通式就业工作体系,努力在新时代背景下促进毕业生高质量充分就业,助力学校培养和输送更多符合国家需要和社会需求的高素质人才。

【做法】

(一) 立足党建引领作用,明确就业工作战略定位。高质量的就业工作离不开党的坚强领导。中心党支部坚持定期向学校党委汇报就业工作,推动学校将就业工作摆在事业发展的突出位置,定期专题讨论,经常统筹谋划,集体分析研判就业工作面临的新形势新问题,针对性解决难题、推动工作。协助学校党委创新开展"学生就业创业专项巡视",对各培养单位就业工作开展情况进行全面摸排和重点问诊,从政治巡视的高度推进工作落实。深入推进就业工作"一把手"工程,夯实校院两级就业工作机制,成立院系就业工作协作组,校院共建生涯咨询室,推动院系党委牵头负责、直接参与就业工作,确保各项工作落实落细。构建"大学工、大思政、大就业"工作格局,推动学工系统内协同、校内各单位协同、校内与校外协同,将就业工作深度融入"三全育人"工作体系,汇聚最广大的力量,促进学生全面发展和高质量充分就业。建设一支政治素养高、业务能力强的全员党员就业工作队伍,定期组织党员同志学习党的最新理论成果,结合业务实际讨论交流,引导党员同志用理论武装头脑,指导实践。

(二)**发挥思政牵引力量,聚焦学生价值观塑造**。高质量的就业工作要从根本上服务国家发展需要。中心党支部注重思想政治教育的先行作用,一方面将职业生涯教育融入思政教育,通过思政引领为职业生涯教育提供价值导向,同时以职业生涯教育的具体实践,丰富和充实思政教育的内容和手段,以形式多样的党团活动、主题班会和职业生涯规划课程等为教育载体,引导学生树立正确的价值观,鼓励学生将个人职业规划与国家发展需要相结合。出台《关于印发武汉大学引导和鼓励毕业生到国家重点地区、行业和领域就业若干措施的通知》,成立基层就业领航团,对选择到西部等边远地区以及重点行业和领域就业的毕业生给予表彰,开展"基层就业月""国际胜任力提升月""国防军工周"等特色活动加强政策宣传和价值引领,鼓励更多学生主动肩负起时代赋予的使命,到祖国需要的地方就业创业。学校自 2016 年以来表彰 1881 名到西部及艰苦边远地区就业创业的毕业生,近 3 年表彰 382 名到国防军工等重点行业领域就业的毕业生,近 5 年到重要国际组织实习任职的学生有 100 多人,以选调生身份走上全国各地工作岗位的武大学子超过 3500 人,越来越多的毕业生将国家需求融入个人事业,在奉献中磨炼提升。

(三)**明确精细精准要求,服务毕业生满意就业**。中心党支部不断探索建立基于党建联建的校企合作新模式,以支部共建、交流合作等深化与社会各界的合作,通过书记校长访企拓岗、举办各类校园招聘活动、共建实习实训基地等方式,拓宽毕业生就业渠道,特别注重加强与国家重要领域和新兴产业的连接,助推学生提前适应行业需求,增强就业竞争力。提供全程、系统、分类的职业生涯教育与就业指导服务,构建就业育人"课程体系""咨询体系"和"活动体系"，引导学生树立平实的择业观、就业观，提高学生生涯规划能力和就业竞争力。针对不同学生群体的需求，实施精准化、差异化的就业指导策略，定期对学生进行职业倾向测试、就业意向调研，掌握学生个性化需求。对于家庭经济困难、少数民族学生等特殊群体给予重点关注，通过"一对一"帮扶、职业能力培训等措施，有效提升学生的就业竞争力，学校就业困难学生群体的落实率常年高于毕业生总体落实率。从生涯意识唤醒到生涯规划能力提升，从就业价值引领到就业技能培训，从就业前的指导咨询到就业后的跟踪服务，中心党支部始终致力于为学生提供持续的发展支持，服务毕业生满意就业。

2023 年 11 月，党支部全体党员赴中国宝武武钢集团
开展联合支部主题党日活动

【启示】

（一）**党建引领是核心动力。**坚持党的领导是做好一切工作的前提。通过将党建工作与就业工作深度融合，明确战略定位，不仅能够提高工作的政治站位，还能推动资源整合，形成合力，为就业工作提供强有力的政治保障和组织保障。

（二）**思政教育是价值指引。**价值观引导是鼓励学生主动服务国家战略、

2023 年 12 月，党支部党员代表参观学校新时代
办学成就展和南极科考陈列展

形成合理就业预期的思想基础。将思政教育贯穿于职业生涯教育和就业指导
的全过程，有助于学生树立正确的择业观和就业观，激发学生的社会责任感
和使命感，自觉将个人发展与国家需要相结合。

（三）**精细服务是关键路径**。面对复杂多变的就业市场，提供精细精准的
服务是提升毕业生就业质量的有效途径。了解毕业生需求，提供个性化服务，
依托校企合作等多元化平台推动有效对接，可以在较大程度上提高学生就业
竞争力，促进毕业生高质量充分就业。

[审计处党支部]

党建引领聚合力，融合互促助发展

李 舒

习近平总书记在党的二十大报告中对"增强党组织政治功能和组织功能"作出新的全面部署，明确指出："各级党组织要履行党章赋予的各项职责，把党的路线方针政策和党中央决策部署贯彻落实好，把各领域广大群众组织凝聚好。"近年来，审计处党支部认真学习贯彻党的十九大、二十大精神，在党建与业务深度融合上下功夫，不断增强党支部政治功能和组织功能，切实把党建工作成效转化为指导和推动审计工作的举措，以高质量党建引领事业高质量发展。

【背景】

审计处党支部现有党员 12 人，在机关与直属单位党委的正确领导下，审计处党支部坚持"围绕中心抓党建，抓好党建促发展"工作思路，聚焦"防范风险、完善治理、提升质效、助力发展"审计目标，不断增强党支部政治功能和组织功能，推动党的组织优势持续转化为治理效能。

【做法】

（一）**树牢政治意识，筑牢战斗堡垒**。党支部将增强政治功能作为第一要务，将深化思想认识、坚定理想信念融入党建全过程，通过集中学习、个人自学、主题联学、专题党课、实地教学等多种形式，认真开展党史学习教育、学习贯彻习近平新时代中国特色社会主义思想主题教育、党纪学习教育，深入学习贯彻党的十九大、二十大精神，教育引导全体党员深刻领悟"两个确立"的决定性意义，自觉增强"四个意识"、坚定"四个自信"、做到"两个维护"，推动党中央决策部署贯彻落实。同时，党支部严格落实"三会一课"制度、加强党员教育和管理等，充分发挥战斗堡垒和党员先锋模范作用，为推动事业发展提供坚强组织保障。在疫情防控、配合做好中央巡视整改及国家审计、接受校内巡视等工作中，党支部党员干部以实际行动诠释了审计担当。

党支部和武汉大学经济责任审计组临时党支部联合开展主题党日活动

（二）**增强能力本领，提升履职水平。**一是结合审计业务，依托"三会一课"、主题党日等载体，学习习近平总书记在中央审计委员会全体会议上的重要讲话及全国审计工作会议精神、开展"赓续红色血脉，审计助推高校发展"等主题联学、"深刻学习领会伟大思想，着力提升审计监督效能"等主题党日、围绕审计工作开展专题研讨和讲授专题党课等，带领全体党员结合思想工作实际，深入思考新时期审计工作怎么办和怎么干，促进担当作为。二是加强审计业务学习与培训。为审计干部提供《中国内部审计》《审计研究》等审计类专业刊物，组织审计干部参加中国内部审计协会等举办的培训班，加强专业理论与实务的研讨交流，提升审计干部履职能力。三是加强审计人才队伍建设，持续吸纳多名高素质人才入职，优化审计队伍结构，解决审计队伍青黄不接的难题，激发审计队伍活力。

（三）**聚焦主责主业，防范化解风险。**审计处领导班子坚持以上率下，围绕 5 个"聚焦"，在推动党和国家重大方针政策决策部署贯彻落实、防范经济风险、规范权力运行、促进改善办学基本条件、助推学科建设等方面找准审计发力点，着力推动学校治理体系和治理能力现代化。一是深入推进审计工作"三大转型"发展，通过推进"行政主要负责人经济责任审计"向"党政主要负责人经济责任审计"转型，逐步构建完善党政同审长效工作机制，提升审计工作政治站位；通过推进"业务流程审计"向"政策跟踪审计"转型，对"双一流"建设、"过紧日子"等重大政策贯彻落实情况加大审计力度，促进实现令行禁止、政令畅通；通过推进"财务收支审计"向"财务收支审计与管理审计并重"转型，进一步突出问题导向，强化干部监督管理，规范权力运行，提升审计治理效能。二是强化财务管理和经济风险审计监督。对后勤服务集团、出版社有限责任公司等资金密集、资源富集风险领域，开展专项审计调查和内部控制审计，提出审计建议，促进提升经济风险防范能力。三是围绕工程审计监督核心职责，通过完善清单控制价及探索建立 EPC 项目审计监督工作机制等，提升工程项目前期造价控制的科学性及 EPC 项目审计监督质效。

（四）树牢宗旨意识，站稳师生立场。一是完善审计制度体系。制定修订《武汉大学内部审计工作规定》等 7 项审计制度，构建形成完备的审计制度体系，为服务师生提供了制度保障。二是优化审计工作流程。完成 16 项审计管理服务事项优化工作，构建更加简洁、流畅、严密的工作流程，切实做到"数据多跑路、师生少跑腿"。三是认真落实"领导干部下基层察民情解民忧暖民心"实践活动的各项要求。领导班子成员分别走访附属学校、后勤服务集团等单位，深入开展调研，逐一制订工作方案并解决有关问题，例如为附属学校提供审计政策咨询，帮助其提升内部控制水平；为后勤服务集团提出申请学校授权招标，按规范程序引进车辆维修机构的建议，帮助解决师生在校修车难问题等。四是把"我为群众办实事"融入日常、抓在经常，深入走访调研保卫部、信息中心等部门，聚焦师生关注的热点、难点问题，提出有针对性的审计意见和建议。五是推进审计成果转化。以"推动解决重难点问题、促进学校事业高质量发展"为出发点和落脚点，对工作和调研中发现的问题进行充分研究、集思广益，切实做到把工作和调研成果转化为解决问题、促进发展的实际行动。

【启示】

（一）**思想认识要到位**。思想是行动的先导，只有充分认识党建引领事业发展的重大意义，才能激发党员的主动性、创造性，才会在落实"规定动作"上不打折扣，在结合实际创新"自选动作"上取得实效。

（二）**重点难点要结合**。党建业务融合的重要路径是要将党建工作的重点和业务工作的难点相结合，要想将业务工作做好，离不开凝聚力、协作力、担当意识、能力本领等。可通过"三会一课"、主题党日等载体，教育引导党员强化担当、提升能力，从根本上解决党建业务"两张皮"的现象。

（三）**理论实践要结合**。党建工作成果最终要体现在工作中，要始终围绕审计工作要求，引导党员围绕中心大局，立足岗位职责，丰富专业知识，锤炼能力本领，勇于担当作为，真正做到学以致用、用以促学、学用相长。

[信息管理学院党委]

"四融合"助推党的建设和业务工作同频共振

付兴荣　单　璐

信息管理学院党委坚持以习近平新时代中国特色社会主义思想为指导，坚持"围绕中心工作抓党建、抓好党建促中心工作"的工作理念，根据学校党委组织部下发的《党支部党建与业务工作深度融合指导方案》（以下简称《方案》），着力在强化理论武装上促融合、在服务中心工作上促融合、在团结凝聚师生上促融合和在健全保障机制上促融合四个方面进行了探索，较好地形成了党的建设和业务工作同频共振、一融双高的良好局面。

【背景】

为深入学习贯彻党的二十大精神，加强党对学院的全面领导，促进党建与业务工作深度融合，落实立德树人根本任务，根据《方案》，信息管理学院党委进行了探索，推动党建融入中心工作，提升了党建工作实效。

【做法】

（一）筑牢思想根基，促进党建与业务"思想融合"。一是信息管理学院党委每周四下午以支部为单位组织政治理论学习，同时要求各支部结合工作实际开展研讨，分享学习心得和体会。二是将支部主题党日活动延伸至科研一线，把"三会一课"、主题党日等与教学科研工作实际结合起来。三是组织全院教师，特别是高层次人才、海外归国教师、青年教师赴红色教育基地参观学习，引导教师把育人育才、服务国家战略作为最高追求。

（二）坚持学用结合，促进党建与业务"实践融合"。信息管理学院党委鼓励各党支部找准党建和教学科研、管理服务等工作融合的结合点、发力点，以党建引领学科建设，服务国家重大战略。充分发挥基层党务骨干作用，支持其参与学科建设。要求专任教师在课程教学中融入思想政治教育。近五年来，数字经济与智能商务系党支部助力乡村振兴，获批科技部国家重点研发计划，在蕲春县株林镇挂牌"乡村振兴服务站"和"实践育人基地"，与恩施石榴籽公司签订国家重点研发计划合作协议；档案系党支部与湖北省档案馆开展支部共建，合作共建"智慧档案实验室"，与恩施档案馆签订援建数字档案馆项目；信息管理科学系党支部、图书馆学系党支部探索建立以学科为依托的支部建设联盟，与业界相关支部结对共建。学院组织多名党员骨干教师参与国家科技情报"十四五"规划、本学科相关国际教育教学评估和标准制定等工作，将党员骨干作为学院五大研究方向牵头人。学院还牵头成立全国"信息资源管理课程思政联盟"，召开首届学科课程思政建设研讨会。

学院党委在蕲春县株林镇挂牌"乡村振兴服务站"和"实践育人基地"

（三）**发挥组织作用，促进党建与业务"力量融合"**。信息管理学院党委建立领导班子成员联系教职工党支部制度，系（办公室）主任、党支部书记联席会制度，定期指导支部工作，听取部门负责人、支部党员的工作建议和意见。制订人才帮扶计划、举办青年导师训练营等，在工作中统一思想、凝聚人心、化解矛盾、增进感情。

学院党委助力恩施市数字档案馆建设

（四）健全保障机制，促进党建与业务"机制融合"。一是选优配强教师党支部书记"双带头人"，信息管理学院党委坚持把中青年党员学科带头人选拔到党支部书记队伍中来，实行教师党支部书记兼任系副主任，目前学院教师党支部书记"双带头人"覆盖率100%，且党支部书记均为"80后"。二是充分发挥党支部政治功能，让党支部书记切实肩负起在人才项目申报、课程建设、教材选用、学术活动、职称评定等工作中的政治把关责任，坚持师德师风第一标准，实行师德师风"一票否决"。同等条件下，在岗位聘任、职务（职称）晋升、导师遴选、评优评先以及骨干教师、学科带头人和学科领军人选拔培育和各类高层次人才申报推荐等工作中，师德师风表现突出者予以优先考虑。三是进一步强化党支部书记考核和结果的运用，将党支部工作纳入年度考核，与评先荐优、干部选任相挂钩，激发党支部书记履职尽责热情。近五年来，信息管理学院1个教师党支部入选首批全国高校"双带头人"教师党支部书记工作室建设名单，2个党支部获评湖北省高等学校先进基层党组织，发展1名高层次人才入党。教师党员获得湖北省"楚天园丁奖""宝钢优秀教师奖""湖北文化名家""我心目中的好导师""杰出教学贡献校长奖"等奖项，新增人文社科资深教授、荆楚名家、长江学者、万人计划领军人才、青年拔尖人才、青年千人等各类高水平人才 30 余人，党员比例达 90% 以上。教师党员承担国家重大、重点科研项目 30 余项，9 项成果获教育部高等学校科学研究优秀成果奖，24 项成果获湖北省社会科学优秀成果奖，90 多项资政建议被国家、省部各级机关采纳。

【启示】

（一）真抓实干、全面融合是内在要求。党建工作是否有实效，关键是找好结合点、选好切入点，要紧密围绕党支部和党员干部实际来实现党建与业务工作的资源整合、力量结合、功能聚合、手段综合等全面融合。信息管理学院党委充分发挥党支部的政治功能和战斗堡垒作用，整合组织资源推动事业发展，在开展党建活动时，让党员感受到党组织的号召力，在业务工作实践中感受到党组织的向心力，在各项活动中感受到党组织的凝聚力。

（二）创新创造、智慧融合是现实需要。信息管理学院党委根据新形势、新任务，着力创新工作思路，把党建引领和服务国家重大战略相结合，把党支部服务功能同推动事业发展相结合，精心组织开展实践活动，以共同愿景、共同需求为纽带开展联建共建，充分运用新媒体手段，推进党建与业务工作智慧融合。

（三）体制机制、长效融合是有效路径。夯实制度基础是推动党建工作与业务工作深度融合的长远之计、根本之策。信息管理学院党委选优配强党支部书记，充分发挥党支部书记"领头羊"作用，强化党支部书记工作考核和结果运用，推动党建与业务工作深度融合、良性互动。

坚持"望闻问切"，推动党建业务深度融合

熊　瑛　　左文静

基础医学院党委始终坚持以习近平新时代中国特色社会主义思想为指导，通过积极推行"望闻问切"四步法，寻求"破局之道"、谋实"突围之路"、共研"解题之策"、夯实"发展之基"，不断筑牢思想根基、夯实党建基础、抓实主体责任、落实立德树人、促进一流发展，探索"基础医学+"党建业务融合新模式，推动全体师生更加深刻领悟"两个确立"的决定性意义，更加自觉增强"四个意识"、坚定"四个自信"、做到"两个维护"，全面促进学院在人才培养、科学研究、师资队伍等方面持续高质量发展。

【背景】

党的二十大报告强调，要开辟马克思主义中国化时代化新境界，必须坚持守正创新。近年来，基础医学院党委坚持把学习贯彻习近平新时代中国特色社会主义思想作为首要政治任务，聚焦主责主业加强党建和业务深度融合，立足学科特色打造党建工作品牌。在武汉大学党委的统一领导下，学院党委始终坚持一流标准，紧紧围绕学校改革发展的中心工作，以高质量党建引领和推动学院各项事业高质量发展。

【做法】

（一）"望"表知里，寻求"破局之道"。"望"他人之优，可解己身之困。针对学院发展创新动能不够足、服务意识有所欠缺、制度建设不够完善等问题，学院党委始终保持"他山之石，可以攻玉"的态度，组织党员干部赴红旗渠干部学院开展专题培训；开展"杏林沙龙"主题党日活动近10场，

在学习其他优秀基层党组织的阵地建设、品牌创建、活动开展等经验的同时，促进以"医文""医理""医工""医临"和"医企"五个结合为重点的学科交叉融合。通过学习先进经验和优秀做法找准自身问题的根源，完善自身工作思路，在"表里合一"中寻求"破局之道"。2023年，学院病原生物学系党支部和退休教职工第一党支部获批学校样板党支部，学生党支部在学校研究生党支部风采大赛中斩获第一名，获批学校学生党支部"活力创新工程"2项，荣获学校第五届先进基层老年协会称号等。

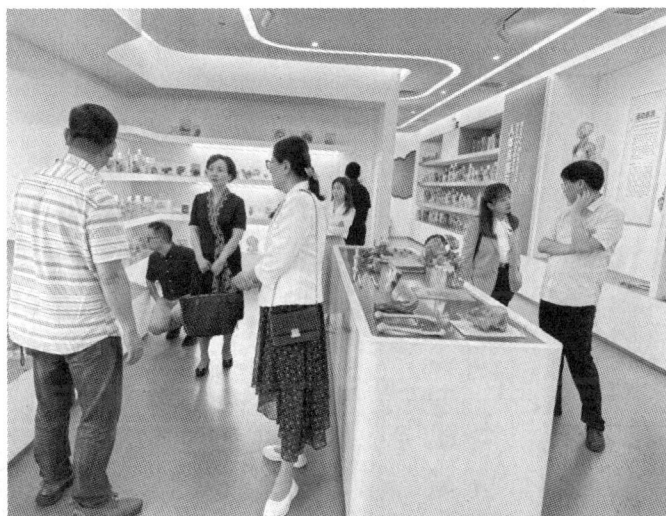

学院党员干部师生参观中南大学人体形态学科技馆

（二）"闻"声而动，谋实"突围之路"。群众路线是党的根本工作路线。中国共产党任何一项工作的效果，最终都要由人民群众来监督、评判。学院党委始终坚持畅通民意收集渠道，加强民意研判，积极听取师生意见与建议，通过问卷调查、座谈会等方式收集反馈信息，更加全面地了解师生的学习、科研和生活状况，为提升服务保障教学科研水平提供有力支持。主题教育期间，召开调研座谈会15场、调研成果交流会2次，听取意见建议近百条，归纳梳理重要问题6个，明确整改举措16条，整改完成率100%。通过分层分类的调研座谈，分析研判师生心声中那些"不同的声音"，找到学院党建和业务工作纠偏补弱、突围破局的关键。

　　（三）"问"需于民，共研"解题之策"。拜人民为师、向群众问策，是我们党的优良传统。人民群众在长期的社会生产实践中积累了大量的经验，潜藏着无尽的智慧和力量。学院党委严格执行《基础医学院党委常态化联系服务师生暂行规定》，通过"党委领导、支部负责、系室协同、全员参与"的方式，安排党委委员联系师生党支部，要求全体党委委员下沉到基层党支部参与"三会一课"和主题党日活动。举办"基础医学+"学术沙龙，结合基础医学的新知识、新理论，为"医学+×"学科交叉提供新的思路，坚持问计于民、问需于民。通过向基层党支部、党员、师生寻求经验、智慧和力量，真正做到充分发挥学科特色、整合现有资源培育特色党建工作品牌。

学院本科生党总支和退休党总支开展共建活动

　　（四）"切"准要害，夯实"发展之基"。沉脉为阴，其病在里。做好基层党建需要找准关键，精准施治。"望""闻""问"是"切"准要害的前提和保障。将收集到的问题线索进行综合整理、分析研判，才能在解决问题的实际工作中找准关键，精准施治。学院党委始终秉持为党育人、为国育才的初心使命，落实立德树人根本任务，实施"基础班级导师+临床杏林导师"双导师制，构建医学特色"三全育人"工作格局；创建特色学术品牌活动"院士大讲堂""泰康医学教育大讲堂"；深化学生国际化培养，设立"泰康出国

（境）交流学习专项奖学金"，资助学生赴世界一流大学研学进修。

【启示】

（一）**提高"望""闻"政治站位，强化深学笃行。**把开展党纪学习教育与巩固拓展主题教育成果、学习贯彻习近平总书记给武汉大学参加中国南北极科学考察队师生代表的重要回信精神衔接起来，严格落实"第一议题"制度、党委理论学习中心组学习制度、教职工理论学习制度等，常态化开展理想信念教育，推动"学习—贯彻"机制走深走实。

（二）**提升"问""切"工作效能，强化统筹谋划。**把党的全面领导融入学院中心工作各环节，把党建作为主线贯穿人才培养全过程，持续完善"党委抓统筹把方向、支部抓落实强建设、系室抓融合促发展"的工作格局。将强化基层党组织政治功能与落实立德树人根本任务、助力高水平科技自立自强、加快建成 A 类学科等重大目标任务结合起来，夯实基层组织建设，持续打造"一支部一特色""一学科一品牌"，进一步推动党建业务互融共促。

（三）**发挥"三全育人"引领作用，强化改革创新。**持续完善医学特色"三全育人"工作格局，不断推陈出新，积极探索构建符合基础医学学科特点的人才培养体系，培养堪当时代大任的一流拔尖医学人才。深化绩效管理改革，以定编定岗为抓手，完善考核评价体系，激发全员干事创业活力。持续开展"杏林沙龙"主题党日活动、"基础医学+"学术沙龙，促进学科交叉融合；培育"黄大年式教师团队"，发挥示范引领作用。

[出版社有限责任公司党委]

党建引领聚合力，融合赋能促发展

郭新立　潘锦晖　顾素萍

党建为根，根深则叶茂。加强党的建设是提升国有企业党组织领导力、增强国有企业内部凝聚力、激发国有企业活力和创造力、推动国有企业做强做优做大的重要法宝。出版社党委坚持以习近平新时代中国特色社会主义思想为指导，面对新形势、新任务、新要求，全面加强出版社党建工作，进一步强化基层党组织政治功能和组织功能，推进党建与生产经营深度融合，实现党建工作与出版事业发展的同频共振、互促共进，不断增强企业的凝聚力和战斗力，以高质量党建引领保障企业高质量发展。这里浅谈近几年出版社党建融入中心工作的方法与路径，探寻规律，为企业加强党建提供参考借鉴。

【背景】

出版社在2021年恢复独立经营以前，不同程度存在党的领导和党的建设弱化、虚化问题。受股份公司经营体制机制等因素影响，企业未把党建工作置于固根铸魂高度来认识，片面地追逐生产经营指标，忽略了党的建设的重要性。党委在公司治理中发挥作用有限，存在党建与业务工作脱节的现象。党支部层面，基本上是跨多个内设机构的联合党支部，组织开展工作受诸多因素限制，无法充分发挥党支部在企业发展中的功能与作用，组织群众、宣传群众、凝聚群众、服务群众的能力不强。2021年恢复独立经营之后，在武汉大学党委的正确领导下，出版社党委认真贯彻落实武汉大学党委党建工作要求，聚焦加强党对出版社的全面领导，按照以高质量党建引领事业高质量发展思路，积极提升内部治理体系和治理能力水平，推进完善基层党建工作体系，推进党建与业务工作深度融合，出版社各项事业已向良好势态发展，党的领导弱化、虚化和边缘化问题得到了有效纠正。在出版社党委的领导下全社职工凝心聚力，实现了新的大团结。

【做法】

（一）**加强党的全面领导，夯实企业党建根基。** 出版社党委以制度建设为抓手，坚持在完善公司治理体系中加强党的领导。修订完善公司章程，把党组织设置、任务、作用写入公司章程，明确党委书记、董事长、公司法定代表人"三职合一"，为贯彻落实党对企业的领导夯实制度基础。2022 年 9 月 27 日公司章程通过武汉大学国资委会议审议并于 2023 年颁布实施。健全"三重一大"决策制度，规范决策行为，防范决策风险，更好地发挥党委前置讨论研究作用。2023 年 9 月，经党委会会议研究，提出《出版社贯彻落实"三重一大"决策制度实施细则》（修订稿），2023 年 12 月通过武汉大学国资委会议审议批准并实施。党对公司的领导明显加强，党委把方向、管大局、保落实职能得到落实，党的全面领导不断融入公司法人治理结构和治理体系。

（二）**加强政治理论学习，提升干部政治素养。** 科学的理论是指导党的建设的强大思想武器，出版社党委严格落实"第一议题"制度，把学习习近平总书记系列重要讲话精神、重要论述和武汉大学党委工作部署与要求，作为出版社党委会"第一议题"和理论学习中心组学习内容，保证领导干部能够及时掌握党的理论知识，厚实理论功底，不断提高政治辨别能力、科学决策水平和工作执行质效。以习近平新时代中国特色社会主义思想为指导，持续强化党支部书记的业务培训。强理论、明方向，以学增智、以学促干，不断提升党支部书记政治素养和履职能力。

（三）**优化党支部组织结构，提升基层组织效能。** 为加强基层党组织建设，提升党支部组织效能和执行能力，促进党建与业务工作融合发展，针对出版社 2024 年新的内设机构设置，出版社党委研究决定，对下设党支部进行优化调整。2024 年 5 月 7 日发文《关于调整党支部设置的通知》（武大出社党字〔2024〕4 号），撤销原 4 个在职职工党支部，按照新的内设机构设置成立 8 个新的在职职工党支部。5 月 9 日，各党支部召开党员大会，按照《中国共产党支部工作条例（试行）》《中国共产党基层组织选举工作条例》规定和出版社党委《关于做好党支部委员会选举工作的通知》要求，选举产生了新的党支部委员会委员。新成立的党支部按照"应建尽建、建在部门"原则进行优化调整设立，有利于进一步推动党组织的规范化、标准化建设，更好地发挥党组织的思想政治优势，加强对职工的思想政治教育和培训，提升职工队伍的整体素质。

（四）建立健全党建工作责任体系，推动党建工作与生产经营深度融合。 为全面落实企业党建工作责任制，改变过去存在的"重业务、轻党建"现象，出版社党委坚持从强化党在出版社的领导力和凝聚力建设目标出发，严格落实党委书记第一责任人制度和领导班子成员"一岗双责"制度，重新强化和部署领导班子成员联系党支部、党外统战对象、入党积极分子等制度，选强配齐党支部书记和委员，党支部书记原则上由部门主要负责人担任，形成党建工作与生产经营工作同部署、同要求、同考核的工作机制，实现抓业务与抓党建"两手抓、两手都要硬"局面，为企业的经营发展提供坚强的政治保障和组织保障。

2024 年 6 月，开展党纪学习教育实践活动

【启示】

（一）适应新形势，努力提升企业党建工作科学化水平。 面对新时代的新形势新任务，企业基层党组织要不断创新工作思路和方法，积极探索党建工

作的新途径、新载体、新形式，增强基层党组织的政治功能和组织功能，不断提高党组织的建设水平和工作质量，努力将党的政治优势、组织优势、制度优势转化为企业的竞争优势、创新优势和发展优势。激活基层党建"神经末梢"，引领保障企业高质量发展。

（二）**深化理论武装，推动基层党组织全面过硬**。形成"以理论学习中心组学习为龙头、以党支部学习为基础"的常态化理论学习机制，用党的创新理论武装基层党组织，推动广大党员干部以学铸魂，更好担当作为，不断开创事业发展新局面。

（三）**发挥党建引领作用，推动党建业务融合发展**。坚持党的组织与工作机构同步设置，将党组织覆盖到各个部门和单位。坚持党建工作与生产经营同谋划、同部署，紧紧围绕中心工作开展党建工作，发挥党委把方向、管大局、保落实作用，发挥党支部的战斗堡垒作用和党员先锋模范作用。

[哲学学院马克思主义哲学教研室教师党支部]

多举措扎实推动党建与教育教学深度融合

程　萌

2019 年以来，哲学学院马克思主义哲学教研室教师党支部以习近平新时代中国特色社会主义思想为指导，全面贯彻落实党中央关于党员教育工作的重要方针，严格遵循教育部关于开展新时代高校党建示范创建和质量创优工作的文件要求，抓好主题党日、党课、组织生活会、民主评议等各项工作，充分发挥马克思主义哲学学科的优势和特色，牢记为党育人、为国育才的责任使命，大力弘扬教育家精神，从严从实推动党建工作与教育教学的融合。

【背景】

武汉大学马克思主义哲学是具有百年学术传统的国家重点学科。它始终立足中国实践，坚持以中国问题为导向，形成具有鲜明特色的马克思主义哲学中国化的研究传统，已然发展成为当代中国马克思主义哲学研究的学术重镇，涌现出了李达、陶德麟、汪信砚等一大批优秀的共产党员。2019 年 5 月党中央印发《中国共产党党员教育管理工作条例》后，马克思主义哲学教研室教师党支部高度重视、周密组织对党员的教育活动，不断提升党组织的管理水平，成功建设出一支政治立场坚定、学术传统深厚、专业水平高超、团队协作能力强、社会影响力大的党支部团体，在学校、学院组织的年度支部党建工作考评中多次名列前茅。2023 年 12 月马克思主义哲学教研室教师党支部作为教师类支部入选武汉大学"样板支部"培育创建单位名单。以此为契机，马克思主义哲学教研室教师党支部进一步激发党组织的生机活力，突出党建引领，创新工作思路，在严格落实党的教育路线的多举措中紧密团结联系广大师生。

【做法】

（一）**坚定对马克思主义的信仰，坚持用党的创新理论武装党员头脑。**马克思主义哲学教研室教师党支部始终把党史学习教育常态化长效化摆在重要位置，高度重视培养党员对马克思主义的理想信念，特别是用作为马克思主义中国化最新成果的习近平新时代中国特色社会主义思想武装党员头脑。2021—2023年，马克思主义哲学教研室教师党支部成员先后赴湖北黄安、英国伊斯特本、甘肃敦煌等地，以实地探访的形式，凭吊革命先烈，学习鲜活的党史，接受红色革命传统教育。在参观完上述地区后，党支部成员纷纷表示，一定要继承革命先烈的光荣传统，努力发扬共产主义精神，永葆共产党人的政治本色，将红色基因代代相传。

2023年6月党支部成员赴英国伊斯特本参加"恩格斯国际学术研讨会"，并来到伦敦海格特公墓缅怀马克思

（二）**弘扬高尚师德师风，落实立德树人根本任务。**悉心指导本科生、研究生，全力培养德智体美劳全面发展的社会主义建设者和接班人，是马克思主义哲学教研室党支部的优良传统。汪信砚教授负责和主讲的本科生课程2020年入选国家级一流本科课程。2021年，汪信砚教授荣获研究生教育杰出贡献校长奖，入选武汉大学第十二届"我心目中的好导师"。2022年，李佃

来教授荣获研究生教育杰出贡献校长奖，入选武汉大学第十三届"我心目中的好导师"。另外，在赵士发教授的悉心指导下，张昊同学 2021 年担任第五届武汉大学博士生宣讲团团长，2022 年入选湖北省教育系统"学习二十大　师生进基层"巡讲队伍，2023 年荣获首届全省高校"研究生党员标兵"荣誉称号。

（三）开展师生支部结对共建活动，全方位培养学生成长成才。马克思主义教研室教师党支部多次与马克思主义哲学博士研究生党支部、马克思主义哲学硕士研究生党支部以及本科生党支部联合举办"师生共上一堂课"的主题党日活动。2021 年 12 月，为深入学习贯彻党的十九届六中全会精神，赵士发教授和张昊同学在哲学学院 B107 共同作了题为"走向共同富裕——学习十九届六中全会精神"的主题报告。2024 年 3 月，马克思主义哲学教研室教师党支部同马克思主义哲学硕士研究生党支部、湖南农业大学马克思主义学院教工第二党支部、浏阳市北盛镇马战村党总支部以联学联建的方式、围绕"用好红色资源、助推乡村振兴"这一话题共同开展主题党日活动。

2024 年 3 月，党支部同马克思主义哲学硕士研究生党支部、
湖南农业大学马克思主义学院教工第二党支部、
马战村党总支部共同举办主题党日活动

【启示】

（一）强化党支部凝聚力建设是高校教师党员教育教学的重要保障。2019年以来，马克思主义哲学教研室教师党支部成员合力完成多项国家社科基金

项目，共同编写多部著作和教材，并且合授马克思主义哲学基础理论专题研究等硕博课程。借助教研室的"传、帮、带"传统，青年教师突出政治学习和党性锻炼，将社会主义核心价值观等与课堂教学相结合，充分挖掘课程教学的思政元素。

（二）健全师生支部结对共建机制是提升高校党建工作的关键内容。马克思主义哲学教研室教师党支部积极组织开展师生党支部集中学习活动，同学生党支部开展微党课竞赛，师生同讲，师生共评。特别是，整合教师党支部优势资源，多维度、多路径解决学生在学习、科研、就业、创业等方面遇到的各种问题。并且主动向任课教师和研究生导师了解情况，协助做好学生的心理疏导和日常帮扶工作。

（三）服务学生和社会的发展需求是检验教师党支部成效的标准尺度。党支部成员相关成果与报告分别获中央和省级领导批示。同时，支部成员所指导的研究生多次获得国家荣誉，分布在党政机关、军队系统、企事业单位以及高校和科研院所，在当前国家建设中发挥着重要作用。

［经济与管理学院本科生第一党支部］

以"四个坚持"推动学生党支部党建与业务深度融合

李 好

习近平总书记强调，要围绕中心抓党建、抓好党建促业务，坚持党建工作与业务工作一起谋划、一起部署、一起落实、一起检查，使各项举措在部署上相互配合、在实施中相互促进。武汉大学经济与管理学院本科生第一党支部深入贯彻落实习近平总书记关于推动党建和业务深度融合的重要指示精神，以"四个坚持"为导向，持续深化引领，拓展党建业务融合的深度广度，重点围绕引导学生刻苦学习、健康成长、全面发展，在推动党员教育提质增效方面取得显著成效。

【背景】

高校学生党支部是加强和改进大学生思想政治教育的重要阵地，树立和践行党建与业务工作融合发展的工作理念是推动高校学生党建质量提升的重要举措。武汉大学经济与管理学院本科生第一党支部作为教育部第二批"全国党建工作样板支部"、武汉大学首批开展"党建与业务工作深度融合"试点的基层党支部，牢固树立"围绕中心抓党建、抓好党建促业务"理念，持续深化引领，推动党支部党建与业务工作双向融合的理念更加牢固、载体更加丰富、效果更加显著，开启了支部建设的新篇章。

【做法】

（一）**坚持强化支部党员理论武装。**支部坚持教师领学、朋辈导学、现场教学、实践研学"四位一体",与学校党政办第一支部开展联学共建,邀请张平文校长讲授主题教育专题党课。开展"党建×专业'一融双高'"沙龙讲座,邀请教师第一党支部书记李旭超领学新质生产力;与中国人民大学经济学院本科生党支部联合开展党纪学习教育主题党日,与华中科技大学经济学院胡吉伟支部开展金融强国主题党日;赴中国一冶集团、东湖高新区、中国宝武武钢集团,与企业党支部开展联合主题党日;组织成员参观武汉大学新时代办学成就展,厚植爱校情怀;把握重要节日节点,清明节开展"清明祭先贤 薪火续经管"敬献鲜花活动,在国庆节举办"百卅珞珈 强国有我"升旗仪式等特色活动。支部成员在形式多样、内涵丰富的学习中培根铸魂,坚定理想信念。

2023 年 6 月,张平文校长为党支部讲授主题教育专题党课

(二)坚持引领支部党员成长成才。支部坚持把促进学生成长成才、全面发展作为工作落脚点,充分发挥支部的育人功能和党员的先锋模范作用。组织党员参加林郑月娥女士到访武汉大学主题交流、诺贝尔经济学奖得主托马斯·萨金特教授"珞珈讲坛"讲座;通过"党员帮"招募优秀党员一对一帮扶专业学习困难学生,设立"党员先锋岗"聚焦关键主题提升帮扶质量。开展"薪火相传"经验分享会,邀请优秀党员代表聚焦个人成长,引导发挥"传帮带"作用;组织开展"闻达杯"师生篮球赛,在竞技体育中增强体质、培育合作意识。历届支部党员中多人保研至北京大学、清华大学、复旦大学、

武汉大学等高校攻读研究生学位，也曾向中央部委（如外交部）输送优秀人才。

党支部赴东湖高新区开展"体悟新质生产力"主题党日

（三）**坚持促进支部党员团结凝聚**。支部认真履行教育管理监督党员和凝聚服务学生的职责，发挥党员联络人纽带作用，通过每学期开展一次的全范围谈心谈话和定期开展的支部活动，及时掌握支部党员思想动态，有针对性地做好思想政治教育工作；结合"我为同学办实事"主题活动，积极联合教师支部为同学们解决学习、生活、科研、就业等实际问题；坚持党建带团建、促班建，坚持和完善党员联络人制度，实现对班级的联络"全覆盖"，所覆盖的多个团支部获得武汉大学"先进团支部"称号。

（四）**坚持推动支部保障机制完善**。支部坚持高标准严要求选拔发展党员，坚持量化考核与足迹卡并行，定量考核与定性评价结合，确保党员发展质量。注重发挥教师支部对于学生支部的引领带动作用、学生支部之间的学习借鉴交流作用；扎实开展经常性教育，通过全面落实小组职能制，设立宣传组、联络组、监察组等，引导学生自我学习、自我教育、自我提升。坚持学生党支部书记和支部委员"全过程"培养选拔，确保其政治过硬、综合素质高、服务能力强；积极发挥样板党支部作用，支部曾参加华中高校本科生党支部风采大赛并获一等奖。

【启示】

（一）**推进党建与业务深度融合应以加强政治建设为首要任务**。政治性是党支部的根本属性，推进党建与业务深度融合应把加强政治建设放在首位。积极学习贯彻党的二十大精神，紧跟最新时政热点，通过邀请专家学者讲专题党课、参观革命旧址、赴企业参访、联学共建等方式，多渠道多方式深化对党的创新理论的认识和领悟。推进"一融双高"要坚持把党的理论知识学习到位、将业务工作有机融入，推动支部党建高质量发展。

（二）**推进党建与业务深度融合应以创新工作方法为关键抓手**。学生党支部坚持党建与业务深度融合应从学生党支部学习型、发展型的特点出发，把握党员队伍特点、时代发展特征、形势任务要求，综合政治素质、学习成绩、学生工作、志愿服务、社会实践等多方面完善支部党员发展选拔机制，创新主题党日形式载体，采取师生共建、实地参访等多种形式举办主题活动，推动支部建设提质增效。

（三）**推进党建与业务深度融合应以促进学生全面发展为根本目的**。学生是支部的主体，党建与业务深度融合应坚持以学生为中心。通过邀请教师和支部优秀成员做专业知识交流分享、职业规划指引，组织开展有益的主题实践活动，不断提升支部成员知识水平和综合素养，充分发挥支部的育人功能。引导学生"胸怀'国之大者'，接续砥砺奋斗，练就过硬本领，勇攀科学高峰"，奋力书写为中国式现代化挺膺担当的青春篇章。

以党建促科研，扬法治传思想

刘书君　穆远灿

为严格落实习近平总书记"法治工作是政治性很强的业务工作，也是业务性很强的政治工作"的重要指示精神，武汉大学法学院宪法学与行政法学博士生党支部围绕党建引领基层治理这一重大课题，把党建与专业、政治与法治有机结合，以党建引领法治人才培养与学科研究，为推进中国式法治现代化贡献珞珈法学青年的智慧和力量。

【背景】

习近平总书记强调："法治工作是政治性很强的业务工作，也是业务性很强的政治工作。"法学院宪法学与行政法学博士生党支部始终牢记习近平总书记的重要指示精神，秉承"以党建促科研"和"学法报国守初心"的理念，全方位、多渠道开展习近平法治思想宣传教育活动，使党支部和全体党员在政治上更忠诚坚定、组织上更团结有力、思想上更笃信笃行、制度上更健全完善，在深入学习宣传贯彻习近平法治思想中取得显著成效，形成了独具特色的基层学生党支部建设新模式。

【做法】

（一）**研究中国法治理论——深入阐释习近平法治思想**。一是找准党建和业务深度融合的联结点：习近平法治思想。党支部以学习贯彻习近平法治思想为联结点，依托"三会一课"等党的基本组织生活制度，在党建工作中深度融入习近平法治思想，组织成员深入学习、研究习近平法治思想。二是抓住习近平法治思想研究的关键点：及时跟进学。时刻紧跟党中央最新决策部署和重要讲话精神，每周与本专业教师就习近平法治思想研究开展研讨，引领带动支部成员营造浓厚学习研究氛围，积极推动实现理论创新发展。三是构建习近平法治思想研究的支撑点：搭建交流平台。通过将专业学习和党员教育培训相结合，形成了"3+3+3"常态化学习交流模式，即依托3个日常活动（珞珈法政跨学科沙龙、司法文明论坛、法治监督问学坊）、3个全国性学术论坛（习近平法治思想博士生论坛、全国党内法规学博士生论坛、全国党内法规青年学者论坛）、3个重大会议（全国党内法规学术研讨会、全国党内法规研究机构建设论坛、湖北省党内法规工作培训班），搭建起对习近平法治思想的理论学习、成果转化、学术交流平台，将学习常态化落到实处，助力高水平法科人才培养。

（二）**投身中国法治实践——讲好中国法治故事**。一是将理论研究成果转化为决策咨询建议。支部成员始终围绕党和国家重点战略和任务，发挥自身专业特长和突出优势，在党内法规制度建设、国家监察体制改革等方面取得丰富研究成果并转化为领导机关的决策咨询建议。如支部多名党员同志参与撰写的咨询报告被中央办公厅、中宣部、最高人民法院、最高人民检察院等采纳，部分获党和国家领导人批示。二是积极投身于中国式法治现代化发展实践。党的领导是我国法治同西方国家法治的本质区别。支部党员深入参与党和国家制度建设，助力依规治党的决策部署落地落实。如多名党员曾参与《中共中央关于加强党的政治建设的意见》《中国共产党思想道德准则》等系列重要法规制度的论证、起草和制定工作。三是宣传创新理论让法治思想深入人心。党支部以学习、阐释、宣传习近平法治思想为己任，多名支部党员入选武汉大学博士生宣讲团，并助力成立习近平法治思想宣讲团，走访湖北多个县区，参与开发理论宣讲精品课程，组织支部党员深入各院系、机关、社区和企事业单位宣讲习近平法治思想，助推党的创新理论在基层落地生根。

（三）**互联互动促党建——共筑共建聚合力**。一是与低年级党支部结对共建，共同交流传薪火。通过支部结对共建，联合开展主题党日活动、党课学习等，共同交流、相互学习，注重发挥"传帮带"的作用，积极担当低年级学生的引路人，以薪火相传共同推动支部建设高质量发展。二是与教师党支部结对共建，理论指引促发展。党支部同本专业教职工党支部结对共建，依托强大的专家队伍进行习近平法治思想宣讲、为大家讲党课等，建立起师生沟通交流的多样化平台，充分发挥专家对研究生成长发展的专业引领作用。

武汉大学习近平法治思想宣讲团开展红色研学活动

三是与实务部门党支部结对共建，知行合一谱新篇。党支部以"知行合一"为出发点，同湖北省委法规室党支部、校纪委、监察专员办党支部结对共建，强化支部与实务部门一线工作者的联系，引导支部成员从实践中总结经验、提炼理论并加强成果转化。支部还以结对共建为契机，建立与实务部门合作开展实践研究的机制，协助实务部门举办"湖北省党内法规制度建设专题培训班"等。

【启示】

（一）**要以理论学习筑牢思想根基。**在学习研究、宣传贯彻习近平法治思想时，要筑牢"真学真懂真信"的思想根基。始终秉持"读原著、学原文、悟原理"的精神，在学深悟透习近平法治思想的过程中淬炼支部党员党性修养、增强支部向心力。坚持以马克思主义的立场观点方法分析问题，筑牢意识形态阵地，赓续珞珈山生生不息的红色血脉。

（二）**要以制度建设提供强大保障。**在支部联合建设过程中，应建构起多个支部的党员共同学习理论、共享学习资源、共创学习平台的制度，在此基础上充分运用习近平法治思想中的世界观和方法论研讨党建难题，努

党支部与校纪委、监察专员办党支部开展共建活动

力形成理论和制度新成果。同时，应持续发扬支部间形成的传帮带的引领精神，将积累的好经验、好做法及时交流共享，以制度形式提炼为支部建设的长远之策、根本之策。

（三）**要以共同体精神引领党建深化**。应引导全体党员将学术研究、个人发展同时代需求、国家发展和民族复兴紧密结合起来，做到心往一处想、劲儿往一处使，才能建立党建与业务发展的"一融双高"，同时减少"两张皮"的形式主义问题。应聚焦主责主业、发挥专业优势，从自己做起，积小流而成江海，切实运用法治思维和法治方式为建设社会主义法治国家贡献力量。

党建引领促发展，业务融合增活力

佘光源

社会学院本科生党支部在武汉大学社会学院党委的领导下，贯彻推进党建与业务工作深度融合，围绕落实立德树人根本任务，将抓好党员教育的政治责任牢牢抓在手上、扛在肩上，持续推进学习贯彻习近平新时代中国特色社会主义思想往深里走、往心里走、往实里走。近年来，支部逐步构建形成了集"经典研读、田野调研、群学互助"于一体的实践机制，以组织生活引领学风建设，以"群学"底色绘就优质党建蓝图，成功入选武汉大学第二批"样板支部"培育创建单位名单（全校共50个，本科生支部共7个）。

【背景】

习近平总书记强调："要围绕中心抓党建、抓好党建促业务，坚持党建工作和业务工作一起谋划、一起部署、一起落实、一起检查。"① 社会学院本科生党支部牢固树立"围绕中心抓党建、抓好党建促业务"理念，通过推动党支部党建与学院"群学"学风建设工作双向融合，党支部政治功能和组织功能进一步增强，教育管理监督党员和组织宣传凝聚服务师生更加有力，成为坚强的战斗堡垒。

【做法】

（一）以经典凝心铸魂，把支部建在经典里。近年来，社会学院本科生党

---

① 习近平. 在中央和国家机关党的建设工作会议上的讲话 [J]. 求是，2019（21）：4-13.

支部坚持以经典研读淬炼学生党员理想信念，成功申报"珞珈红色文化节"校级项目"鹤鸣"红色经典读书会，吸引全校十二个院系青年学生参与。通过集中研讨等形式研读《习近平谈治国理政》第四卷和《毛泽东选集》《共产党宣言》等经典书目，支部党员读原著、学原文、悟原理，提升党性修养。支部内部以学习小组为单位，通过组内研讨、小组领学、组间交流等形式，深入学习贯彻习近平新时代中国特色社会主义思想，以马克思主义中国化时代化最新成果武装头脑、指导实践。在经典中夯实理论基础，支部党员在学深悟透的过程中将理论学习成果熔铸进思想，转化为能力，蜕变作底气。

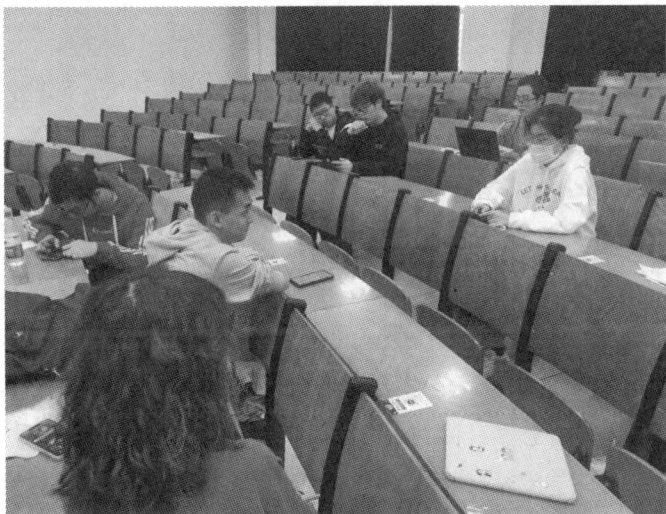

党支部和水利水电学院学生党支部开展鹤鸣读书会线下分享活动

（二）**以实践强基深根，把支部建在田野上。**社会学院本科生党支部开拓学生党员实践教育空间，学生党员利用寒暑假积极投身社会实践。支部参与"活力创新工程"精品项目"走基层·强党建·促发展"献礼二十大专题调研。支部党员暑假期间奔赴全国各地开展为期20天的田野调研，通过实践调研理解中国社会，逐步成长为能够读懂中国和全面建设社会主义现代化国家的杰出人才。学生党员在深入了解国情民情和服务群众中提升自己的思想水平与党性修养，在一线实践中激发爱国情、报国志、强国行，服务当地基层发展。调研相关事迹被《光明日报》《中国妇女报》、全国高校思政网等媒体报道。支部 8 位党员参加湖北省第十四届 "挑战杯·中国银行" 大学生课外学术科技作品竞赛，所撰写的调研报告及相关成果得到了湖北省恩施州各级政府的批示，助力当地民生事业发展。

党支部党员在浙江省丽水市莲都区枫树湾村开展调研

（三）**以互助回应诉求，把支部建在群众中**。社会学院本科生党支部注重服务学生，建立健全 "有困难找支部、有问题找党员" 的帮扶机制。积极建设 "一站式" 学生社区，让学生党员在日常生活中亮明身份，服务同学。发挥党员先锋模范作用，组织毕业年级党员同志对接本年级和低年级学生，通过建立学习小组的方式，积极发挥朋辈群体的作用，助力学生成长。回应学生急难愁盼问题，组织开展新老生交流会等活动，邀请支部优秀党员分享保研考研考公经验，帮助学生做好生涯规划，明确发展方向。坚持党建带团建、促班建，支持、指导和帮助团支部、班委会以及学生社团开展工作，组织学生党员积极参与学生事务，在联系服务师生中发挥带动作用。

【启示】

（一）**发挥优势、形成声势是促进党建与业务工作融合的重要前提**。社会学院坚持 "经典+经验" 的培养模式，学院学生长期浸润经典、躬身实践、集

党支部党员参加湖北省第十四届"挑战杯·中国银行"
大学生课外学术科技作品竞赛

体学习，在融合党建工作方面具有先天优势。社会学院本科生党支部依托经典阅读和田野实践等载体，充分发挥优势，融合党建教育与专业学习，有效提升了党员教育的针对性和吸引力。这启示我们，高校党员教育工作必须深入挖掘自身独有"富矿"，因地制宜探索，不断推动党员教育工作形成新范式、取得新成效。

（二）增强动力、激发活力是促进党建与业务工作融合的重要条件。学生党员往往专业素养较强、参与热情较高，只要把主观能动性有效调动起来，就能释放无穷活力、产生强大合力。社会学院本科生党支部深入把握学院培养特色和学生党员特点，激发学生党员持续在沉浸式的阅读中磨砺思维、在接地气的调研里锤炼本领、在主体性的互助里收获成长。这启示我们，党建与业务相融合，要坚持"人人做、做人人"理念，充分尊重党员主体地位，深入把握特点规律，在调动学生党员积极性和创造性上想办法。

（三）形成常态、促进长效是促进党建与业务工作融合的根本保证。高校工作具有较强稳定性和计划性，既有利于、更有必要推进党建与业务融合常态长效开展。社会学院本科生党支部近年来立足学院"群学"学风品牌矩阵，围绕学院特色优势，将理论学习与专业学习融合发展，把支部建在经典里、田野上、群众中，进一步激发党支部生机活力。这启示我们，推进党建与业务融合不能搞"一锤子买卖"，而是要保持"几年做一件事"的定力和热情，在持续深化实践基础上逐步建立常态化长效化工作机制，切实做到"做在经常、融入日常"。

[物理科学与技术学院教师第一党支部]

旗帜凝聚力量，党建引领发展，构建相互融合

赵培丽

党旗高扬，奋楫勇进。近年来，物理科学与技术学院教师第一党支部始终坚持正确政治方向，积极贯彻落实全国高校思想政治工作会议精神，落实立德树人根本任务，严格规范组织生活，创新学习教育方式，开展师生支部结对共建，深入推进党建与教学科研工作深度融合，支部建设取得明显成效，被评选为武汉大学先进基层党组织、武汉大学"样板党支部"。新时代新征程，教师第一党支部深刻理解党建与事业发展深度融合的价值意蕴，积极探求党建与业务发展深度融合的最大公约数。

【背景】

《中国共产党普通高等学校基层组织工作条例》明确提出，要"坚持高校党的建设与人才培养、科学研究、社会服务、文化传承创新、国际交流合作等深度融合"，为推进高校党建与事业发展深度融合提供了根本遵循。融合是实现党建与事业发展共同使命的必然路径。建设教育强国，要以服务中华民族伟大复兴为重要使命，聚焦国家重大战略需求，培养德智体美劳全面发展的社会主义建设者和接班人。要实现党在新时代新征程的使命任务，高校党的建设应有新担当新作为。因此，高校教育教学和党建工作共同承担着以中国式现代化全面推进中华民族伟大复兴的历史使命。只有坚持把党的领导贯穿办学治校、教书育人全过程，坚持党管办学方向、党管干部、党管人才、党管意识形态、党领导改革发展，确保党的领导一贯到底、全面覆盖，才能实现为党育人、为国育才的共同目标，实现伟大的共同使命。

【做法】

（一）立足党建积极提升党建业务融合的高度。融合是牢牢把握正确政治方向的根本要求。坚持和加强党的全面领导，严肃规范"三会一课"等基本组织生活制度，提升支部建设科学化规范化水平。"三会一课"要突出政治引领和党性锻炼，防止和纠正不认真、不严肃的问题。领导干部带头讲党课，党课内容要贴近党员、贴近实际，不搞照本宣科，真正做到凝聚思想共识。组织生活会用好批评和自我批评武器，让红脸出汗成为常态，及时打扫思想上的灰尘。开展主题党日活动，注重政治性和庄重感，明确主题，突出"党味"，防止庸俗化、随意化。近年来，支部积极开展了科研教学午餐会活动、党的理论知识竞赛活动、共建美丽校园活动等，并结合教师工作深刻领会习近平总书记重要指示和党的二十大精神。在历次推优评选活动中，支部坚持个人申请、支部大会讨论评议、全体党员不记名投票、现场监票、唱票、宣布评选结果的党内民主流程，着力突出推优评选中的透明度和公正性。同时，就各类问题广泛征求党外教师的意见和建议，充分尊重党外教师的权利和诉求，形成党员与非党员沟通交流的畅通机制和环境。

（二）立足创新发展提高党建业务融合的精度。高校必须紧密结合时代发展大势，大力加强党建对创新发展的引领作用，坚持面向科学技术前沿、面向国家重大需求等，通过建设一流师资队伍、培养拔尖创新人才、提升科学研究水平等任务更好地服务支撑国家创新驱动发展战略。支部所在的物理系现有教师70余人，其中"国字号"人才20余人，具有海外（境外）研究经历的超70%，推进了学科建设的全面发展。首先，支部充分认识到高水平人才对物理学院建设和发展的关键作用，坚持人才战略，构建导向明确、层次清晰、衔接紧密的人才发展体系，使人才各尽其能、各展所长、各得其所，同时也积极吸纳国家级青年人才毛力教授和王胜教授等。其次，支部致力于拔尖人才的培养，对优秀学生逐步实行导师制，大力开展"本科生能力提升计划"，充分发挥学生的主动性，激励学生的创新性，培养学生的独立性。此外，支部所在的物理系近年在科研论文方面取得重大突破，特别是在黑洞捕获气体过程、致密天体和高能天体物理现象等方面取得了突出成果，近两年以第一通讯单位发表了 *Nature*、*Science*、*Nature Materials*、*Nature Photonics*、*Nature Electronic* 等顶级学术论文。

（三）立足组织建设扩展党建业务融合的深度。党的力量来自组织，党的全面领导、党的全部工作要靠党的坚强组织体系去实现。高校党建与事业发展深度融合，就是要充分发挥党组织政治功能和组织功能，为事业发展提供坚强的组织保障和队伍支撑。为加强党支部的凝聚力和战斗力，物理学院教师第一党支部在实践中逐步形成和完善了"党建+科研教学午餐会"的活动形式，向着更加活跃、党建业务更加融合的方向发展。自2021年11月以来，物理学院第一党支部充分利用高层次人才多的优势，陆续开展了21期"党建+科研教学午餐会"活动。在这21期"党建+科研教学午餐会"活动中，物理学院刘惠军教授、肖孟教授、王胜教授等以报告的形式与大家进行了精彩的交流，报告的内容涵盖了教学、科研、基金申请、身心健康、法治教育等方面，吸引了党员同志和非党员同志参加。"党建+科研教学午餐会"活动的成功举办，有效地促进了基层党建工作提质增效。

党支部开展教学科研午餐会活动

【启示】

（一）**把握政治引领，坚定举旗定向**。坚定不渝以习近平新时代中国特色社会主义思想为指导，引领广大科研人员增强"四个意识"、坚定"四个自信"、做到"两个维护"。坚持和加强党建对业务的领导，牢记"国之大者"，站稳人民立场，使科技创新事业始终沿着正确道路快速前进，为实现中华民族伟大复兴中国梦提供有力支撑。

（二）**理清思路，营造党建业务融合氛围**。支部在日常学习教育和党日活动中要注重结合专业培养目标和国家发展战略，理清科研"做什么""为谁做"的问题。让党员在实践中领悟创新驱动发展的重要意义，在项目中提升党员攻坚克难的战斗力。

（三）**树立创新标杆，打造教育新高地**。党支部不仅肩负着传播先进思想，为党育才的重任，也应作为科研工作的桥头堡和新高地。以党支部为创新阵地，发挥党的思想引领力的同时，强化科研人服务"国之大者"的方向感和责任感，激发学生提升学习内驱力、强化专业能力、加深行业情怀。

强根铸魂抓党建，开拓奋进促发展

肖　巍

近年来，武汉大学化学与分子科学学院物理化学研究所党支部坚持将党建工作视为最重要的工作之一。通过不断创新和优化党建方法，以"强根铸魂抓党建，开拓奋进促发展"作为开展基层工作的核心指导思想，党支部在思想政治建设、学科建设和业务发展等方面取得了显著的成果。

【背景】

武汉大学化学与分子科学学院物理化学研究所党支部坚持以习近平新时代中国特色社会主义思想为指导，认真学习宣传贯彻党的二十大精神，贯彻落实习近平总书记关于党的建设的重要思想和在全国教育大会上的重要讲话精神，通过"以党建筑牢思想堡垒、以党建推动高水平学科建设、以党建促进业务全面发展"多维度引领高质量支部建设，助力党建提质增效。

【做法】

（一）以党建筑牢思想堡垒。党支部严格按照党的各项会议要求，认真开展学习活动。每次"三会一课"，党员们都会集中精力，深入解析党的最新理论成果和政策方针，并结合自身工作实际，开展深入的讨论和交流。通过这些学习活动，支部党员们敞开心扉，亮明思想，谈体会感受，谈意见建议，并针对党的工作和党员存在的一些问题和不足开展积极健康的思想斗争，统一思想、增进团结、改进工作、共同提高。同时，不断增强"四个意识"、坚定"四个自信"、做到"两个维护"，在思想上同党中央保持高度一致。此外，党支部还邀请了校内外专家学者举办讲座，分享实际工作案例，使理论学习更具实效。每年定期组织党员赴革命纪念地参观学习，重温党史，感悟革命精神。

（二）**以党建推动高水平学科建设**。查全性先生在电化学教育和研究领域辛勤耕耘数十载，不断开拓，锐意进取，乐于奉献，追求卓越，为中国高等教育事业的改革和发展作出了重要贡献。如今在他的精神指引下，党支部挖掘校内科研资源和人才优势，积极鼓励教师、学生参与高水平科研项目。科研团队在新能源材料、非贵金属催化剂和锂电池非燃电解液等领域不断取得创新成果。这些研究成果在国内外权威期刊上发表，不仅提升了学院的学术声誉，也为国家在相关产业的发展提供了坚实的理论支持。党支部通过会议、研讨等形式，将最新的科研方向和成果进行内部分享，鼓励学术交流和合作。同时，引进国际著名专家学者开展讲座和合作研究，拓宽教师和学生的国际视野。

（三）**以党建促进业务全面发展**。通过与企业深入合作，党支部主动搭建校企合作平台。杰出校友亿纬锂能董事长刘金成捐建查全性电化学楼，为学科发展提供了优质的科研平台和硬件设施。这些平台不仅大大提升了科学研究的条件和设备水平，为武汉大学化学与分子科学学院的师生提供了更为便捷的实验条件，促进了学生科研成果的落地开花。与此同时，党支部积极推动师生与企业进行深入交流，了解行业最新需求，为企业技术创新提供理论支撑和人才支持。通过这种方式，物理化学在教学科研与社会需求之间架起了一座桥梁。除与校企合作外，党支部还积极推动科研成果的转化，促进研究与实际应用的紧密结合。例如，全非贵金属间接氨-空气燃料电池的研究成为新型能源技术的重要突破，为市场应用提供了新的可能性。在这一过程中，党支部充分发挥了国企合作的桥梁作用，确保科研成果能够迅速转化为实际应用，造福社会。

【启示】

（一）**强化组织建设，提高凝聚力**。通过严密翔实的思想政治建设，支部党员的理论素养和政治觉悟得到了极大提高。党员们将理论应用于实际工作中，增强团队的凝聚力和战斗力。始终坚持党的领导，成为学院教学科研发展的坚实后盾。

（二）**创新科研探索，推进学科建设**。党支部以党建推动科研创新工作，

党支部积极与惠州亿纬锂能股份有限公司开展校企支部共建，
董事长刘金成校友捐建查全性楼

取得了令人瞩目的成果。这不仅体现了科技工作者坚忍不拔的创新精神，也增强了学术研究的国际影响力。党的建设和科研工作紧密结合，培养了科研工作者作为模范共产党员的优秀品格，展现了一代优秀中国知识分子的精神风貌，在此过程中，形成了良性循环，为实现高水平科技自立自强提供了坚实保障。

（三）**突出教研实效，注重成果转化**。党建工作和学科业务发展相辅相成，通过积极发挥党支部的桥梁作用，推动人员与企业的交流合作，不仅提升了学院科研水平，还促进了科研成果的实际应用，真正实现了产学研的有机结合。

[资源与环境科学学院地理科学与国土资源系教师党支部]

以"三个聚焦"推进党建与业务深度融合

刘殿锋

地理科学与国土资源系教师党支部牢固树立"围绕中心抓党建、抓好党建促业务"理念,着力打造"三个聚焦"党建与业务深度融合工作机制,扎实推进党建工作与教书育人、科学研究、社会服务等中心业务全方位融合发展,产生了一批制度化新举措,孵化了一系列教学科研成果,入选 2020 年度武汉大学"样板党支部"培育创建试点名单和 2022 年度首批武汉大学党支部党建与业务工作深度融合试点名单。

【背景】

习近平总书记强调:"要处理好党建和业务的关系,坚持党建工作和业务工作一起谋划、一起部署、一起落实、一起检查。"高校党建工作与中心业务点多面广,如何找准结合点、发力点,打造切实可行的党建与业务融合载体,破解党建与业务工作"两张皮"难题是当前推动教师党支部党建与业务工作深度融合的重中之重。地理科学与国土资源系教师党支部始终坚持系统观念,围绕党的政治核心作用如何发挥、党组织战斗堡垒如何建设、党员先锋模范作用如何体现等问题,结合专业特色与专业优势,聚焦课程思政体系建设、党员先锋作用提升、专业赋能社会服务,形成以"三个聚焦"为结合点、发力点的党建与业务融合新举措。

【做法】

(一)聚焦课程思政体系建设,推动党建引领教书育人。党支部充分发挥党的政治核心作用,围绕课程体系优化打造多元化的课程思政载体,推动党建引领教书育人。以专业主干课程为重点，挖掘土地资源管理、国土空间规划、土地评价等课程蕴含的思政元素，推进课程思政与人才培养模式改革，打造了系列国情教育微党课；依托鄂州峒山村国家级乡村治理示范村、咸宁向阳湖现代农业科技示范区、庐山国家级地理学野外实践教学基地，建立现场主题思政教育与实习实践内容的融合机制，打造了"美丽乡村""美丽中国"实践课程思政载体，制作了《领略千古名山，探索地理之美》庐山地理综合实习与思政教育融合成果宣传片。成果包括国家教学成果二等奖 1 项、校级教改论文成果一等奖等 3 项，校级思政教学改革项目 5 项，相关活动被湖北日报等主流媒体宣传报道。

党支部组织党员教师、本科生前往鄂州峒山村、咸宁向阳湖
开展地理综合认知实习与现场主题思政教育

（二）聚焦党员模范作用提升，推动党建赋能科研创新。以强化支部党员新时代科研使命感、开展有组织科研为切入点，聚焦党员教师先锋模范作用提升，打造以党员教师作为牵头人和骨干成员的高水平科研团队，推进有组织科研，有力推动了党建赋能科研创新。丰富和拓展主题党日活动，组织党员学习把握国家重大战略需求，集体研讨学科建设、青年人才培养和研究课题申报，努力营造有组织科研氛围，积极引导教师参与有组织科研活动。面向国家重大战略，建立"城市与区域可持续发展"和"国土空间优化"2 支科研团队，逐步培育了自然资源部高水平科技创新团队 1 个，国家教学名师、

长江学者、国家优青、自然资源部科技领军人才等 6 人。团队承担国家级科研项目 20 余项，发表论文 500 余篇，成果直接服务于城镇高质量发展、乡村振兴和国土空间规划等国家战略，荣获国家科技进步奖二等奖、省部级科技进步特等奖等 10 余项。

党支部党员教师作为牵头人和骨干成员入选自然资源部
科技创新团队培养计划

（三）**聚焦专业服务功能强化，推动党建协同社会服务**。以志愿服务为切入点，积极推动志愿服务助力乡村振兴，以志愿服务厚植家国情怀，实现了支部党建与社会服务能力的双提升。近年来，支部积极响应村庄规划编制志愿服务活动号召，形成"以党建引领社会服务，以社会服务推动党建发展"的党建与社会服务协同新模式。先后有 8 名党员教师牵头组织志愿服务团队，带领学生深入湖北、江西、广西等地农村开展村庄规划志愿服务活动，为乡村产业发展、乡村人居环境提升、乡村综合整治与生态修复等提供决策支撑，指导学生获得大学生国土空间规划技能大赛特等奖、一等奖等国家级学科竞赛奖 10 余项，实现党建工作、专业学习和社会服务的协同提升。同时依托志愿服务活动，积极引导学生扎根基层，20 余名优秀毕业生志愿投身基层工作。

党支部党员教师组织学生开展村庄规划编制志愿服务活动并获得
全国大学生国土空间规划技能大赛特等奖

【启示】

（一）**坚持系统观念是推进党建与业务融合的根本要求**。习近平总书记指出："系统观念是具有基础性的思想和工作方法。"高等院校的中心工作在于教学、科研和社会服务。围绕立德树人根本任务，教学是基本点、科研是增长点、社会服务是落脚点，三者相辅相成。这启示我们，党建与业务融合要坚持系统观念，深入探索党建工作与教学、科研和社会服务的切入点与结合点，确保党建与中心业务的全方位融合，才能根本解决党建与业务"两张皮"的问题。

（二）**发挥专业优势是推进党建与业务融合的关键抓手**。党建与业务融合的关键在于找准切入点、结合点。结合地理科学与国土资源系教师党支部特色，专业知识与技能学习、创新和转化应用既是贯穿于中心业务的主线，又是党建工作强化理论武装、发挥党员先锋模范作用、服务国家和群众的重要突破点。专业发展与学科建设践行新时代新思想、坚持"四个面向"，必将有助于支部党建与业务的深度融合。

（三）**党政协同配合是推进党建与业务融合的基本保障**。坚持党建工作和业务工作一起谋划、一起部署、一起检查，是推进党建与业务融合的根本保障。地理科学与国土资源系教师党支部在工作推进过程中，加强系党政协调配合，党支部书记兼任副系主任参与系重要问题的讨论决定，建立党支部书记与系主任、支委会与系行政班子之间的常态化沟通机制，召开支部与系联合会议，形成抓业务与党建工作的合力，为推进党建与业务融合提供机制化保障。

[土木建筑工程学院岩土与道桥系教师党支部]

制度先行，推动党建与业务双融合、双促进

张晓平　韩　仲

为深入贯彻落实习近平总书记关于党的建设和组织工作的重要指示，切实做到"党的建设和组织工作要有新担当新作为"，土木建筑工程学院岩土与道桥系教师党支部坚持以党建引领高质量发展，增强完善党支部的政治功能和组织功能，推动教育、科技、人才"三位一体"协同融合发展，在完善制度体系、促进党建联建、引领技术攻关、推动实践育人等方面开展了一系列尝试，引领广大师生在服务国家重大战略和地方经济社会高质量发展中作出贡献。

【背景】

在高等教育领域，党建工作与业务工作始终是两个相辅相成的重要方面。然而，长期以来，高校理工科教师党组织在推进党建工作时，面临着诸多挑战。一方面，党员教师作为教学和科研的中坚力量，其工作重心往往聚焦在复杂的科学问题上；另一方面，在繁忙的教学科研任务中，党员教师往往难以充分投入支部生活，深入学习和领会党的创新理论及政策。面对这一难题，武汉大学土木建筑工程学院岩土与道桥系党支部积极探索，形成了"以制度为抓手，推动党建工作与业务工作双融合、双促进"的建设思路，充分发挥党支部在教学科研等中心工作中的战斗堡垒作用，为学院乃至学校的发展注入新的活力。

【做法】

（一）以制度为抓手，多层次赋能"双带头人"工作室履行党建主责。

一是通过制度、机制规范各项党建活动，使得党建活动有据可循。为推进"双带头人"工作室建设，集合校、院力量，成立了工作室建设指导委员会。武汉大学党委副书记赵雪梅担任工作室的顾问，组织部副部长负责工作室建设的管理和指导，土木建筑工程学院党委书记负责具体工作指导。校、院两级领导从顶层设计的宏观层面以及实际操作的微观层面给予了工作室详尽的建设意见与建议，进一步完善了涵盖支部管理、理论学习、意识形态工作、师德师风教育、支部共建等党建工作全过程的制度体系与运行机制，保证了党建工作与业务工作的和谐发展。二是建立健全党支部参与本单位重要事项讨论决策工作机制，使支部在系里各项重大事务，如新进教师选聘、职称晋升、人才申报、重大项目申报等工作中参与决策，切实起到政治监督和政治把关作用。支部书记张晓平当选武昌区人大代表，支部成员万臻等八位同志先后担任学院党代会代表，积极履行职能。

时任校党委副书记赵雪梅看望党支部书记张晓平教授

（二）**党建引领技术攻关，主动服务国家战略需求，促进党建与科研双融合、双促进**。坚持以党建促发展，将提高科研创新能力、服务地方经济发展与党建工作紧密结合，实现党建与业务的互促互融。坚持"请进来"与"走出去"相结合的方式，保证党建工作有深度、起实效。"请进来"方面，工作室从海内外吸引、凝聚了国家级高层次人才6人，国家级青年人才7人，有力地支撑了学术创新和双一流学科建设。工作室还邀请了山东大学"全国高校黄大年式教师团队"山东大学岩土工程中心党支部开展支部共建活动，在党建工作、教书育人、科研服务方面进行了深入的交流和探讨。"走出去"方面，工作室党员承担、完成了国家自然科学基金委重大专项、重大科研仪器研制项目、重点研发计划项目、重点项目等重大科研项目，为国家重大科技需求提供了智力支撑。工作室与萍莲项目办机关党支部开展支部共建，并与萍莲项目办联合攻关，实现了莲花隧道贯通，保证了萍莲高速按期完工。此外，党支部党员先后深入引松工程、引汉济渭工程、兰州新水源地工程、川藏铁路工程等国家重要工程一线解决工程难题、培养项目技术骨干、保证施工质量，发挥党员的先锋模范作用。支部书记张晓平教授多次受邀前往武汉理工大学、武汉警官学院、中南财经政法大学开展党建经验交流，向兄弟院校介绍支部建设经验，发挥示范引领作用。

党支部成员赴萍莲项目办机关党支部开展共建活动，
联合开展技术攻关

（三）**党建推动师生联动，在实践中育人，促进党建与育人双融合、双促进**。支部按照"四有好老师""四个引路人""四个相统一"的要求，引导教师党员成为先进思想文化的传播者、党执政的坚定支持者、学生健康成长的指导者。支部共有18人次担任学院本科生班级导师，40多人次担任本科生烛光导航师，在学生管理和思想教育方面发挥了关键作用。加强与系学生党支部结对，定期进行指导并联合开展了"土木先生""筑浪珞珈"等系列特色活动，充分发挥教学育人功能。通过系列活动的开展，党支部深入参与了学生的学术学习交流活动，及时掌握了学生的思想动态并进行合理引导，将思想道德教育融入学术学习交流过程中。工作室帮扶和指导的学生党支部近三年多次获评学校、学院优秀党支部荣誉。工作室联系指导的岩土与道桥系研究生第三党支部党员积极投身国家重大战略项目川藏铁路建设，充分发挥党员先锋模范作用；岩土与道桥系研究生第二党支部党员积极响应国家"向地球深部进军"的发展需求，解决"一带一路"倡议实施过程中的隧道工程超高地温施工难题，让研究成果惠及更多高难度工程。

【启示】

（一）健全的制度体系是支部有力履行党建主责的力量源泉。支部始终坚持党的政治建设核心地位，通过建立一系列富有成效的制度体系，确保了党的路线、方针、政策得到迅速而深入的贯彻和落实，实现了党员教育的常态化、政治生活的规范化、政治功能的凸显化。

（二）方式创新是党建与业务工作双融合、双促进的有力抓手。通过"请进来"与"走出去"相结合、企业支部和学生支部结对共建、开展特色活动等系列创新性的党建活动方式，支部做到理论学习与服务社会相结合、政治学习与专业探讨相结合，保证党建工作不间断、有深度，与业务工作双促进、双融合。

[城市设计学院规划系教师党支部]

党建业务工作深度融合，
引领事业高质量发展

谢　波

武汉大学城市设计学院规划系教师党支部深入学习贯彻习近平新时代中国特色社会主义思想和党的二十大精神，按照新时代党的建设总要求和新时代党的组织路线，以党的政治建设为统领，推进党建与业务工作深度融合，落实立德树人根本任务，严格规范组织生活，抓实抓牢"三会一课"，创新学习教育方式，开展校企党支部共建、行业导师进课堂、师生支部结对共建等活动，以高质量党建引领城乡规划专业高质量发展。

【背景】

2019年，习近平总书记在中央和国家机关党的建设工作会议上的重要讲话指出，新形势下，中央和国家机关要以党的政治建设为统领，着力深化理论武装，着力夯实基层基础，着力推进正风肃纪，全面提高中央和国家机关党的建设质量，在深入学习贯彻党的思想理论上作表率，在始终同党中央保持高度一致上作表率，在坚决贯彻落实党中央各项决策部署上作表率，建设让党中央放心、让人民群众满意的模范机关。武汉大学城市设计学院规划系教师党支部认真落实党中央要求，紧紧围绕推进中国式现代化这个最大的政治，以坚持不懈贯彻落实习近平总书记重要讲话精神为主线，以推动高校党建高质量发展为主题，以党的政治建设为统领，以落实基层党支部工作责任制为牵引，以建设"样板党支部"为目标，以党支部共建为抓手，创新开展"行业导师进课堂""培根铸魂、红烛引领，师生支部结对共建"等活动，推进党建与中心工作相结合，实现基层党建全面提质增效，为推动党和国家教育事业高质量发展，为全面推进中国式现代化、实现中华民族伟大复兴作出贡献。

【做法】

（一）**党建深度融合业务，构建党建引领系务工作的新机制**。规划系教师党支部加强团队协作，根据教师教研方向将党支部分为三个党小组，分别是空间形态组、信息技术组和总体规划组，由支部委员分别担任党小组组长，党小组和教研小组融合，相互促进。支委作为骨干力量全面参与第五轮学科评估、专业水平评估、学位点周期性评估、一流本科专业建设、一级学科博士点评估等；支委深度融入教学组，担任各教学小组组长、副组长，全面推进课程思政建设，开展"教与学的革命"系列论坛，成功申请开办智慧国土空间规划试验班、城乡规划专业智慧人居本硕试验班、城乡规划人工智能试验班。通过课程培养方案研讨、课程教学大纲共享与讨论等活动，谋划了新工科背景下城乡规划专业建设的方向，加强了课程思政建设，落实了立德树人根本任务。

（二）**细化思政工作任务举措，"三全育人"改革全面深化**。规划系教师党支部构建了以思政辐射专业课程的育人课程体系，产出了一批丰硕的教学成果。获批教育部学位与研究生教育发展中心主题案例、"省级研究生工作站"、校研究生"课程思政"示范课程、研究生精品课程建设项目；中国村落文化景观等"中国情怀"系列课程纳入学校通识课程，在大学生"美育"中发挥重要功能。城市规划社会调查实践课程入选"国家一流本科课程"，荣获"湖北省高校教学成果奖"二等奖，城市总体规划设计入选"湖北省一流本科课程"，实现了学院本科课程体系"优质精品工程"建设的突破。

（三）**师生和企业党支部互助共建，全方位提升人才培养质量**。规划系教师党支部组织了"教与学的革命"研讨、"师生党支部共建"党日活动，与本科生党支部、研究生党支部开展结对共建工作讨论教学改革，发扬支部"传帮带"的优良传统。通过结对共建，加强对学生政治上引领、学术上指导、生活上扶助，教师党员成为广大学生的良师益友，树立了良好师德风范。规划系教师党支部还与中共武汉市规划研究院委员会、武汉市自然资源保护利用中心党总支部、广州南沙新区规划设计研究院有限公司党支部、武汉市南湖街道党工委等开展结对共建活动，推动教学科研工作更加深入实践、贴近社会发展需求，提升高校教学科研工作的质量水平和针对性，推进产学研发展取得新突破。

党支部与武汉市南湖街道党工委开展共建活动

【启示】

（一）做好高校党员教育工作，首要是增强党支部政治功能和引领作用。规划系教师党支部采取支委领学、培训深学、支部研学、基地践学、专家导学、交流促学、个人自学等方式，引导党员干部始终做习近平新时代中国特色社会主义思想的坚定信仰者和忠实实践者。这启示我们，基层党支部教育应突出政治功能，深入推进"两学一做"学习教育，使党员教育更加扎实有效，凸显支部在思想政治工作和落实立德树人根本任务等方面的政治引领作用。

（二）做好高校党员教育工作，重点是健全完善支部党建工作制度。规划系教师党支部组织开展习近平新时代中国特色社会主义思想宣传教育，引领广大师生牢固树立"四个意识"，坚定"四个自信"，做到"两个维护"。这启示我们，要持续严明政治纪律和政治规矩，严格执行党章和党内政治生活准则，认真落实"三会一课"、民主评议党员等组织生活制度，丰富主题党日形式内容，建立起包括党员管理、党员教育、党员监督、党员评议、组织发展、服务群众、支撑学科发展等方面的规章制度和运行机制。

（三）**做好高校党员教育工作，关键是凸显党支部党建工作的特色。**规划系教师党支部聚焦围绕中心、建设队伍、服务群众的核心任务，找准党支部党建服务中心大局的结合点、切入点，加强规划系教师党支部与学生党支部、企业党支部的共建，把社会主义核心价值观培育践行贯穿师生专业课实践教学、社会实践活动、创新创业教育、志愿服务的全过程。这启示我们，创建"学习型""服务型""创新型"样板党支部，要推进党建工作与业务工作深度融合，打造特色党建工作品牌，推动教学科研高质量发展并服务地方社会经济发展。

[计算机学院人工智能系教工党支部]

打造"党建+业务"新路径

彭 敏 邹 华

计算机学院人工智能系教工党支部深刻认识到，在当今高等教育环境中，强化党员的理论修养和思想觉悟至关重要。他们秉持"学以致用，知行合一"的理念，紧密围绕"党建引领业务"这一核心目标，将党员教育视为首要政治任务，努力推动党的先进理论在高校蓬勃发展，确保其深入人心、付诸实践。近年来，人工智能系教工党支部逐步构建了一个多元化的党员活动机制。该机制包含"前沿探讨、经验分享、任务落实、师生联动"等多个维度，成为党员日常学习的重要平台。通过将组织生活与专业发展有机结合，这一机制显著提升了党员教育的实用性和有效性，推动了教师党支部和学生党支部建设水平的全面提升，为支部党建工作注入了新的活力。

【背景】

习近平总书记在中央和国家机关党的建设工作会议上发表的重要讲话强调："要处理好党建和业务的关系，坚持党建工作和业务工作一起谋划、一起部署、一起落实、一起检查。"为贯彻落实习近平总书记重要讲话精神，计算机学院人工智能系教工党支部以围绕中心抓党建、抓好党建促业务的理念，在工作中逐步探索出了"党建+业务"的支部工作法。坚持做到业务工作开展到哪里，党组织就覆盖到哪里，切实推动业务工作和党建工作同频共振、同向发力，以党建引领业务、以党建促进业务。近年来，人工智能系教工党支部扎实推进党建工作与业务工作互融互促，党建水平不断提高，科研能力显著提升，科技人才队伍建设明显加强，科技成果产出再创新高。

【做法】

（一）**整合理论与实践，推动学习内容与教研工作深度融合**。人工智能系教工党支部注重优化党员大会学习内容，涵盖思想引领、专业提升和学科前沿三大方面，以解决党建工作与实际脱节、学习流于形式等问题。支委将学习贯彻习近平新时代中国特色社会主义思想作为首要任务，结合主题教育和党史学习教育重点学习习近平总书记最新重要讲话精神。同时，支委强调全面贯彻党的教育方针，落实立德树人根本任务。结合中央人才工作会议和高等教育、科技创新相关会议精神，聚焦学科建设、人才培养和新质生产力发展等核心工作，深入研讨国家重大战略和决策部署。支部创新学习方式，与领先企业、研究机构合作，开展实践性学习活动。通过项目合作、技术交流等方式，党员能够将理论学习与实际应用紧密结合，促进个人能力提升和学科发展。支部鼓励党员积极参与国家重大科技项目，将个人专业追求与国家战略需求对接，培养既有爱国情怀又具全球视野的高素质人才。这种全方位、多层次的学习体系，有效激发了党员的学习热情和创新动力，为人工智能领域的高质量发展提供了坚实的人才支撑。

（二）**以党建促进业务创新，引领高质量发展**。人工智能系教工党支部注重党建引领业务，将学校与学院提出的加强有组织的科研及人才强校政策紧密结合。近3年来，人工智能系教工党支部获批国家杰青2人，国家级青年人才7人，获批国家重点研发计划项目2项；支部核心成员组成的师德评估团队，将师德表现纳入教师年度考核的核心指标，有效引导教师行为向更高标准看齐。支部定期组织全体党员会议，深入剖析学院年度工作报告，为学院未来发展建言献策。与此同时，紧跟人工智能领域发展脉搏，开展了一系列围绕学科建设的深度调研和讨论。党建活动成为引领学科发展的重要抓手。2022年，支部多次召集会议，探讨如何将课程思政元素有机融入人工智能专业2023版培养方案，并通过全系大会落实会议精神。2023年12月，支部组织教师党员团队实地考察武汉人工智能研究院和武汉人工智能计算中心，既深化了对科技自主创新的认识，又就国产AI计算框架和芯片等前沿难题进行了深入交流，开创了党建与专业发展融合的新模式。

（三）**多元化党建方式探索，增强组织吸引力**。人工智能系教工党支部通过多元创新策略，实现内容与形式的有机融合，不断提升党建活动实效。支

支部党员考察武汉人工智能计算中心

部注重挖掘内部潜力，定期安排优秀党员教师开展特色党课，传播先进经验；同时，积极引入外部力量，多次邀请校院领导进行专题讲座，拓宽党员视野，促进全面发展，更好地履行社会责任。支部还善于利用红色资源，创新教育形式。组织教师党员前往具有历史意义的革命教育基地进行实地学习，如参观红色景区，通过重温入党誓词、举办主题党日活动等方式，深入领会革命精神。

【启示】

（一）**高校面向教师的党建工作应当扎根现实，紧跟时代步伐**。党建工作必须与时俱进、创新发展。党建内容应当紧跟时代脉搏，及时吸收习近平新时代中国特色社会主义思想的最新成果，不断充实和更新学习材料，以确保党员思想始终保持先进性和时代性。同时，党建工作还需要扎根实际，深入挖掘本单位特色和党员需求。可以将国家方针政策与教师日常工作紧密结合，帮助党员教师在教学科研中贯彻党的理念。此外，创新且灵活的学习方式至关重要，可以借助线上平台、互动研讨等，提高党建活动的吸引力和参与度。只有这样，才能激发党员教师的学习热情，使他们在党组织活动中不断进步，进而将先进思想转化为教育事业发展的动力。

（二）**党建工作为业务发展赋能，业务成果为理论创新提供土壤**。通过将党建教育与专业建设有机结合，人工智能系教工党支部成员在政治素养和专业能力方面得到了较大的提升。思想教育工作为学术研究与专业建设提供了坚实的理念基础和组织支持，而学术成果则为思想教育注入了新的活力和内容，形成了相辅相成、互利共赢的发展态势。这种模式为基层党支部的建设提供了宝贵的经验，推动了思想教育和专业发展的良性互动与共同进步。人工智能系教工党支部将党建工作与专业发展紧密融合，取得了显著成效。党员们在这一过程中既提升了政治觉悟，又增强了专业素养，实现了双向提升。一方面，思想引领为学术研究和专业建设注入了强大动力，提供了坚实的理论指导和组织保障。另一方面，丰硕的学术成果也为思想教育工作带来了新的活力和内容，使之更加贴近实际、富有生机。这种党建与业务深度融合的模式，形成了相互促进、共同发展的良性循环。它不仅为基层党组织建设提供了可借鉴的宝贵经验，更推动了思想教育与专业发展的协同进步，开创了基层党建工作的新局面。

（三）**高校党建工作应形式多元，激发活力**。从创新发展的角度来看，高校党建工作应当注重形式多元化，以激发组织活力。传统的党建模式虽然奠定了坚实基础，但面对新时代的挑战，需要不断创新方法、拓展思路。多元化的党建形式可以吸引更多党员积极参与，提高党组织的凝聚力和战斗力。通过融入现代科技、结合专业特色、贴近师生需求等多种方式，党建工作能够更好地服务于高校的教学、科研和管理。这种创新不仅能提升党建工作的效果，还能为高校的整体发展注入新的动力，形成良性互动的发展局面。

[遥感信息工程学院办公室党支部]

"123"步推进党建与业务工作深度融合

周　卉

遥感信息工程学院办公室党支部坚持党建工作与管理服务工作相融合，稳步推动支部建设规范化、标准化，在长期的支部建设与传承中形成了推动党建与业务工作深度融合的"123"工作法，着力以一流的支部建设服务一流的遥感学科。

【背景】

机关党建工作与业务工作融合发展是党中央对机关党的建设提出的明确要求，也是机关基层党组织工作应当遵循的重要原则。作为武汉大学"样板党支部"和"党建与业务深度融合"首批试点党支部，遥感信息工程学院办公室党支部在高质量党建引领事业高质量发展上取得实效。

【做法】

（一）**紧抓 1 项核心任务，理论学习夯实基础**。一是突出集体领学，根据学校和学院党委中心组理论学习计划安排，依托编印的每月至少 1 期专题学习资料，党支部年均开展学习近 20 次，跟进学习习近平总书记重要讲话精神，特别是习近平总书记关于教育、科技、人才的讲话精神，反复深入学思践悟；2023 年 12 月，以"练过硬本领，创更大作为"为主题，集中学习和领会习近平总书记给武汉大学参加中国南北极科学考察队师生代表的重要回信精神；2024 年党纪学习教育开展以来，党支部制订详细学习方案，原原本本、逐条逐字学习《中国共产党纪律处分条例》。二是突出专题研学，为提高效率，采取党支部成员轮流领学制度，党支部书记讲《党的二十大报告》专题党课，党纪学习教育专题党课；党支部党员同志分别领学《中国共产党章程（修正案）》并做党风廉政专题辅导，在专题轮流领学中扎实深化党的创新理论吸收。三是突出融入场景学，2022年赴国家保密学院湖北省保密教育实训平台接受保密教育，深化总体国家安全观的学习。2023年参观鄂中革命烈士纪念馆、羊楼洞志愿军烈士陵园，牢记革命英烈精神。与空间信息与数字技术教职工党支部、试验中心党支部等专业教师党支部联合开展主题党日活动，赴赤壁智能测试无人基地、学校科研公共服务条件平台、文化遗产智能计算实验室等参观学习，了解学科发展前沿，学习学科发展支撑条件建设先进经验，多场景深化理论学习教育，引导办公室支部党员找准理论学习和业务学习的结合点，在提升管理服务效能上促融合。

2023年12月，党支部以"练过硬本领，创更大作为"
为主题，学习习近平总书记回信精神

（二）**着眼2个工作重点，情系师生服务大局**。把准学校管理服务类党支部定位，聚焦提升工作效能，着力优化服务教职工的能力水平。一是聚焦师生难题，推动服务落细落小。2022年党支部结合巡察整改和"我为群众办实事"活动，引领各办公室完成办事流程梳理，完善学院会议室借用系统并制定管理办法，建立教工信息系统、完成网站改版，形成"网上办事大厅"。及时倾听师生需求，启动办学环境升级改造，实质性改善师生教学科研环境；

着力提升服务保障学生的能力，开发并不断完善"i 遥感学生事务处理云平台"，基本实现学生考勤、专业分流、发展入党、请假销假等全流程线上管理，学生工作办公室和教学管理办公室联合优化学业预警流程，为学业困难学生提供指导和帮助。二是强化示范引领，立足岗位办实事。充分利用行政支部的优势和特点，积极参加学院公共事务，党员群众勇挑重担、冲在一线，支部党员作为主力多次参与一级学科建设研讨会、巡察整改、主题教育、党代会、教代会、专业评估和认证、产学研与成果转化等专项工作，以建设者身份服务武大遥感学科"双一流"建设。在不同阶段的疫情防控工作中，党支部党员带头响应学院党委的号召，逆行集结，"遥感办公室突击队"全员冲在一线，让党旗在疫情防控中高高飘扬，党支部始终在联系服务师生、推进"三全育人"上发挥示范带动作用。

（三）**探索 3 项工作机制，打造品牌强化保障**。一是打造党建品牌活动"嗨！同志您好！"，为新加入党员同志指定联络人，支部党员讲述"我与同志的故事"，新党员聊聊"我与支部的故事"，为新入职和调离的党员同志赠书，通过富有仪式感和精神内涵的品牌活动，有效加强党员交流，更好地发挥党支部的凝聚力和战斗力。同时依托活动赠书环节，延伸打造学习分享会，进一步推进理论学习深化与业务工作精进。二是落实"党员先锋岗"，完善支部制度体系建设。支委成员每人牵头制定 1~2 项制度，目前《例会制度》《流动红旗管理办法》《考勤管理办法》《党支部结对共建实施办法》《行政党支部党建与业务融合实施方案》等制度已基本成型，推动支部高标准、规范化建设的制度体系正在进一步完善。三是切实推进师生支部结对共建。探索与结对学生党支部建立常态化联系，发挥行政党支部的管理服务优势，尝试建立党员结对形式，将支部结对共建活动做实做细，解决学生实际困难，陪伴学生成长，实现互促互进。

【启示】

（一）**夯实学习打基础**。基层党支部要将抓好党的创新理论学习作为长期坚持的重大政治任务，全面打造学习型党支部，从党的创新理论成果中寻求发展良策，为推动学院高质量发展蓄力赋能。

（二）**打造品牌建样板**。作为基层"样板党支部"，要以党建品牌增强支部凝聚力和战斗力，推进党支部建设与高校育人工作深度融合、双向促进。

"嗨！同志您好！"党建品牌活动

　　（三）**服务师生求实效**。作为高校管理服务类党支部，要在重点加强作风建设、深入联系服务师生、组织党员承担急难险重任务等方面下功夫，不断增强服务师生的实际效果。

党建引领业务提升，业务助推党建发展

马浩琴　杨红梅

当今高等教育事业快速发展，党建与业务工作的有效融合成为提升高校内部治理效能、促进高质量发展的关键。图书馆学术交流与服务中心党支部积极探索党建引领业务提升的新路径，通过一系列创新举措，不仅强化了基层党组织的战斗堡垒作用，还显著提升了图书馆的教学科研管理服务效能，为学校整体发展注入了强劲动力。以下即为该党支部在党建与业务工作深度融合这一实践中的具体做法与成效。

【背景】

为深入学习贯彻习近平新时代中国特色社会主义思想，牢固树立"围绕中心抓党建、抓好党建促业务"理念，图书馆学术交流与服务中心党支部深刻把握基层党建围绕中心、服务大局的职责定位，立足图书馆工作实际，找准党建和教学科研管理服务等工作融合的结合点，积极探索推进党建与业务工作深度融合的创新性举措，确保图书馆成为学校促进教学科研管理服务等中心工作的坚强战斗堡垒。

【做法】

（一）**夯实思想建设，强化理论武装**。一是党支部始终坚持正确政治方向，强化思想政治教育。在学习贯彻习近平新时代中国特色社会主义思想主题教育、党纪学习教育等政治学习上，党支部严格贯彻学懂弄通做实的要求，综合采用党小组读书班、专题研讨、实践学习、专题党课等方式，统筹开展主题教育与业务工作学习，切实做到政治理论学习入耳入脑入心。二是在政治学习基础上，支部委员积极开展党建课题研究。2020年12月党支部申报的课题"高校图书馆党支部在'三全育人'过程中地位与作用研究"获得学校党建工作重点立项，并公开发表一篇研究成果《"三全育人"视域下高校图书馆思政育人的实践路径》；2024年4月，支部的两项课题"'武汉大学图书馆'微信公众号：指尖上的思政教育"与"'三全育人'理念下铸牢少数民族大学生中华民族共同体教育的实践创新"均入选武汉大学思想政治工作精品项目。课题调研与研究成果的发表，提升了党员的学术研究能力，丰富了图书馆"三全育人"理论研究的内涵，有效地将党建工作与图书馆服务相结合，推动了党建工作的高质量发展。

（二）**加强党支部联动，提升管理服务效能**。为提升图书馆的服务质量和专业水平，党支部积极开展与教师学生党支部、校企党支部联合共建，发挥党支部合力作用。2022年4月至7月与信息管理学院图书馆学系教师党支部共建，学院教师为馆员讲授数据管理和数据可视化分析等主题讲座，提升馆员的专业素养。2022年5月与研究生院党支部共建，双方实现资源共享和工作互动，共同为研究生提供更加全面专业的学术支持。2024年1月，与校医院一门诊党支部签订共建协议；3月双方联合开展"关爱女性，健康先行"宣传义诊活动，助力师生身心健康发展；5月双方联合中共湖北省委党校图书馆党支部开展党纪学习教育支部联学联建主题党日活动，强化纪律意识和党性修养。党支部通过与校内外党支部的合力共建，充分发挥党建统筹引领作用，极大提升图书馆的管理服务效能，搭建起"共建、共享、共进"的党建平台新格局。

（三）**深入开展调查研究，解决师生实际问题**。为服务学校的学科建设和人才培养，党支部紧密围绕学科服务与信息素养培训两大核心业务开展调查研究。2023年4月至6月，支部党员深入走访全校22个学院，通过座谈交流和发放调查问卷等形式调研师生对学科服务的满意度与需求，列出问题清单，制订整改方案，方案落实后，各项业务工作的服务成效得到显著提升。针对师生对教学培训提出的多元化需求，及时优化信息素养教学体系，改造后的培训讲座师生参与热情逐渐高涨；在学科服务方面，搭建11个新版学科服务平台，加强学科资源和服务的宣传，越来越多的学院、职能部门主动与图书馆合作，共同开展学科分析、科研支持等深度服务，形成良好的互动合作机制。2023年5月，支部党员实地参观调研北京、上

党支部与校医院一门诊党支部开展共建活动

海、南京共八所高校图书馆，了解同行在党建与业务工作融合方面的先进经验和成功做法，为图书馆工作提供宝贵的参考和借鉴，为持续推动党建引领业务提升奠定坚实基础。

图书馆学科服务党员团队与社会学院师生座谈交流

（四）**重视组织业务培训，练就抓落实真本领**。为持续提高支部党员的工作能力和专业素养，党支部始终将业务培训放在重要位置。2023年4月，为提升党员在科研评估、学科趋势分析等方面的能力，党支部组织学科馆员参加SciVal2023年度高阶系列培训；2023年5月，为增强党员在科技文本挖掘与可视化分析方面的技能，党支部联系校外北京ITGInsight核心研发专家进行线上培训；2023年12月，组织党员参加"科学文献知识图谱研习班"；此外，积极鼓励非图情专业的党员参加信息管理学院的专业课程学习。通过参加业务培训和专业课程学习，支部党员的数字素养和工作技能得到显著提升，为学校学科建设和科研创新提供了坚实的服务保障。

【启示】

（一）**坚持党建引领，强化思想教育**。坚持党建引领是推进党建与业务工作深度融合的关键。图书馆学术交流与服务中心党支部通过夯实思想建设，强化理论武装，确保党员的政治素养得到提升，为业务工作的顺利开展提供坚强的思想保障。

（二）**服务中心工作，找准结合点**。立足工作实际，找准党建与业务工作的结合点，是实现党建与业务工作深度融合的重要前提。图书馆学术交流与服务中心党支部紧密结合业务工作的特点和需求，找准党建和教学科研管理服务等工作融合的结合点，通过制定有针对性的工作措施，实现党建与业务工作的相互促进、共同发展。

（三）**构建多方联动机制，形成工作合力**。在推进党建与业务工作深度融合的过程中，要加强党支部之间的联动协作，形成工作合力，共同推动业务工作的顺利开展。同时，还要积极拓宽党建工作的外延，加强与校内外各单位的联系沟通，形成资源共享、优势互补的多方联动机制。

推动党建融入业务，
引领保障企业高质量发展

徐　霜　杜　萍

党的二十大报告指出，要推动国有资本和国有企业做强做优做大，提升企业核心竞争力，推进国有企业在完善公司治理中加强党的领导。中工武大设计集团有限公司始终坚持党建引领，把党的领导融入公司治理各环节，致力构建企业高质量发展的良好政治生态。这里以中工武大设计集团有限公司为例，剖析推进党建工作与生产经营深度融合、提升国有企业工作质效的实践经验，探索新形势下有效发挥党支部的战斗堡垒作用和党员的先锋模范作用、以党建业务融合引领国有企业高质量发展的有效途径。

【背景】

武汉大学资产经营投资管理有限责任公司所属企业中工武大设计集团有限公司全面贯彻落实习近平总书记关于国有企业改革发展和党的建设的重要论述，积极探索新形势下党建工作与生产经营深度融合的有效路径，聚焦重点任务，突出融入质量，完善制度机制，确保党建工作与生产经营管理同频共振、同向发力。2021 年至 2023 年，公司新签合同额分别为 5.52 亿元、10.35 亿元和 15.95 亿元，实现逆势增长；公司营业收入年均增长率为 26%，净利润年均增长率为 20%，保持快速增长，实现国有资产保值增值；科标信工作成果显著，获得省部级及以上奖项 81 项，主编或参编各类标准规范 32 项，获得授权专利 70 项，真正将党建工作成效转化为企业发展动能，以高质量党建引领保障企业高质量发展。

【**做法**】

（一）**加强思想政治建设，提升企业发展引领力**。一是用党的创新理论武装头脑。党总支深入学习贯彻习近平新时代中国特色社会主义思想和党的二十大精神，通过"第一议题"等方式，认真学习领会习近平总书记重要讲话和重要指示批示精神，第一时间贯彻落实、第一时间部署行动，将"两个确立"转化为坚决做到"两个维护"的高度自觉。二是用形势任务教育鼓舞干劲。坚持定期开展形势任务教育，紧扣国内外经济形势、行业发展趋势及企业面临形势，采取形式多样的方式，引导广大党员干部职工正确面对机遇挑战，凝聚奋进力量。

（二）**加强制度机制建设，提升企业发展保障力**。一是完善现代企业制度。深入贯彻落实习近平总书记"两个一以贯之"重要论述，推动党建入章程，修订完善"三重一大"等制度，党总支前置研究经营管理中的重大事项；建立"三会"议事清单，实现三大治理主体的协调运转、有效制衡。二是落实党建工作责任制。压实全面从严治党"两个责任"和领导干部"一岗双责"，形成目标明确、责任清晰、分工合理、齐抓共管的党建工作责任体系。三是实现党建经营"双向融入"。按照"生产经营'出题'、党建工作'领题'"的思路，推动党建工作和生产经营同部署、同落实、同考核。通过强化顶层设计，在年度工作要点和目标责任书中紧扣生产经营目标任务，坚持党建工作与生产经营目标同向、措施同定、工作同步。

（三）**加强干部人才建设，提升企业发展持久力**。一是坚持原则选准干部。认真贯彻新时代党的组织路线，围绕企业发展选任干部。严格落实"凡提四必"，严格选人用人流程，健全考评激励机制，加强日常监督管理，促进各级干部履职尽责、担当作为。二是加快年轻干部培养使用。按照"拓宽来源、优化结构、改进方式、提高质量"的要求，加快优秀年轻干部的培养使用，加大培训力度，加强纵横交流，优化队伍结构，强化梯队建设。三是实施人才强企战略。坚持党管人才与市场化选聘有机结合，不断拓宽人才选拔的渠道和途径，培育一批高素质高技能人才队伍，更好地适应高质量发展需要。

（四）**加强基层组织建设，提升企业发展战斗力**。一是深化品牌创建。以"发展战略、创新创效、安全生产、人才保障"为核心，推动党支部"政治引领力、组织战斗力、发展推动力、人才保障力"四力建设，以"双翼共振"

为载体，打造"红色匠心 设计未来"党建品牌。全体党员围绕中心工作，打头阵、当先锋、出成绩，解决了诸多影响和制约生产经营发展的突出问题，党组织的凝聚力、向心力、创造力持续增强。二是坚持"两心合一"，即业务重心与党建重心相合一。组织党支部与产业链合作单位开展联建共建活动，实现"优势互补、党建互动、业务互促"；结合公司核心业务，学习贯彻习近平生态文明思想和习近平总书记关于加快建设质量强国的重要论述，邀请武汉大学专家围绕生态碳汇等开展讲座，促进党员干部业务能力提升；以"铸造精品工程 建设美好校园"理念为指导，设立党员突击队，为学校"图书馆总馆扩建工程""雷军科技楼"等多项建筑设计任务打头阵、当先锋，打造精品工程，为师生创造一流的教学环境，助力高校高素质人才培养，赋能"双一流"育人阵地。

市政设计院党支部与山东省高速养护集团湖北公司党支部开展
"强作风 优服务 提效能 促发展"联建共建主题党日活动

【启示】

（一）推动国有企业党建业务融合，必须坚持"两个一以贯之"的治理实践。中工武大设计集团有限公司通过建立健全完善的组织体系和制度体系，明确党组织在公司治理中的法定地位，确保党的领导体现在公司经营管理的

园林生态规划设计院党支部与水务设计院党支部开展
"设计赋能 提质创新"联学联建主题党日活动

全过程、各环节。

（二）**推动国有企业党建业务融合，必须找准党建工作与生产经营的契合点。**中工武大设计集团有限公司一方面通过理论与实践并重，结合公司发展重点领域，加强党的创新理论和方针政策的学习，以理论指导实践；另一方面创新党建工作形式，与上下游产业链企业开展联建共建，全面激发党建活力，实现价值创造。

（三）**推动国有企业党建业务融合，必须注重提升企业发展质效和竞争实力。**融合的关键在于做强做优国有资本，实现企业高质量发展。中工武大设计集团有限公司将党建工作与公司总体发展规划和经营管理同步部署，一体推动，在促进国有资产保值增值、反哺学校"双一流"建设、服务地方经济社会发展等方面取得了积极成效。

以"起承转合"强组织生活，促效能提升

汪　颖

习近平总书记强调："实现党在新时代新征程的使命任务，党的建设和组织工作要有新担当新作为。"基层是最好的课堂，实践是最好的教材，弘毅学堂积极响应中央和学校的号召，自分党委成立以来，持续打造党建品牌，构建起功能完善、管理规范、覆盖全面、作用突出的"弘毅+三会一课""弘毅+主题党日"精品项目，促进平台、师资、课程、制度等各方面贯通一体，在"起承转合"的运维中打通"三会一课"和主题党日活动提质增效的"最后一公里"。

【背景】

党的二十大报告提出："严密的组织体系是党的优势所在、力量所在。各级党组织要履行党章赋予的各项职责，把党的路线方针政策和党中央决策部署贯彻落实好，把各领域广大群众组织凝聚好。"目前弘毅学堂本科生第一党支部共有党员21人，成员涵盖四大跨学科大类专业的学生，文理兼容、学科交叉融合。结合《关于新形势下党内政治生活的若干准则》《中国共产党支部工作条例（试行）》《中国共产党党员教育管理工作条例》等文件，支部严格落实"三会一课"制度，开展主题党日活动，入选武汉大学第二批"样板党支部"。

【做法】

（一）"起"势谋新，制度引领育时代新人。一是精准施策，建立调研制度。弘毅学堂党委找准党员教育需求和"三会一课"育人供给之间的"供需

交汇点"，通过问卷调查、座谈会等形式，精准定位"三会一课"的内容与形式。建立党员足迹卡制度，"党员活动记录卡"主要包括党员基本情况、参加"三会一课"情况、参与教育实践活动情况等内容。通过党员足迹卡管理，党的建设明显加强，党员先锋作用明显发挥。二是规范管理，激活内生动力。坚持把落实"三会一课"制度作为加强党员教育的有力抓手，不断推动"三会一课"规范化、精细化、特色化，激活弘毅学堂各党支部党建"原动力"。建立定期评估与反馈机制确保及时调整优化"三会一课"方案。三是立规明纪，深培"咬定青山不放松"的审慎之心。为进一步深化对加强党的纪律建设重要性和忽视党纪、违反党纪问题危害性的认识，从严抓好党的纪律建设，弘毅学堂本科生第一党支部积极开展党纪学习教育，推动党支部党员强化遵守纪律的自觉，切实增强纪律意识和规矩意识。

（二）"承"前启后，注重以学促干磨炼过硬本领。一是严守制度，理论学习标准化。武汉大学弘毅学堂本科生第一党支部严格执行"三会一课"制度，按时召开党员大会、支委会，设置支部书记讲党课、党员微党课分享、红色读书会等机制。邀请教授名师、专家学者进行专项授课，宣讲党的最新文件精神、党内政策法规等，让党的创新理论入脑入心。二是与时俱进，呼应时代召唤。认真学习习近平总书记重要回信精神，组织学习有关中国科学院院士徐红星的党课，弘毅学堂党委书记李振讲授《牢记嘱托，积跬步以至星辰大海》专题党课，党委副书记方萍讲授《学习、了解、践行"三会一课"制度》等党课。三是固本培元，思想建设规范化。弘毅学堂本科生第一党支部围绕基层党组织的战斗堡垒作用和党员先锋模范作用，强化问题导向、强化自我修炼，做到有原则、有底线、有规矩。进一步开展"我为群众办实事"活动，深入学习贯彻习近平新时代中国特色社会主义思想、赓续红色精神，深入学习贯彻习近平总书记关于党的建设的重要思想。

（三）"转"浅入深，出实招做实功实践显担当。一是深刻传承红色记忆，弘扬民族精神。弘毅学堂本科生第一党支部党员们通过实地参观武昌农民运动讲习所旧址、井冈山、赤水河等红色地标，开展主题党日活动，深刻体会了党的百年奋斗历程，有效传承了奋斗精神。同时，"我与国旗合张影"等主题党日活动增强了党员的爱国情感和身份认同，"与时代同行听红色故事"讲解员大赛促进了红色故事的传播，加深了青年学子对党的历史和精神的理解。在庆祝中国共产党成立 103 周年主题升旗仪式上，李德仁院士勉励武大青年学子牢记科技强国的使命和责任，以更加饱满的热情和更加坚定的信念，为国家的繁荣富强和人民的幸福安康贡献自己的力量。全体党员受到激励，牢记使命，誓为国家的繁荣富强和人民的幸福安康贡献力量。

二是注重发挥青年力量，助力强国复兴。弘毅学堂本科生第一党支部党员参观武汉大学新时代办学成就展，观看学校自主拍摄电影《朱英国》；党员们参观武汉大学新时代办学成就展，举办相关主题党日活动，领略了学校的发展成就，增强了自豪感和归属感。与中国人民解放军海军工程大学联合举办的党日活动深化了国防教育，坚定了青年学子的政治信仰。参观中粮集团蒙牛武汉工厂一线车间，党员们亲身体验了企业生产，强化了以学报国、自立自强的意识。而与离退休老同志联合开展的"领悟南极精神"活动，则传承了老一辈的奋斗精神，激发了青年学子的历史使命感。

三是积极培育先锋模范，推进人才强校。弘毅学堂本科生第一党支部书记闫淇琪作为学生代表参加武汉大学庆祝中国共产党成立 103 周年主题升旗仪式，在发言中指出"学习李德仁院士，学习'科学无国界，但科学家有祖国'的家国情怀，这些正是我们武大人所应该秉承的"，彰显了弘毅学堂党员怀揣理想的坚定信念。第一党支部成员魏雯珺加入武汉大学第 26 届研究生支教团，传承和弘扬志愿精神，彰显武大学子的使命感与责任感。武祺迅、魏雯珺等多名本科生党员参与 2024 年学校现场招生工作，进行宣传动员。弘毅学堂本科生第一党支部在本科生党支部风采展示大赛中屡获佳绩，体现了党支部的优秀组织和党员们的积极贡献。武汉大学弘毅学堂 2021 级数理三班荣获"武汉大学先进班集体标兵"，展示了班级集体的优秀风貌。同时，多名同学荣获"三好学生"和"优秀学生干部"称号，这不仅体现了党员和学子们在学业和领导力方面的卓越表现，也进一步证明了主题党日活动在培养青年才俊、助力国家发展方面的积极作用。

（四）"合"力同行，"五育并举"赋能支部激发动能。弘毅学堂积极打造自身特色党日活动，通过微信公众号平台"WHU弘毅学堂"开设e讲堂四个栏目矩阵，有效融合思政工作、师生交流、博雅教育、学习生活、自我管理"五位一体"，在"育德、启智、健体、尚美、乐劳"五育并举中勤学笃行。

一是开展博雅特色党日活动。联合举办"月下毅珈人"中秋博雅活动，提升本科生党员的传统美学素养；二是开展科学精神党日活动，培育学生党

弘毅学堂与海军工程大学开展"海风启航与军毅程
青春为中国式现代化挺膺担当"主题党日活动

党支部成员参加武汉大学举行的庆祝中国共产党成立 103 周年
主题升旗仪式

员科学思维，组织"强国有你我"科学家计划培育工作；邀请中国科学院院士唐本忠讲课；邀请中国科学院院士刘云圻教授、马於光教授做客珞珈讲坛。三是开展对外交流党日活动。邀请华大集团 CEO 尹烨做客通识教育大讲堂，联合德邦证券、深圳证券交易所主办系列讲座，举办镭目科技武汉大学交流会、国际交流月活动等，拓宽了师生党员的视野，增强了校企之间的联系与合作。四是开展实践体验党日活动，学生党员倾情演绎的红色话剧《幺幺洞捌》，十名党员参与的剑桥、萨尔茨堡大学研学之旅均取得良好反响。弘毅学堂通过组织红色话剧演绎和研学之旅等活动，让师生党员在实践中感悟历史、锤炼品格，进一步提升了党日活动的实效性和影响力。

党支部开展"融入生产一线，铭记青年担当"国情教育主题党日活动

【启示】

（一）**倾听青年声音，精准对接需求。**做好"三会一课"和主题党日活动，首先要深入了解并倾听青年党员的需求和心声。要深入基层面对面交流，了解学生的思想动态和学习需求，确保活动内容贴近实际、贴近青年。

（二）**创新培训方式，增强学习成效。**通过定期开展理论学习活动，设置支部书记讲党课、党员微党课分享等机制，切实增强学习成效。在"三会一课"和主题党日活动中，要不断创新培训方式，注重理论与实践相结合。

（三）**深化实践教育，锤炼过硬本领。**通过实地参观、红色教育等方式深化青年党员对党的认识，将党史学习教育与现代化建设相结合，引导青年党员为实现中华民族伟大复兴的中国梦贡献青春力量。

抓实"三个同步"，
推进党建与业务深度融合

郭理想

武汉大学高等研究院致力于建成"世界一流研究高地"，全职 PI 中国家级人才占比达70%，近年来连续在 *Science*、*Cell* 等顶级期刊发表科研论文。教工党支部深入贯彻落实习近平总书记关于党的建设的重要思想，坚持做到任务同步部署、制度同步完善、知识同步学习，围绕中心抓党建、抓好党建促业务，先后入选"全省高校'双带头人'教师党支部书记工作室"和学校"样板党支部"。

【背景】

党的二十大报告指出，要"推进以党建引领基层治理"①。新修订的《中国共产党普通高等学校基层组织工作条例》要求，"坚持高校党的建设与人才培养、科学研究、社会服务、文化传承创新、国际交流合作等深度融合"②。习近平总书记更是明确指示，"要处理好党建和业务的关系，坚持党建工作和业务工作一起谋划、一起部署、一起落实、一起检查"③。高等研究院作为学校高水平专家汇聚地、高素质人才培养地和高质量成果产出地，推进党建与

---

① 习近平. 高举中国特色社会主义伟大旗帜　为全面建设社会主义现代化国家而团结奋斗——在中国共产党第二十次全国代表大会上的报告 [M]. 北京：人民出版社，2022.

② 中国共产党普通高等学校基层组织工作条例 [N]. 人民日报，2021-04-23（3）.

③ 习近平. 在中央和国家机关党的建设工作会议上的讲话 [J]. 求是，2019（21）.

业务深度融合，对于加强党的全面领导、落实立德树人根本任务和提升意识形态工作效能具有重大意义。

【做法】

（一）**同步谋划部署，找准发力点**。高等研究院坚持科学谋划，把准发展脉搏，在谋篇布局把舵定向中明晰目标任务。一是长远战略规划好。围绕争创全国党建工作"样板支部"和打造"世界一流研究高地"发展目标，明确时间表、路线图和任务书，在完成党支部建设从合格支部、过硬支部到样板支部蜕变的同时，推动高等研究院从学校一流、国家一流到世界一流进阶。二是年度计划制订好。在总结工作的基础上，针对薄弱环节，制订年度大项工作计划，逐项列明工作内容、实施举措、职责分工和时间节点。三是任务方案细化好。以学习贯彻习近平新时代中国特色社会主义思想主题教育为主线，以院务党务联席会议制度为抓手，将大项任务按照工作内容、完成时限、负责人员细化分解，构建"纵向落实+左右协调"立体推进模式。

（二）**同步建章立制，打通梗阻点**。高等研究院结合实际特点，坚持抓好建章立制和常态落实，促进党建和业务工作规范化、精细化。一是落实基本制度求严。严格贯彻《中国共产党普通高等学校基层组织工作条例》，认真落实理论学习、"三会一课"、民主评议党员等基本制度，结合实际落实到教学科研、集中学习、议事决策、师德师风教育等具体工作中。二是固化经验做法求实。创新党组织工作方式，形成可复制、可推广的好经验、好做法，用制度形式固定下来、坚持下去。比如，结合人才政审上好第一堂党课，师德师风教育纳入组织生活，开展学科交叉主题党日交流，积极吸纳接收高层次人才入党等。三是完善规章制度求精。梳理党建和业务工作中机械教条、重复过时的制度规定，能删则删，能"简"则减；制定新的制度时充分论证科学性和可操作性，避免停留在口头上、书面上和墙壁上，影响组织公信力。

（三）**同步学习培训，强化支撑点**。高等研究院采取灵活多样的方式方法，把思想教育与业务培训有机融合起来，统筹安排党建和业务学习。一是以上率下领学。以主题教育、专题辅导、大项活动为契机，组织开展党的创新理论集中学习，通过领导上党课、专家作报告、党员谈心得，大张旗鼓宣传灌输党的路线方针政策,增强师生对党组织的认同感和归属感。二是固定时机讲学。定期开展"学术沙龙""长江论坛"等学术活动,先后与科研公共服务条件平台、人民医院、中南医院等多家单位开展联合主题党日活动,探讨科学研究方向,交流最新前沿理论,学习业务工作方法。三是现地教育研学。组织参观武汉大学新时代办学成就展,全面了解学校新时代以来奋进历程和突出成就,深刻感悟推进中国式现代化,武大何为?高研院何为?赴洪湖市湘鄂西苏区革命历史纪念园开展党纪学习教育研学,重温红色历史,感悟思想伟力,增强纪律意识,汲取奋进力量。

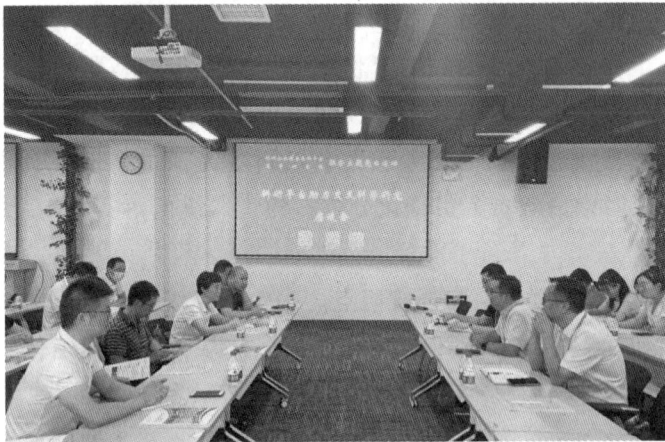

党支部与科研公共服务条件平台开展联合主题党日活动

【启示】

(一)推进党建与业务深度融合,必须明晰功能定位,以"五个服务"凝聚"精气神"。高等研究院坚持把服务型党组织作为教工党支部建设主题主线,紧密围绕科学研究和人才培养两大核心任务,自觉把服务改革、服务发展、服务民生、服务群众、服务党员贯穿到党建工作中去,设立科研攻关党员责任区,聚焦"四个面向"推进科研创新,交叉科研成果接连在 *Science*、*Cell*、*Nature Methods* 等国际顶级期刊发表。这启示我们,高校科研机构党组织建设,必须以"五个服务"为主要任务,以改革创新为目标动力,以师生满意为根本标准,在把关定向中主动为师生办实事、解难题,激发科研人员积极性,增强党组织的凝聚力。

党支部赴洪湖市湘鄂西苏区革命历史纪念园开展教育研学活动

（二）**推进党建与业务深度融合，必须重视书记选育，让"双带头人"激活"双引擎"。**高等研究院坚持把书记选育放在党建第一位，注重选拔党性强、业务精、有威信、肯奉献的党员学术带头人来担任，在提升党务工作能力同时强化党建工作力度深度。这启示我们，推进党建和业务深度融合，必须扭住书记选育这个牛鼻子，从政治理论素质、党务工作能力、服务大局意识和学术科研水平等维度来考察选拔培育，让"双带头人"激活单位建设发展"双引擎"。

（三）**推进党建与业务深度融合，必须营造向上氛围，用"绿叶梧桐"孕育"金凤凰"。**高等研究院坚持以人才建设为中心，在"有的放矢"构建人才梯队的同时，强化人才政治引领和政治吸纳，近3年连续吸纳3名高层次青年人才入党，营造了积极向上的良好氛围。这启示我们，高校科研机构以高质量党建引领高质量发展，必须充分发挥"党管人才"优势，精准引才、精致育才、精心塑才，注重年轻人才长远发展，给足其成长空间和时限，实现"增人数"与"得人心"的有机统一。

第二编

践行立德树人初心使命

坚持"四马"同抓，凝心铸魂育时代新人

任竹芸　王延诏

近年来，武汉大学马克思主义学院党委以高质量党建引领内涵式发展，深入推进党建工作与业务工作深度融合，以全国重点马克思主义学院和马克思主义理论一流学科建设为契机，聚焦主责主业，坚持不懈用习近平新时代中国特色社会主义思想凝心铸魂育时代新人。

【背景】

青年是祖国的未来和民族的希望，是党和人民事业发展的生力军，是实现中华民族伟大复兴源源不断的强大力量。马克思主义学院党委深入学习贯彻习近平新时代中国特色社会主义思想，特别是认真学习贯彻习近平总书记对学校思政课建设的重要指示精神，紧紧围绕立德树人根本任务，始终坚持"姓马、信马，言马、研马""四马"同抓，切实抓好"大思政课"建设，努力培养更多让党放心、爱国奉献、担当民族复兴重任的时代新人。

【做法】

（一）坚持"马院姓马"。学院党委站在为党育人、为国育才的高度，传承武汉大学红色基因，把讲好思政课作为学院中心工作。统筹谋划思政课课程体系建设，开设"四史"模块思政必修课，组织老师牵头或深度参与"中国精神导引""人文社科经典导引"等通识必修课。面向湖北省大学生开设"伟大抗疫精神"网络选修课，近 70 所高校累计 22.1 万余人次选修。大力实施思政课建设亮点工程，研发 4 门本科生思政慕课，推动移动端优质教学互动产品进课堂。4 门本科生思政必修课程全部获评国家精品在线开放课程，

2门课程被评为国家级一流线上线下混合课程。《新时代高校思政课"五融合"教学模式创新探索》荣获教育部高等教育（本科）国家级教学成果奖一等奖。

（二）坚持"马院信马"。学院党委坚持"让有信仰的人讲信仰"，坚持用习近平新时代中国特色社会主义思想铸魂育人，着力推进党的创新理论"三进"工作。学院多位教师参加《习近平新时代中国特色社会主义思想概论》的编写工作。作为核心撰稿人参与展现新时代新思想实践伟力的专题片《领航》，荣获中国新闻奖一等奖。学院党委加强对人才工作的全面领导，落实学院"传帮带"制度，指导青年教师协会发挥作用，助力青年教师成长。加大高层次人才引育力度，近5年学院引进37人、新增国字号人才6人。

学院党委带领师生前往赣南闽西进行研修活动

（三）坚持"在马言马"。学院党委组织开展多层次的理论宣讲，专家学者在教育部、湖北省和民盟中央理论学习中心组集体学习时围绕习近平文化思想和全国宣传思想文化工作会议精神进行理论宣讲，多位专家入选省委讲师团，20名专家组成武汉大学讲师团以及学院宣讲团，面向校内外宣讲习近平新时代中国特色社会主义思想和党的十九大、二十大及全会精神等，每年前往社区、学校、企业、党政机关等地开展各类宣讲 200 余场。走进宜昌市西陵区学院街道开展"送理论、送法律、送技术、送文化、送信息"惠民活动，受到街道干部群众普遍好评，并在省内高校中产生良好影响。

马克思主义基本理论系教师党支部前往宜昌市西陵区
学院街道开展"五送"惠民活动

（四）**坚持"在马研马"**。学院党委立足全国重点马院、"双一流"学科平台大力推进"有组织的科研"，重点围绕马克思主义理论整体性、21 世纪马克思主义、党的百年奋斗重大成就和历史经验、新时代有关重大理论与实践问题展开深入研究。2019 年以来，学院教师获批中央马工程、国家社科基金重大项目、教育部重点项目等 18 项。组织校内外哲学社会科学名家撰写"解说"系列丛书，努力为推进党的创新理论体系化、学理化作出武大贡献。以学院"马克思主义经典文献研究阐释工程"设立的 27 个项目为牵引，引导学院思政课教师读原著、学原文、悟原理。产出一批高质量成果，《马克思主义大辞典》荣获第五届中国出版政府奖，《文化强国的关键要素及其建设研究》入选国家哲学社会科学成果文库，《人民最大》入选第五届湖北出版政府奖图书奖，学院教师研究成果获高等学校人文社会科学研究优秀成果奖一等奖 1 项、二等奖 4 项、三等奖 1 项。

【启示】

（一）**必须充分发挥学院党委的领导作用**。学院党委高度重视领导班子的学风建设，强调要以用立学，学用结合，进一步凝聚共识，不断提高领导班子的科学决策水平和领导学院高质量发展的能力。通过学院党委理论学习中心组集体学习、思政课教师全员培训、全院教职工大会、马克思主义与当代中国论坛等多种方式，及时跟进学习贯彻中央最新精神。以学习习近平总书记关于思想政治理论课建设系列重要讲话、重要指示和批示为契机，组织不同层面的学习与研讨，及时贯彻到思政课教学改革之中，在守正创新中不断提高学校思政课建设质量。

（二）**师生思想政治工作要深入人心**。学院党委坚持教育者先受教育、育人者先育己，以学生成长成才需要为出发点配置思政要素和教育资源，积极开展师生思想政治工作。学院党委建立健全师生多元结对机制，坚持党委委员联系师生党支部、院领导结对培养非党员教师、教师党支部结对学生支部、学科带头人结对青年教师、教授公开指导时间、烛光导航师结对全体本科生等，将党组织的关怀、引领、帮扶等延伸到基层党建的方方面面。定期研判师生思想政治状况，聚焦理想信念，分层分类，深入挖掘校内外红色教育资源，深入开展铸魂塑心系列主题教育活动。

（三）**党建工作要引领推动中心工作发展**。学院党委立足党建与业务工作天然融合的学科优势和学院优势，聚焦平台、制度、队伍三个关键点，始终坚持以高质量党建促进事业高质量发展。学院党委专题研究马克思主义理论学科体系建设，新设立中共党史党建一级学科。先后获批教育部高校思想政治工作创新发展中心、辛亥革命博物院—武汉大学国家革命文物协同研究中心，成立武汉大学中共党史人物研究中心。出台学院党支部党建与业务工作深度融合指导方案，根据不同类型党支部重点任务，提出深度融合的重点举措。落实好教师党支部书记"双带头人"制度，选优配强学生党支部书记和支部委员，通过学院党建工作坊落实支委培养培训工作。

[历史学院党委]

彰显"史学育人"功能，
构建"大思政"工作体系

刘　超　屈路明

2016 年 12 月在全国高校思想政治工作会议上，习近平总书记强调，高校思想政治工作关系高校培养什么样的人、如何培养人以及为谁培养人这个根本问题。我们意识到，学院要发展，必须坚持把"立德树人"作为中心环节，把思想政治工作贯穿教育教学全过程。2020 年开始，历史学院以"全国党建工作标杆院系"创建工作为重要抓手，充分发挥高质量党建引领作用，通过强化思想价值引领，用正确思想引导人，用科学理论培养人，始终保证源源不断地为中国式现代化建设提供强有力的人才支撑和政治保证。希望以此为例，为各兄弟院系进一步立足学科特色，聚焦"立德树人"提供参考借鉴。

【背景】

党的二十大报告强调"着力培养担当民族复兴大任的时代新人"，对"完善思想政治工作体系"提出了更高要求。历史学院党委始终坚持以习近平新时代中国特色社会主义思想为指导，不断加强党对学院工作的全面领导，牢牢把握社会主义办学方向，紧扣"立德树人"根本任务，紧密结合学校"双一流"建设，以促进学生成长成才为中心，以提高思想政治工作质量为核心，以全面提高人才培养能力为关键，充分彰显"史学育人"功能，积极构建"大思政"工作体系。

【做法】

（一）树立新思政观，建立健全思想政治工作领导体制和长效工作机制。历史学院注重挖掘历史学科所蕴含的思政元素，把促进学生成长成才作为学院一切工作的出发点，将思想政治工作贯穿教育教学全过程，落实到教职员工职责规范之中。一方面，积极探索育人育才和党建工作对接融合的有效模式，充分发挥学院作为"全国党建工作标杆院系"的政治优势，调动院党委、团委、本科生班级导师、研究生导师等协同育人的组织优势。另一方面，通过教育引导，充分发挥主要学生骨干的主力军作用，把教育客体变为教育主体，培养学生自我教育、自我管理、自我服务的能力，增强思想政治教育工作的实效性，从而在全院形成了党委统一领导、党政齐抓共管、专兼职队伍结合、全院紧密配合的分层次、全方位的思想政治教育工作领导机制。

历史学院党委书记、院长坚持给学生上好"开学第一课"。红色武大是由历史学院原党委书记刘礼堂面向全体新生开设的一门红色党课。这门课不仅使同学们对中共党史、武大校史有了更加深刻的认识和体悟，也让同学们深切感受到当代武大人的使命担当，领悟到武大深厚的历史底蕴以及红色精神在当代尤其是在国家面临重大困难时的强大精神力量。历史学院原院长刘安志面向全体本科新生讲授专业导航第一课。他引用习近平总书记关于历史科学的重要论述，为新生阐述了历史学习与国家战略的关系；通过讲述优秀校友代表服务基层的青春故事，展示了新时代武大历史学子向上向阳、奋发有为的精神面貌，鼓励同学们学好历史，学成之后到祖国最需要的地方去建功立业。

（二）立足学科特色，助推第一课堂与第二课堂融合发展协同育人。一方面，历史学院不断强化第一课堂专业课程育人导向，注重发挥专业教师课程育人的主体作用，加强历史学学科体系、教材体系和话语体系建设，梳理各门课程所蕴含的思想政治教育元素和所承载的思想政治教育功能，融入课堂教学各环节，实现思想政治教育与知识体系教育的有机统一。学院注重加强专任教师的思想政治工作，通过召开"关于加强和改进新形势下思想政治工作研讨会"，进一步把全院教师的思想和行动统一到党中央决策部署上来，强化专业教师对引导学生树立正确的政治方向、价值取向、学术导向的自觉意识。

另一方面，历史学院注重发挥历史学科在思想政治教育领域的特殊优势，不断发掘学校红色文化资源的教育功能，为学校思政工作打造品牌活动。截至 2024 年，武汉大学历史文化节已举办 21 届，在校内获得广泛赞誉，获评"武汉大学首届校园文化建设优秀成果奖"；在校外与诸多知名高校建立了密切联系，相关活动被多家媒体宣传报道，受到广泛关注的同时让更多的大学生、历史爱好者关注历史、热爱历史。截至 2023 年年底，武汉大学历史剧创意表演大赛已举办 13 届，大赛秉持"以史为鉴，感知兴替"的活动目的，借助情景剧表演形式，开辟了一条通过对历史事件进行艺术演绎，从而探索历史规律、传播人文知识、弘扬民族精神的道路。

此外，历史学院坚持创造条件为本科生提供集中的专业实习机会，让同学们真正"走出书斋"，使切身经历的感触与所学知识交织融汇，在实践中增强自己的文化认同感和社会责任感。

2023 年 4 月，与北京大学、南开大学首次联合举办历史文化节

（三）深挖学术资源，引导人才培养、科学研究对接国家重大战略需求。新时代，党和国家高度重视历史研究，推进历史研究走向新发展阶段。一方面，学院引导广大教师遵循教书育人规律和学生成长规律，探索历史学拔尖人才培养的方法和途径。2019 年至 2022 年，学院三个本科专业中国史、世界史、考古学先后获批国家级一流本科专业建设点。2021 年，获批国家基础学科拔尖学生培养计划 2.0 基地。2019 年，学院本科生团队获得第十六届"挑

战杯"国家级二等奖。连续三届获得国家级教学成果奖。近五年来,学院本科生获得"全国史学新秀奖"7项,获奖率居全国高校历史学科前列。

另一方面,学院鼓励广大教师走出书斋,思考现实,与社会发展相衔接,对时代提出的重大文化课题作出回应,围绕重大理论和现实问题作出历史专业研究的阐释。2020年,历史学院党委在深入贯彻习近平总书记在中央政治局第二十三次集体学习时关于建设中国特色中国风格中国气派的考古学的重要讲话精神过程中,研究制定了一系列落实举措,与湖北省文旅厅合作成立长江文明考古研究院。为贯彻落实习近平总书记致甲骨文发现和研究120周年贺信精神,传承弘扬中华优秀传统文化,2021年2月,中央宣传部、教育部、国家语委、文化和旅游部、科技部、国家文物局、中国社会科学院、河南省人民政府八部门共同启动实施"古文字与中华文明传承发展工程",成立古文字工程专家委员会,为工程实施提供学术咨询和专业指导,学院陈伟教授任委员。

2020年12月,湖北省新时代考古学建设共同体暨长江文明
考古研究院成立大会在武汉大学校史馆举行

【启示】

(一)坚持问题导向,解决培养什么人、怎样培养人、为谁培养人的根本问题。一方面引导全院教职员工牢固树立"三全育人"理念,营造人人、时

时、事事、处处育人的良好工作氛围；另一方面着力在培养学生坚定理想信念、厚植爱国主义情怀、加强品德修养、增长知识见识、培养奋斗精神、增强综合素质上下功夫，教育引导学生争做"爱国、励志、求真、力行"的时代新人。

（二）强化党建引领，推动学院党的建设与事业发展深度融合。把党建工作放在学院改革发展中去谋篇布局，围绕"双一流"建设的总体目标找准切入点和主抓手，把党组织的政治优势、组织优势转化为学院科学发展的动能，推动党建工作与教学、科研、学科建设、人才培养、队伍建设、社会服务、国家战略等有机融合，以高质量党建引领学校高质量发展。

（三）坚持守正创新，在遵循教育规律和学生成长规律的基础上，创新思政教育方式。一方面顺应"互联网+"带来的教育变革，主动运用新媒体构建网络思想政治教育新阵地，探索运用广大青年学子喜闻乐见的形式和载体，把正确思想的灌输与积极的启发引导结合起来，把解决思想问题和解决实际问题结合起来，不断增强思想政治工作的针对性和实效性。另一方面要积极整合、调动社会实践资源，建立稳定的校外社会实践、专业实习基地，在为广大青年学子提供更多了解社会、走向社会的机会的同时，建立以社会需求为导向的人才培养模式。

落实习近平总书记重要回信精神，写好南北极科考故事

王三礼

为落实习近平总书记给武汉大学参加中国南北极科学考察队师生代表的回信精神，展示真实、立体、全面的科考精神、武大精神，充分挖掘南北极科考团队蕴含的育人资源，在学校相关部门及院系大力支持下，武汉大学文学院党委发挥学院写作学等学科优势，启动《武汉大学南北极科学考察故事》项目，组织由专任教师、研究生及本科生组成的 70 余人采编团队对武汉大学南北极科考人物和事迹进行采写、整理。2023 年 12 月 24 日，学院组织召开了《武汉大学南北极科学考察故事》采编培训会，采编项目正式启动。截至目前共形成初稿 51 篇稿件，计 27 万余字，书稿现已进入审稿阶段，预计将于 2024 年 12 月总书记回信一周年之际由武汉大学出版社出版。

【背景】

2023 年 12 月 1 日，习近平总书记给武汉大学参加中国南北极科学考察队师生代表回信，武汉大学上下掀起了学习重要回信精神的热潮。从 1984 年开始，武汉大学参加南北极科考的科研工作者们克服极地恶劣的生存环境，在 40 年的科学考察中创造了多项第一，为支撑和服务国家极地科学考察、维护国家极地权益发挥了重要作用。为了传播好南北极科考声音，展示真实、立体、全面的科考精神、武大精神，充分挖掘南北极科考团队蕴含的育人资源，12 月 4 日，文学院党委研究决定，由文学院党委牵头，发挥写作学等学科优势，组织团队对武汉大学南北极科考人物和事迹进行采写、整理和编辑出版，

通过典型人物、突出事迹、背后故事，突出呈现南北极科考精神。

【做法】

（一）**通过典型人物，讲好武汉大学南北极科考故事**。武汉大学在参加南北极科考过程中涌现出了一批先进典型，在中国南极测绘研究中心、测绘学院、遥感信息工程学院、卫星导航定位技术研究中心等相关单位的支持下，采访了54名参与过南北极科学考察的武大师生和校友代表性人物，通过讲述他们的科考经历和相关故事，展现一个个生动鲜活、代代砥砺奋斗的人物，充分展现武汉大学南北极科考工作者的精神风貌，为习近平总书记的重要回信精神提供生动诠释和注脚。

（二）**通过突出事迹，传播武汉大学南北极科考声音**。武汉大学在40年的科学考察中创造了多项第一，为支撑和服务国家极地科学考察、维护国家极地权益发挥了重要作用，为提升我国在国际极地事务中的影响力和话语权作出了重要贡献。这是武汉大学"双一流"建设的重要成果和推进中国式现代化武大何为的生动体现，通过讲好其中的故事能够更好地传播武汉大学南北极科考声音。

（三）**通过专业手法，展示真实、立体、全面的科考精神、武大精神**。为了增强真实性、可读性和生动性，故事以第一人称视角展开，体现南北极科考亲历者的生命脉动和精神特质。武汉大学南北极科考人始终牢记推动构建人类命运共同体的伟大使命，传承弘扬"自强、弘毅、求是、拓新"的武大校训精神和"爱国爱校、敢为人先"的武大科考精神，为人类和平利用南北极作出自己的贡献。

（四）**通过挖掘思政元素，更好地落实立德树人根本任务**。武汉大学南北极科考人在40年的接续砥砺奋斗中所展现的胸怀"国之大者"，坚持"用国家的大事业磨砺青年人的真本领"，树立了"三全育人"的先进群体典型，为武汉大学课程思政建设提供了丰富素材。通过讲好武大人南北极科考故事，能够更好地将南北极科考精神落实到立德树人根本任务中。

【启示】

（一）《**武汉大学南北极科学考察故事**》项目是党建与业务工作融合的一次实践。文学院学子对于武汉大学极地科考的印象大部分只停留在宏大叙事

《经纬冰穹——武汉大学极地科学考察故事》立体封面

之中，而这一次采编让他们拥有了宝贵的走近科考工作者的机会，让他们看到了伟大工程的背后是一个个自强不息、开拓进取的奋斗者。通过采编工作，看到了青年兴则国家兴的蓬勃生机，也更进一步领悟到用"国家的大事业磨砺青年人的真本领"的重要意义。

（二）**在党建工作中锻炼学生的真本领**。2024 年 1 月 22 日，《研究生教育学科专业简介及其学位基本要求（试行版）》发布，"中文创意写作"正式成为中国语言文学下属二级学科。这是在党的二十大精神指导下，根据经济社会发展变化形势发布的教育新要求。写作教育与社会文化发展相结合、工具性与人文性相结合、理论与实践相结合已是大势所趋，这就要求文科学生，从封闭的书斋里走出去，走向广阔的社会天地和有血有肉的人间。手中的笔，不但要记录小我思绪和情感，更要讲好中国故事，传播好中国声音，展示真实、立体、全面的中国形象。

（三）**党建工作既需要理论方向的牵引，更需要生动的故事凝聚人心**。从 1942 年毛主席在延安文艺座谈会上的讲话，到 2014 年习近平总书记主持召开文艺工作座谈会，人民群众的思想感情、至真至诚的中国精神始终是社会主义文艺所追求的目标。要更好地展示武大极地科考成果、学习贯彻好习近平总书记回信精神，通过访谈，与科考队员对话，写下他们的故事、振奋和荣耀、孤独与苦难。通过武大极地科考故事的全貌，展示真实、立体、全面的武大极地科考精神。

领悟习近平总书记重要回信精神，
培养一流创新人才

石立特　陈莉琼　秦后国

2023年12月1日，习近平总书记给武汉大学参加中国南北极科学考察队师生代表的回信，激励武大师生用国家的大事业磨砺青年人的真本领。测绘遥感信息工程国家重点实验室（以下简称"实验室"）党委深刻领悟习近平总书记重要回信精神，以弘扬科学家精神、教育家精神、志愿服务精神为抓手，创新方式载体，形成全方位、多渠道、特色鲜明的党员理想信念教育工作体系。这里以实验室党委将"双一流"建设和打造空天信息战略科技力量的使命紧密结合，推动培养拔尖创新人才成长为例，为新时代高等学校开展党员学习教育提供参考借鉴。

【背景】

在武汉大学深入贯彻党的二十大精神、奋进强国建设民族复兴新征程之际，习近平总书记给武汉大学参加中国南北极科学考察队师生代表回信。他勉励大家要用国家的大事业磨砺青年人的真本领，希望学校广大师生始终胸怀"国之大者"，接续砥砺奋斗，练就过硬本领，勇攀科学高峰，为实现高水平科技自立自强和建设教育强国、科技强国、人才强国，全面推进中国式现代化作出新的更大贡献。

【做法】

（一）弘扬科学家精神，树牢理想信念，用重要回信精神强基铸魂。一是深入挖掘学科科学家精神内涵。依托全国科学家精神教育基地——武汉大学测绘遥感精神教育基地，发动师生党员以照片、视频、师生讲述等形式提炼学科精神内涵，形成独具学科特有的南极精神、珠峰精神、北斗精神和闪耀时代的科学家精神。二是重视科学家精神传播宣教工作。组建实验室科学家精神讲师团，聘请国家最高科学技术奖获得者李德仁院士等担任指导老师，形成"院士牵头、教授为主"的科学家精神宣讲团队。2023年共16名国家级人才、54名教师面向3万多中小学生和社会公众宣讲。编导原创舞台剧《逐梦南极》展示武大测绘遥感人服务国家战略需求、勇担科技报国使命的感人故事。三是深化科学家精神在理想信念教育中落地。启动"用大事业磨砺真本领"行动计划，号召青年学生到最艰苦的地方去为国家贡献力量。2023年共14名毕业生前往西部地区、重点行业就业，珞珈系列卫星团队在7·23海河特大洪水灾情防控、中国第40次南极科考"雪龙2"号极地破冰任务中提供重要技术支撑。

演绎测绘遥感学科原创舞台剧《逐梦南极》

（二）弘扬教育家精神，铸牢师德师魂，全力支撑高水平科技自立自强。 一是重视青年教师队伍的思想引领。实验室党委书记、实验室主任定期组织"青年人才恳谈会"与国家级青年人才、特聘研究员和卓越博士后交心谈心，2名青年人才提交了入党申请书。设立"LIESMARS青年科学家"宣传栏目，鼓励青年学者将他们在关键领域的原始创新和服务国家战略开展科研的经历写出来，形成榜样力量。二是多渠道给青年教师"压担子"，促其"快成长"。启动"青年智库计划"，面向海外建立"学科领军-引进人才"一对一联络网，组建40岁以下青年教师联席会，用自主科研经费支持青年教师"坐冷板凳"为"未来十年"找新方向，青年教师参与国家重点重大项目人数达到100%。三是以老带新传承教育家精神，组建教研团队开设"数智教育"通识课、设立优秀大学生创新创业项目、国际课程教学研究项目，鼓励教师以一流科研促进一流人才培养。教师荣获国家级教学成果一等奖、全国"互联网+"金奖、武汉大学"我心目中的好导师"等荣誉。

（三）弘扬志愿服务精神，发扬先锋模范作用，培养拔尖创新时代新人。一是全面实施"时代新人铸魂工程"，建强思想政治工作体系。依托党建活力创新工程项目"遥'瞰'长征路变迁，感'悟'新时代精神"，以习近平总书记重要回信精神为引领，先后组织500余名师生深入重点城市、乡镇、行业调研，以实践所感激励学生胸怀"国之大者"，将回信精神落实到服务国家重大需求、助力科技强国建设中。二是将先锋模范岗位建设与重大项目、重大科研设施建设结合。组建科普基地志愿讲解队、武汉大学遥感卫星地面站、赤壁无人测试基地测试与建设学生团队，全年实验室研究生志愿服务时长超过1万小时；三是树立优秀典型引导研究生科技创新能力不断提升，通过珞珈三号01星团队、珞珈探索者团队等一批研究生科技创新先锋讲述"LIESMARS达人"故事，激励学生奋发向上，研究生在国际赛事中频获金奖。

【启示】

（一）**整体谋划是党员学习教育工作的关键**。实验室党委坚持系统观念，统筹"用国家的大事业磨砺青年人的真本领"建设规划、部署、落实和督导，通过科学家精神讲师团、青年智库计划、时代新人铸魂工程等分层计划，逐步形成"科学家精神+教育家精神+志愿服务精神"的立体化思政引领体系。这启示我们，面对党员学习教育工作，必须坚持整体谋划，必须研究把握党员特性，分类实施、协调联动，形成"一盘棋"的工作局面。

（二）**创新载体是新时代党员教育工作的重点**。实验室党委研究把握教育内容、形式在不同年龄受众中的关注度，开设"LIESMARS青年科学家""LIESMARS达人"等专栏，以鲜活的案例不断提升教育质效，以互联网快速传播的特点扩大工作覆盖，以"青年人才恳谈会""社会实践调查团"等形式推动学习教育走深走实。这启示我们，党员教育必须把握党员队伍特点、时代发展特征、形势任务要求，创新丰富形式，提供接地气、受欢迎的优质内容，才能让学习教育入心入脑。

（三）**组织领导是学习教育的保障**。实验室党委高度重视学习习近平总书记回信精神的重要部署，党委委员多次研讨出台"青年智库计划"等具有前瞻性、可操作性的工作方案，指导各研究室、团队加强青年人才队伍建设，党委委员分工明确、狠抓任务落实、形成工作合力，取得了较好成效。这启示我们，组织领导是干好一切工作的保障，必须强化组织领导、发挥组织优势，压实责任机制、传导工作压力，不断激发党员创新活力。

纵深推进主题教育，赋能党建引领实践

柳 芳 许帅航

近年来，武汉大学社会学院每年组织师生，尤其是青年党员从群众中来、到群众中去，围绕乡村治理、脱贫攻坚等重点问题深入调研，在乡村实践中学习贯彻党的二十大精神，纵深推进学习贯彻习近平新时代中国特色社会主义思想主题教育，充分发挥社会学专业的调研优势，用乡村振兴战略的大事业磨砺青年人的真本领。围绕党建引领实践学什么、怎么教、如何用，逐步形成专业特色较为鲜明、培养梯度相对完善的青年党员培训工作机制。

【背景】

调查研究是我们党的传家宝，是社会科学研究的源头活水。2023 年 3 月，为深入学习贯彻习近平新时代中国特色社会主义思想，全面贯彻落实党的二十大精神，党中央决定，在全党大兴调查研究，作为在全党开展的主题教育的重要内容。2023 年 12 月，习近平总书记在给武汉大学参加中国南北极科学考察队师生代表的回信中指出，要用国家的大事业磨砺青年人的真本领。2023 年 5 月以来，为响应党中央大兴调查研究的号召，让重要回信精神落地见效，社会学院组织师生在全国 15 个省份开展社会调研活动，围绕国家乡村振兴的大事业，深入倾听、观察、思考广大人民群众、一线基层干部、社区工作者的工作和生活状态，在献智中国式现代化的过程中磨砺青年党员的党性修养和真才实学，将党支部的组织优势转化为实际能效，为地方发展建言献策、服务党建引领的地方治理实践。

【做法】

（一）加强党建引领，在实践课堂中提升支部战斗力。一是社会学院

2022 级硕士研究生第一党支部联合学院其他 4 个支部组成 15 个调研小组，每个小组以博士生、硕士生、本科生的搭配发挥"传帮带"的教学相长作用，青年党员得以在实践中学习如何从人民群众中来、到人民群众中去，理论与实践相结合的意识和能力得到提升，面向伟大时代建功立业的精神空前高涨。二是课堂教学与实践教学相结合的方式创新了理论学习模式，党员们每晚围绕当天调研收获开展讨论，从基层党建、乡村振兴中生发思考，最后落脚到如何更好地推进基层党建和乡村振兴等问题。目前已累计开展师生共同参与的研讨活动 170 余次。

调研组在山西夏县开展夜间讨论

（二）**彰显党建特色，在调研中为地方发展建言献策**。一是社会学院各调研小组强调"党建+"的作用，以党建和专业融合的方式深入推进调查研究，围绕基层党建、乡村振兴、社会治理等重大课题开展研究，充分发挥社会学专业的研究长处。二是 2023 年，利用为期 20 天的暑假集中调研和研讨活动，以及非暑假期间的分散调研，学生党员以认真踏实的态度和干劲深入人民群众，在全国十几个省份广泛访谈各行各业主体逾 800 人次，产出高质量论文 13 篇，专栏新闻文章近 50 篇，本科生心得体会 25 篇。辽宁朝阳日报报道"武汉大学中国乡村治理研究中心调研组来龙城区调研乡村建设工作"，中共汾西县委组织部报道"武汉大学中国乡村治理研究中心汾西调研座谈会召开"等，党建特色在社会学的调查研究实践中得以充分彰显，在全面呈现基层社会面貌中为宣传、治理乡村和地方发展建言献策。

（三）**磨砺党性修养，站稳人民立场建立中国特色的学术体系**。一是调研以深入真切的实践体验和生动鲜活的调研案例为基础。向群众学习的社会科

调研组在山西夏县开展党建引领座谈

学研究是马克思主义中国化实践的组成部分,通过访谈村庄农民、村社干部、产业工人等基层工作者,青年党员们认真体会社会建设者的辛勤付出,对基层治理、婚姻家庭、养老等问题产生较为深入的思考,在实践中深入学习贯彻习近平新时代中国特色社会主义思想,深刻学习和感悟党和国家建设发展。二是中国特色的哲学社会科学体系的建立呼吁有组织的科研。20 天的集体调研使青年党员不断成长,懂得在大事业中锻炼自己的本领以及日后接续扛起传帮带的责任,为学科发展和学院建设持续不断地注入新鲜血液,形成有组织、梯队型的科研队伍。

【启示】

(一)要注重过程管理,加强与媒体的合作,赋能党建引领的社会调研活动。社会学院与新华社、《人民日报》、央视新闻等建立了稳定的合作关系。学生党员在广袤的社会基层访谈各行各业的社会建设者,发现新现象、提出新观点、解决新问题,培育和提高科学研究的意识和能力,得到不少媒体的合作报道,对国家政策的制定和执行产生了一定影响。如和新华社合作发布调研报告《这些与教学无关的事情,让他们真的很累!》,和《半月谈》杂志合作发布调研报告《管它是不是耕地,应付了卫星就行?》,对呼吁解决基层新问题起到了一定的推动作用。诸多青年党员受邀成为观察者网的专栏作者,在和腾讯新闻合作开辟的专题《陌生的乡土》上发表多篇爆款文章,产生较大社会影响力。社会学院通过做好智库建设和参与公共政策讨论,以扎实的经验调查和学术研究为政策制定、地方发展建言献策,把基础研究能力应用到社会调研中去。

（二）要形成党建品牌，以党建引领指引专业建设。一是扩大群学党建品牌矩阵，增强群学的党建影响力。社会学院注重通过每年的活力创新工程来塑造群学的党建品牌，并结合"田野来风"系列活动、群学思想珈系列活动，增强群学的党建影响力。2023 年 11 月，社会学院党委连续举办两场学生社会调研分享会，凝聚学院共识、坚定学科自信，彰显了党建引领下的办学特色。社会学院 2021 级硕士研究生第一党支部入选武汉大学"活力创新工程"优秀结项项目，本科生党支部入选武汉大学第二批"样板支部"培育创建单位。二是营造"读硬书，硬读书"氛围，彰显有特色的学科建设目标。社会学院致力于打造优良学风，为建设中国特色的哲学社会科学体系而接续奋斗的经验做法，在全国社会学界引起热烈反响。学生党员认真研读马克思主义经典著作和社会学经典书籍，在理论学习和深入田野调研的过程中不断提升党性觉悟和专业本领。学院的珞珈群学微信公众号发布系列读书总结和实践感想，展现了实践育人的特色成果。

"外语+"思想引领矩阵
助力新时代外语人才培养

刘　涛　刘　迪　王文卓

近年来，武汉大学外国语言文学学院党委打造"外语+"思想引领矩阵，培育在世界舞台讲好中国故事的新时代外语人才。充分发挥外语学科优势，积极融入学校"大思政"和"三全育人"格局，打造外语+理论学习、外语+学科竞赛、外语+志愿服务、外语+创新实践，外语+榜样引领的"外语+思想引领"矩阵，用"外语+"推动外语教育高质量发展，培育根植中国、传播中国、讲好中国故事的新时代外语人才。

【背景】

当前，世界百年未有之大变局加速演进，世界进入新的动荡变革期。在这世界秩序深刻变革的进程中，中国正在以积极主动的姿态深度参与全球治理，发挥大国作用，体现大国担当，国际地位和影响力不断扩大。这都为新时代外语人才培养提出了新的要求。近年来，武汉大学外国语言文学学院党委通过"外语+"思想引领矩阵，助力培育能够根植民族之基，读懂中国、了解中国，放眼世界舞台，传播中国、讲述中国的新时代外语人才。

【做法】

（一）打造"外语+"理论学习品牌，推动思想引领往深里走、往心里走、往实里走。组织开展多语种诵读《共产党宣言》、多语种解读"中国关键词""双语说中国"系列翻译栏目、"近在咫尺的爱"多语种讲述抗疫故事、

"忆百年峥嵘，筑时代芳华——多语种讲党史"等外语+理论学习活动，将专业学习与理论学习有效融合，切实提升青年学生用外语讲好中国故事的能力。全面实施"青年马克思主义者培养工程"，在全国高校院系青马班首创第一第二课堂相结合的模式，开设中国故事的国际传播专业选修课，由学术大家和行业专家担任理论导师，邀请一线记者指导实践，带领学生以拍摄对外传播纪录片的形式用外语讲述中国故事。

（二）探索"外语+"学科竞赛模式，让学生在提升专业水平的过程中潜移默化提升"四个自信"。学院党委在组织开展珞珈外语文化节、华中七校研究生英文演讲比赛、模拟新闻发言人大赛等学科竞赛中，以构建人类命运共同体、"一带一路"倡议、建党百年等时代关键词和桃花源记、四大发明等中华优秀传统文化为主题，引导广大学子用世界语言解读中国智慧，阐释中国方案，演绎中国文化，润物细无声地引领青年学生提升"四个自信"。品牌活动"武汉大学珞珈外语文化节"始于 2001 年，正值北京成功申办 2008 年夏季奥运会、中国成功加入 WTO，传承发展 20 余年一直致力于将活动主题融入时代发展，用更高的视野、更新的视角和更远的视域引领学生不断拓宽国际视野、涵育家国情怀，与时代同频共振。

（三）创新"外语+"志愿服务模式，引领学生在服务他人、服务社会的过程中坚定理想信念。学院组织青年志愿者参加世界军人运动会、世界大健康博览会、"空降排"等 20 余项外事活动和大型国际赛会志愿服务，用专业知识服务社会，让学生在与外宾对话的过程中锤炼过硬本领，讲述中国故事，年均志愿服务时长 8000 余小时，年均服务对象 2000 余人。

（四）推进"外语+"创新实践探索，让学生在创新创业和社会实践中看时代变迁。学院党委组织开展"讲中国故事、看时代变迁"青春寻访、红色故事的世界传播等社会实践品牌活动，让同学们在丈量祖国大地的过程中更加深刻、直观地读懂中国，并将身边的故事用外语传播出去。"武辈青年说"中外大学生暑期社会实践活动多次受到团中央等表彰，同主题的"互联网+"项目多次在湖北省赛中取得优异成绩。

（五）拓宽"外语+"榜样引领思路，引领学生在世界舞台上讲好中国故事。近年来，学院党委涌现出一批新时代在世界舞台上讲述中国故事的青年榜样：2019 级德语专业硕士研究生王琇琨作为唯一中国青年代表在联合国介绍中国抗疫经验成果和武大志愿服务故事，获"联合国青年抗疫榜样"并被

外国语言文学学院青年志愿者服务世界军人运动会

写入《新时代中国青年白皮书》，作为唯一的学生代表参加中共中央宣传部"新时代青年的青春担当"中外记者见面会；2019级英语专业硕士研究生魏也娜和2020级本科生邹子晴先后入选"中国青年志愿者海外服务计划"项目志愿者，为中国青年融入国际治理贡献力量；在国际货币基金组织和世界银行工作的青年校友王世尧和李雪琦担任学院"青年讲师团"成员，分享自己在国际组织工作的经验与感受。

【启示】

（一）坚定培养目标，用"外语+"培养勇担时代使命的外语人才。2021年5月31日，习近平总书记在中共中央政治局第三十次集体学习时强调，讲好中国故事，传播好中国声音，展示真实、立体、全面的中国，是加强我国国际传播能力建设的重要任务。武汉大学外国语言文学学院党委理应在构建人类命运共同体、实现中华民族伟大复兴的征程上勇担时代使命，努力在为国家参与全球治理培养专业人才，为构建人类命运共同体贡献中国智慧的过程中不断改革创新、奋发作为、追求卓越。

（二）创新培养路径，用"外语+"焕活人才培养新思路。"外语+"红色理论学习开创了外语专业人才培养的新思路，为红色理论走向青年，走出国

王琇琨（右一）参加中共中央宣传部"新时代青年的青春担当"
中外记者见面会

门开辟新思路。以"外语+"为媒介，联通理论学习、志愿服务、实习实践等
人才培养多模块，构建具有鲜明中国特色的外语人才培养设计和研究布局，
培养能面向世界阐释推介中国特色、中国精神、中国智慧的国际传播外语人
才。

（三）**凝聚青年力量，用"外语+"激活大学生主体作用**。用青年声音讲
述青年故事，用青年影响带动青年成长，新时代中国青年以前所未有的深度
和广度认识世界、融入世界，在对外交流合作中更加理性包容、自信自强。
"外语+"以青年大学生为中心，让青年在世界舞台上发出新一代的声音，讲
述青年人眼中的中国故事，在实践中接续奋斗，砥砺前行。

落实立德树人根本任务，
培育卓越口腔医学人才

付宏宇　杨羽婷

　　口腔医学院党委深入学习贯彻习近平新时代中国特色社会主义思想和党的二十大精神，全面贯彻落实党的教育和卫生方针，落实立德树人根本任务，坚持党管人才、为党育人、为国育才，立足中国医学教育和医疗卫生现代化，大力弘扬教育家精神和科学家精神，自主培养出一大批医德高尚、技艺精湛的卓越口腔医学人才，奋力书写"推进中国式现代化、武大口腔有为"的时代答卷。

【背景】

　　习近平总书记在党的二十大报告中强调指出，"教育、科技、人才是全面建设社会主义现代化国家的基础性、战略性支撑"，"深化人才发展体制机制改革，真心爱才、悉心育才、倾心引才、精心用才，求贤若渴，不拘一格，把各方面优秀人才集聚到党和人民事业中来"。① 2024年全国卫生健康工作会议指出："充分发挥科技创新和人才队伍的重要支撑作用……深化医教协同，推动医学高层次人才计划落地，持续加强全科等基层和紧缺专业人才培养。"② 口腔医学院党委全面贯彻新时代人才工作新理念新战略新举措，通过

---

　　① 习近平. 高举中国特色社会主义伟大旗帜　为全面建设社会主义现代化国家而团结奋斗——在中国共产党第二十次全国代表大会上的报告［EB/OL］. 新华社，2022-10-25.
　　② 2024年全国卫生健康工作会议召开［EB/OL］. 国家卫生健康委网站，2024-01-12.

持续实施"人才强院"战略，近年来高质量发展取得了一系列成绩：在 2021
年度三级公立医院绩效考核中排名全国口腔专科医院第三；两次入选"双一
流"建设学科；在教育部第五轮学科评估中进入 A 类；成功获批与第四军医
大学共建口颌系统重建与再生全国重点实验室；自主培养出 2 名"杰青"、2
名"优青"、1 名"青拔"等一大批高层次人才。

【做法】

（一）**学习习近平总书记重要回信精神，培育胸怀"国之大者"的栋梁
之材。**2023 年 12 月 1 日，习近平总书记给武汉大学参加中国南北极科学考察
队师生代表回信，向正在参加中国第 40 次南极科学考察任务的 4 名师生和全
体考察队员致以亲切慰问。口腔医学院党委将学习习近平总书记重要回信精
神与课程思政紧密结合，通过专题学习、主题宣讲、走访实践、联学共建等
多种方式在全院迅速掀起了学回信精神、做时代新人的热潮，激励广大学生
始终牢记习近平总书记的嘱托，接续砥砺奋斗，练就过硬本领，肩负起健康
中国、健康湖北建设的重要使命。

（二）**"医"脉相传赓续医者仁心，培育践行"大爱无疆"的良医大师。**
2023 年在中国医疗队援非 60 周年之际，举办非洲女孩寻找"中国妈妈"纪
念活动，阿尔及利亚女孩菲露兹跨越山海 38 载与"中国妈妈"李金荣教授再
重逢，为师生上了一堂生动的思政课，巩固了医学生们"医疗无国界、医者
共仁心"的初心使命。在新生开学之际，三代口腔教授与医学新生"四世同
堂"上了开学第一课，畅谈分享 60 多载"医路人生"，将专业教育与医学人
文教育、思政教育深度融合。

（三）**"三全育人"坚定文化自信，培育肩负"复兴大任"的时代新人。**
口腔医学院党委每年组织学生赴西安等地开展特色国情思政教育，通过实地
参观历史博物馆、红色革命教育基地、国际口腔医学博物馆等，极大增强了
医学生们的民族自信心和文化自豪感，进一步坚定了同学们为全面建设社会
主义现代化国家、全面推进中华民族伟大复兴而团结奋斗的理想信念。

【启示】

（一）**要以习近平新时代中国特色社会主义思想为引领，持续加强学生思
想政治工作。**要将思想政治教育和党的创新理论学习摆在学生教育管理工作

学院党委举办援非 60 周年纪念分享会，阿尔及利亚女孩
菲露兹与"中国妈妈"李金荣教授阔别 38 年再重逢

组织医学生赴西安开展特色国情思政教育

的首位，通过历史教育、理论学习和现实社会实践，强化思想价值引领，不断增强青年学生理想信念教育实效，引导学生树立正确的理想信念，系好人生的第一颗纽扣。

（二）要赓续医者仁心，将专业教育与医学人文教育、思政教育深度融合。新时代新医科呼唤口腔医学生医学人文素养的培养，要不断加强医学人文教育，提升医学生综合素养，涵养人文精神。培养有思想、有文化、有温度的新时代优秀医学人才，奋力推动健康中国建设向纵深发展。

（三）要持续深化"三全育人"综合改革，将个人理想与民族复兴重任相结合。要结合国情开展特色实践活动，拓展口腔特色实践活动"育人阵地"，不断增强医学生的民族自信心和文化自豪感，引导医学生为全面推进中国式现代化、实现中华民族伟大复兴而团结奋斗、挺膺担当。

强理论、促改革、保落实，
党建引领拔尖创新人才培养

陆晗昱

2019 年 7 月 9 日，习近平总书记在出席中央和国家机关党的建设工作会议时强调："要处理好党建和业务的关系，坚持党建工作和业务工作一起谋划、一起部署、一起落实、一起检查。"要求我们以系统思维推动党建工作和业务工作深度融合，坚持围绕中心抓党建，坚持党建工作和业务工作目标同向、部署同步、工作同力，以高质量党建引领高质量发展，使二者在融合发展中相互促进。

【背景】

党的二十大报告提出，全面提高机关党建质量。本科生院党总支扎实推进常态化理论学习，践行人才培养使命，开展督责与考核，确保党建成效，坚持围绕立德树人根本任务抓党建，紧密结合业务需求和师生需求，不断提升本科生院党建工作质量，以系统思维推动党建工作和业务工作深度融合，为奋力开创本科拔尖创新人才培养新局面贡献力量。

【做法】

（一）用"理论铸魂"之笔，绘思想政治"主线"。本科生院党总支坚持以习近平新时代中国特色社会主义思想和党的二十大精神为指导，严格执行"三会一课"制度，深入开展主题教育和学习习近平总书记给武汉大学参加中国南北极科学考察队师生代表的重要回信精神。充分利用学校党委第三轮巡视"回头看"反馈意见，整改业务工作。坚持将理论与实践相结合，积极组织党员参加机关干部论坛，开展网络自主学习与专题辅导报告，进行读书交流，举办主题党日活动，深入推进理论学习。各支部还开展了参观八七会议会址纪念馆、平和打包厂旧址、武汉革命博物馆、武汉大学新时代办学成就展等主题党日活动，缅怀革命先驱，提升潜心育人信心底气；工创中心党支部与遥感信息工程学院空间信息与数字技术系党支部赴赤壁，开展庆"七一"联合主题党日活动。支部党员围绕习近平总书记重要讲话精神，立足本科拔尖创新人才培养工作，为支部全体党员讲授专题党课，紧抓党建与业务的结合点，深入学习习近平总书记关于教育的重要论述，系统谋划"武大之为"，始终坚持为党育人、为国育才的初心使命。

本科生院党总支组织全校本科教学副院长共同学习党的二十大精神
并开展本科拔尖创新人才培养相关文件研讨

（二）用"提质强能"之笔，绘拔尖创新人才培养工作"长线"。本科生院党总支聚焦推进教育、科技、人才"三位一体"融合发展，深切认识到拔尖创新人才是引领科技创新与产业发展的关键力量，深入开展了"关于新时期加快拔尖创新人才培养"调研工作，系统谋划学校拔尖创新人才培养工作，确保主题教育专题调研出真招、见实效——研究发布了《武汉大学关于新时期加快本科拔尖创新人才培养的若干意见》与进一步加强基础学科、国家急需专业、创新应用型本科人才培养的实施意见"1+3"系列文件；启动武汉大学数智人才培养教育教学改革工作，发布《武汉大学拔尖创新人才培养行动计划》；构建多元选拔的招生体系，科学选才鉴才；优化专业结构，构建拔尖创新人才培养"三级特区"；打造"金课"，深化创新创业教育改革，建设高质量教材体系，不断促进教师教学能力提升，研发高品质非学历教育品牌等，以不断深化的体制机制改革，着力推动学校拔尖创新人才培养高质量发展。

在武汉大学"人才培养年"，本科生院党总支以抓党建促发展，不断加强对学院的精细化指导和主动服务，深入学院调研课程编排、开展"珞珈在线"平台培训、交流本研贯通课程互选、宣讲双学位政策、调研实习系统需求、评估本科教育教学状态、研讨"马工程"教材申报、为学院提供课程录制服务、协助培养单位梳理非学历教育业务发展方向，等等，使管理服务走进院系。本科生院党总支坚定不移，以时不我待的紧迫感和责任意识，高擎人才培养改革奋斗新征程的大旗，厚植拔尖创新人才培养发展优势，使党建和业务从"深度融合"发展为高质量"双向融合"。

（三）用"反思监督"之笔，绘组织队伍"实线"。本科生院党总支深入落实"三重一大"决策机制与议事规则和意识形态工作责任制，实行领导分工合作、岗位责任制，形成"认真负责、分工合作、互相支持、讲究效率"的工作作风，保证党中央决策部署和学校重点工作落到实处。各支部充分发挥支委头雁效应，严格梳理潜在风控点，明确各处室及挂靠单位需辨识及关注的风险源及责任。根据工作需要，各支部及时进行支部委员增补和调整，组织全体党员观看廉洁警示教育片；坚持有呼必应的工作作风，2023全年及时反馈"珞珈直通车"589条。一支部及时查摆个人问题，开展批评与自我批评；二支部坚持激励和约束并重，组织党员对照党章规定的党员标准、入党誓词，联系个人实际进行党性分析；工创中心和教服中心党支部组织党员评议，强化意识形态工作帮扶小组工作。本科生院党总支以不断加强的政治教育与党性锻炼，提升党员政治素养与工作能力。

【启示】

（一）夯实"党建根基"，加深业务融合。要充分利用现代化技术和新型

本科生院理论学习中心组开展党纪学习教育

资源，结合时事热点，多渠道、多维度、多视角地开展理论学习活动，切实增强党内生活的时代感和吸引力。推进党员之间、党群之间交心谈心、互联互通、互帮互助、共同提升，增强党建活动凝聚力和向心力。深入挖掘业务工作潜力，双向融合党建工作与业务工作，使党建学习更深层次地促进业务工作水平的提升。丰富"三会一课"形式，定期开展富有成效的主题党日活动，加强党员同志的交流沟通，营造风清气正的党内政治生活氛围，进一步增强党支部的凝聚力和战斗力。

（二）厚植"党建基因"，推进作风建设。加大对各校区的监督检查力度，严格考勤制度，努力提升业务水平和服务质量，不断开创工作新局面。加强党员宗旨、信仰教育，建设一批竭力服务师生的高素质专业化队伍，激励优秀年轻同志能作为、敢作为、愿作为。对标世界一流大学拔尖创新人才培养目标，增强干事创业精气神，提升建功立业真本领。始终把师生利益放在第一位，践行以"以生为本、以师为先"的理念，深入细致开展调查研究，广泛听取一线师生意见建议，推动形成党建与业务工作深度融合、双向融合的机制保障。

利用红色档案，服务三全育人

王美英　席彩云

习近平总书记对档案工作的重要批示，要求把蕴含党的初心使命的红色档案保管好、利用好，把新时代党领导人民推进实现中华民族伟大复兴的奋斗历史记录好、留存好，更好地服务党和国家工作大局，服务人民群众。档案馆（校史馆）党支部全面贯彻落实习近平总书记重要批示精神，结合学校"三全育人"综合改革建设工作，立足馆藏档案，充分发挥档案馆（校史馆）的优势，深挖红色档案资源，创新文化育人举措，宣讲武大校史，传承红色基因，引导学生把学习校史与坚定信念、知校爱校与知党爱党统一起来，增强红色文化育人的渗透性和覆盖面。

【背景】

作为百年名校，武汉大学历史悠久，馆藏档案丰富，不仅具有丰富的校史文化资源，还积淀了丰富的红色资源，李达、李汉俊、陈潭秋、董必武等中共"一大"代表们在武大工作过，钱亦石、何子述、任开国等革命青年在武大学习过，他们的光辉事迹是宝贵的精神财富。百年武大的优良爱国传统和深厚精神文化是武大学子励志成才、自强不息的精神动力。大学时期正处于世界观、人生观和价值观形成的关键时期，大学生理想信念教育的重要性日益凸显。2019 年 1 月，武汉大学成为"三全育人"综合改革试点高校。在学校的支持下，档案馆（校史馆）党支部结合学校"三全育人"综合改革建设工作，落实"全员育人、全程育人、全方位育人"的方针，充分发挥档案馆（校史馆）的优势，深挖档案资料，整合红色校史资源，通过校史宣讲、实践教育、编纂书籍等多种形式向广大学生宣讲红色故事，弘扬优秀文化，引导他们扣好人生的第一粒扣子，树立正确的世界观、人生观和价值观。

【做法】

（一）**挖掘红色资源，解读百年风华**。档案馆（校史馆）党支部组建以党员、入党积极分子为骨干的校史宣讲团队，以"珞珈红色档案"讲述珞珈红色人物，解读百年大党风华正茂的成功密码和力量所在，打造党史学习教育的生动课堂。党支部积极谋划、统筹推进、高效完成校史馆重新布展，校史馆展览延续红色主线，围绕"国之大者"，讲述武大人坚持党的领导，传承红色基因，扎根中国大地，建设中国特色世界一流大学的壮志雄心与奋进风貌。校史馆焕新开展后受到师生及校友的广泛好评，得到中国新闻网、光明网等 11 家媒体的广泛报道。此外，党支部还举办《中国共产党早期发展时的武大贡献》《传承红色基因，践行初心使命——党史中的武汉大学》等多场专题报告，引导师生赓续珞珈红色基因、接续砥砺奋斗。

（二）**开展实践教育，涵养家国情怀**。档案馆（校史馆）党支部给学生们提供了锻炼的平台，每年从本科生、研究生中招聘校史讲解员，给他们颁发聘书，对他们进行校史培训。学生讲解员接待了很多参观团队，受到了参观者的好评。讲解员通过校史的学习与讲解得到了很好的锻炼，提升了讲解水平，在校外的比赛中纷纷获奖：何承骋同学 2021 年在武昌区举办的"百年征程忆初心——武汉红色故事汇"讲解大赛中荣获一等奖；石雨姗同学在 2024 年中南五省高校博物馆讲解比赛中荣获二等奖。

（三）**擦亮红色品牌，传承红色基因**。档案馆（校史馆）党支部通过建设"用好革命文物资源，传承珞珈红色基因"系列思政课程，打造"纪念馆里的思政课""行走的思政课"，提升红色基因在思想政治教育中的感召力、亲和力和说服力，为思政课现场教学提供平台和教学支撑。周恩来旧居纪念馆利用展览的沉浸式体验特色，增强情境式教学效果，通过展览内容和生动讲解引导大学生树立正确的世界观、人生观和价值观，激发青年学生对祖国的热爱和责任感，切实发挥红色资源在育人方面的作用。周恩来旧居纪念馆已经成为武汉大学和其他高校、全国中小学师生思政课教学的"第二课堂"和实践教学的重要基地。

（四）**编纂校史书籍，弘扬武大精神**。本着"高校档案工作应在国家和大学文化建设中寻找自己的坐标和作用点，为文化记忆、传承和创新服务"之

2024 年 1 月，档案馆和附属中学在周恩来旧居联合开办
"纪念馆里的思政课"

理念，档案馆（校史馆）党支部积极编纂校史书籍，弘扬武大精神。近 5 年来，编研出版的图书共计 60 余本，主要有：《武汉大学史话》《武汉大学校长的办学理念》《抗战烽火中的武汉大学》《珞珈风云——寻找十八栋别墅里的名人名师》《珞珈黉宫——武汉大学历史建筑群》《武汉大学年鉴》（2018—2022）等，其中，《珞珈黉宫——武汉大学历史建筑群》得到中国新闻出版广电网、《光明日报》、"学习强国"等多家媒体、平台宣传；《武汉大学年鉴2022》荣获第九届全国地方志优秀成果（年鉴类）一等奖。这些图书丰富了学生的精神食粮，有益于学生从薪火相传的红色校史中汲取成长与奋斗的力量，进一步弘扬武大精神。

【启示】

（一）**红色文化育人，成效颇为显著。**档案馆（校史馆）党支部将"三全育人"的理想信念教育融入日常工作，将红色校史资源有效转化为独特的育人优势，通过校史宣讲、实践教育、编纂书籍等多种形式向广大学生讲解武大红色故事，传承红色基因，弘扬优秀文化，引导大学生扣好人生的第一粒扣子，树立正确的世界观、人生观和价值观。

2020 年 9 月，组织开展本科新生学四史活动

（二）**党建工作创新，双赢目标实现**。档案馆（校史馆）党支部坚持"档案工作姓党"的政治属性，将党建工作融入校史宣讲和爱国主义教育基地建设、档案查阅服务等业务工作之中，使党建工作与业务工作深度融合，同频共振，实现了党建工作和业务工作的双赢。

（三）**辐射作用发挥，社会影响深远**。为了让兄弟院校同行借鉴与参考，档案馆（校史馆）党支部大力宣传"利用红色资源，服务三全育人"的做法与经验，在全国高校思想政治工作网上发表《把红色档案资源转化为育人优势》等文章 30 余篇，发挥了辐射引领作用，扩大了社会影响。

哲学赋能党员教育，
提升学科自信与教育成效

邵一凡　杨晓蓉

教育是国之大计、党之大计。哲学学院始终把党员教育作为重大政治任务，不断探索党员教育新模式。哲学学院本科生党支部将哲学特色与支部"三会一课"和主题教育相结合，推进党员学习教育与一流学科建设不断融合，在提高思政引领成效中贯彻落实为党育人、为国育才的责任使命，在增强党员同志学科认同的同时深入思考"推进中国式现代化，武大何为，支部何为，党员何为"的具体命题，以实际行动学习贯彻党的二十大精神，推动党员教育入脑入心、走深走实。

【背景】

高校党建是党的建设的重要组成部分，是办好中国特色社会主义大学的根本保证。但在落实组织生活制度过程中，个别组织和党员一定程度上存在学习内容形式单一、理论学习流于表面、"不接地气"等问题，影响了党员教育效果。在大学生成长环境、学习模式、生活方式等发生重大变化的当下，如何进一步发挥学生党支部的战斗堡垒作用和学生党员的先锋模范作用？如何带领广大青年坚定信仰、储备知识、提升能力？哲学学院本科生党支部始终把党员教育的政治责任牢牢抓在手上、扛在肩上，同时积极关注新的时代背景下学生党员群体的思想动态与现实需要，将思政教育与学科建设紧密结合，以学科特色赋能党员教育，推动党支部"三会一课"和主题党日提质增效，提升大学生党员参与度与获得感，为回应当前高校党建工作的重要课题提供了新思考。

【做法】

（一）**完善规章制度，健全评价体系**。模式创新，规范先行。建立健全党员日常教育的规章制度和活动参与的评价体系，对指导党员组织生活高效有序开展、激发大学生党员积极性与认同感有着重要意义。2023年上半年，哲学学院本科生党支部在坚持武汉大学党委统一领导的总原则下，凝聚学生党员合力，共同探讨并制定了《哲学学院本科生党支部工作实施细则》系列文件，明确了"学科特色"作为党员日常教育的重要标准，不断贯彻落实；建立"积分台账"制度，以积分累计鼓励支部成员积极参与活动，并为支部建设建言献策，学生党员的参与度与获得感明显提高。

（二）**统筹院校资源，凝聚多方合力**。党员教育资源分散、统筹利用程度低，是推进大学生党员教育常态化系统化的一大挑战。对此，哲学学院本科生党支部依托学校"活力创新工程""珞珈红色文化节"等高质量党建工作平台，盘活院校学术资源，邀请名师、校友开展系列授课，打造"哲说新时代"研讨会、马克思主义原著再学习、"思享读书会""两学一做"学习教育等特色活动，丰富活动供给。既将学科优势与思政教育有机融合，更好地满足学生党员的思政建设与专业学习需要；又整合院校资源，凝聚多方合力，提高活动开展成效与学生党员的积极性与认同感。

（三）**紧跟时政热点，破解"不接地气"**。时事政治教育是党员教育的重要内容，不仅有助于提高学生党员综合素质，更对深化大学生对党和国家大政方针的理解、促进政策的实施意义重大。哲学学院本科生党支部始终坚持实践导向，强调现实关怀与社会责任，发挥马克思主义哲学的学科优势，将主题教育与时政紧密结合，引导学生运用马克思主义的立场方法分析社会现象，提高思想觉悟。哲学学院本科生党支部立足党的二十大等时政热点，邀请马克思主义哲学资深教授开展"新质生产力"主题讲座、"党规党纪"主题讨论、习近平总书记重要回信精神主题学习等，引领广大学生党员以自身专业奉献国家、服务社会，将个人成长与党和国家伟大事业紧密相连。

（四）**加强联学共建，丰富内容形式**。新时代如何贴合青年群体新需求，探索党员教育新方式，成为高校思政教育重要思考。哲学学院本科生党支部立足自身优势，坚持群策群力，积极开展与教师党支部、兄弟院校相关党支

党支部特邀哲学学院周可教授讲授"政党意识形态比较
彰显中国共产党先进性"主题党课

部的共学共建，形式多样的联学互鉴成为这一探索的亮眼成果。哲学学院本
科生党支部与哲学学院教师党支部联合开展系列实践活动；携手武汉大学文
学院、历史学院本科生党支部，以及清华大学日新书院文史哲强基班党支部、
浙江大学哲学学院本科生党支部等优秀支部展开交流学习，并探索野餐会、
座谈会等多样形式，在轻松的氛围中友好讨论，契合大学生党员的专业学习
与思政教育需要，思想建设成果显著。

【启示】

（一）思政引领，坚持党员教育的实践导向。大学生党员是"走在时代前
面的奋进者"，是广大青年学生中的先锋模范。党员教育不仅要强化思政引领
作用，还要关注专业素养的提高，二者有机结合才能切实提高学生党员的综
合能力。哲学学院本科生党支部始终关注党员教育的实践导向，强调扎根社
会现实、服务国家事业，要求党员教育在思想建设、专业能力、时政素养多
方面齐发力，培养德才兼备的社会主义事业接班人。

（二）党校携手，搭建思想教育的高质平台。整合大学生思政教育资源，

党支部与清华大学日新书院文史哲强基班党支部开展联学共建

优化教育内容供给，是党员教育的应有之义。哲学学院本科生党支部秉持"群策群力"理念，利用学院教师党员的专业知识，提升思政教育的针对性；联合教师支部开展师生共建活动，增进师生互动交流，提升学生党员专业素养与思想水平；更借助学校的高质量平台，在学校党委的指导下开展更大覆盖面的多样活动，推动青年党员的教育提质增效。

（三）**开拓创新，探索喜闻乐见的多样形式**。在新的时代背景下探索青年学生喜闻乐见的教育形式才能推动党员教育入脑入心。哲学学院本科生党支部始终以学科特色为切入点，以丰富的形式抓住学生兴趣点，激发青年的内生动力，使党员教育取得实效。野餐会、座谈会、专题讲座等形式优势突出、广受喜爱，与传统模式形成有效互补；与党员教育结合可以优化学习氛围，推动思政教育深入人心，提升成效。

[新闻与传播学院学硕第四党支部]

"三严"并举、思想铸魂,锻造信仰之基

杨 辉

治国必先治党,治党务必从严。党的十八大以来,以习近平同志为核心的党中央从坚持和发展中国特色社会主义全局出发,适应全面推进党的建设新的伟大工程的客观需要,明确提出了"全面从严治党"的战略任务。高等学校中学生党员人数众多,如何在学生党支部中贯彻落实"全面从严治党"总体要求,如何把全面从严治党与党员信仰教育以及学生的日常学习生活有机结合,是我们急需关注和重点考虑的问题。

【背景】

在新时代全面从严治党的大背景下,新闻与传播学院学硕第四党支部(以下简称学硕第四党支部)深刻认识到锻造党员信仰、夯实初心堡垒对于贯彻全面从严治党工作的重要性。面对"全面从严治党"工作要求,学硕第四党支部提出了"三严并举、思想铸魂"的工作思路,通过"严"格规范发展党员、"严"肃政治生活入党宣誓、"严"抓主题党日入脑入心,构建党员信仰的坚固堡垒,让基层学生党建工作有目标、有预期、有抓手。

【做法】

(一)"严"格发展规范,铸就纯洁党员队伍。学硕第四党支部在发展党员过程中,一是严格遵循《武汉大学新闻与传播学院研究生入党积极分子考察办法》。不仅考察理论素养,更注重实践能力与道德品质考察,要求入党积极分子必须积极参加一定数量的社会实践和志愿服务活动,通过观察他们的实际行动,培养新发展党员的社会责任感。新党员不仅展现了良好的理论素

养，更在实践中彰显了道德品质和奉献精神；二是严格贯彻落实谈心谈话制度。定期指派入党介绍人与入党积极分子进行深入交流，关注他们的政治素质和道德品质，引导他们深刻反思自己的入党动机。支部还定期与老党员就拟发展对象的日常表现情况征求意见，了解他们对党员发展工作的意见和建议，确保党员发展工作既严谨又全面，从源头上保证党员队伍的纯洁性和先进性。

（二）**"严"肃政治生活内涵，强化责任使命担当**。为增强支部党员的党性修养和纪律观念，学硕第四党支部每年两次精心策划新党员入党宣誓仪式暨支部党员集体"政治生日"，邀请院党委主要负责同志、研究生导师和学生老党员代表、其他正在发展的入党积极分子，共同见证新党员同志的政治新生。这种仪式感强烈的宣誓活动，加深了全体党员对身份责任的理解，强化了对党的忠诚与服务人民的意识。此外，通过开展形式多样的组织生活会，如主题讨论、经验分享等，要求全体党员集中参与，进一步巩固和提升支部全体党员的政治责任感和使命感，不仅让党员同志在轻松愉快的氛围中学习党的理论，还促进了党员之间的交流与合作，增强了团队凝聚力。

2024 年 6 月，党支部举办新党员入党宣誓暨支部集体"政治生日"活动

（三）**"严"抓党日过好过实，深化党性教育**。学硕第四党支部不断创新党日活动形式，鼓励党员结合自身经历和党史学习教育心得，自主创作微党

课参加校内外各类比赛，不仅加强了自身党性修养，还扩大了学院党建工作的社会影响力。2023 年 11 月，支部集体策划的"你为什么入党"主题微党课，通过扮演李大钊、毛泽东、宋庆龄等知名历史人物，以及许杏虎、邵云环等党员新闻工作者烈士，引导全体党员深入思考入党动机与入党信仰。通过创新形式的党日活动和深入浅出的微党课，党员同志不仅加强了自身党性修养教育，还促进了主题党日活动更加入脑入心、不走过场、不走形式，让每一次活动都成为党员精神洗礼与党性锻炼的良机。"你为什么入党"主题微党课在武汉大学研究生党支部风采大赛中一举获得了人文学部预决赛第一名、武汉大学决赛第四名的好成绩，充分展示了党支部在党性教育上的创新能力和实践成效。

2023 年 12 月，微党课"你为什么入党"全校决赛现场

【启示】

（一）高标准选拔，确保队伍纯净。党员发展必须坚持高标准、严要求，确保每一名新党员都是经过严格考察和筛选的优秀同志。通过严格贯彻落实入党积极分子考察办法和党员发展对象积分考核体系，结合社会实践和志愿服务活动，全面评估入党申请人的综合素质；同时，落实谈心谈话制度，深入了解入党积极分子的思想动态和政治立场，确保其入党动机纯正，从源头上保证党员队伍的纯洁性和先进性。

（二）庄重仪式，激发使命意识。严肃党内政治生活是保持党员先进性和纯洁性的关键。通过定期组织庄重的入党宣誓仪式，邀请优秀党员代表和学院党委委员、研究生导师参与，增强新党员的荣誉感和使命感，使其深刻理解党员身份的责任与义务；组织生活会的多样化设计，如主题讨论、经验分享等，激发党员参与热情，强化对党忠诚和为人民服务意识，进一步巩固提升党员同志的政治责任感和使命感。

（三）**创新形式，深化党性教育。党日活动是党员教育的重要载体，应注重创新形式，确保活动质量。** 通过自主创作微党课、角色扮演等新颖方式，使党性教育生动有趣，深入人心。鼓励党员结合自身经历和党的理论，讲述入党故事，分享成长感悟，不仅能提升党员个人的党性修养，还能吸引更多群众关注和参与，扩大党建工作的社会影响力。参与校内外比赛，既能检验教育成果，又能激发党员的积极性和创造性，推动党性教育向纵深发展。

[经济与管理学院教师第二党支部]

规范创新现场教学，
推动师生党员教育提质增效

胡 艺

党员教育管理是党的建设基础性经常性工作，切实提高师生党员教育学习质效是高校党建工作的重点之一。经济与管理学院教师第二党支部（原世界经济系教师党支部）作为首批教育部"全国党建工作样板支部"按中央《2019—2023年全国党员教育培训工作规划》的要求，重点围绕立德树人根本任务，不断丰富现场教育学习形式，以规范为基础努力创新活动模式，增加教育培训的吸引力感染力，推动师生党员教育提质增效。

【背景】

近年来，为实现习近平新时代中国特色社会主义思想学习教育更加扎实深入，党的创新理论更加入脑入心等目标，党中央有计划分层次地高质量开展了党员教育培训，对全体党员进行了普遍轮训。传统的集中理论学习中的讲授式、研讨式、互动式等教学方法在高校师生日常的教学活动中广泛使用，其吸引力和新颖性不足，影响到教育培训的质量与效果。经济与管理学院教师第二党支部积极探索党员现场教育学习的新方式，围绕学习贯彻习近平新时代中国特色社会主义思想主题教育、党史学习教育、"不忘初心、牢记使命"主题教育等主题，发动党支部党员群策群力，强化师生党支部建设，规范地组织了师生赴中共五大会址、武昌中央农民运动讲习所旧址、八七会议会址、红旗渠、九江国家长江文化公园等红色基地进行现场教育学习，形成了一整套支部组织现场教学活动的工作流程和规范做法，与课堂理论学习有机结合，极大地提高了教育学习的质量与成效。

【做法】

（一）**根据教育学习主题优选现场教学地点**。现场教学地点的选择和设计是影响现场教学效果的关键。党支部会根据每年党中央部署的教育学习主题，在中宣部公布的全国红色经典景区名录中寻找最合适的教学地点，支委再综合地理距离、活动预算和组织难度等因素优化日程安排和设计，以最小成本和最短时间完成尽可能多的教育培训内容和任务。比如 2023 年 12 月，党支部围绕学习贯彻习近平新时代中国特色社会主义思想主题教育，组织支部党员循着总书记的足迹前往江西九江国家长江文化公园现场感悟习近平文化思想和长江经济带发展战略的精髓。因为当年 10 月，习近平总书记在九江考察调研的首站即为此处。此行支部还就近安排了在九江九八抗洪纪念馆、胡耀邦陵园和共青城创业史陈列馆的现场教学。再比如 2021 年 11 月，支部围绕党史学习教育专题组织师生前往中共五大会址纪念馆和武昌中央农民运动讲习所参观学习。

2021 年 11 月，党支部组织师生赴武昌中央农民
运动讲习所现场学习

（二）**打造师生共学的新模式，构筑第二课堂促党建与业务融合**。教师党支部作为高校基层战斗堡垒，不仅承担着教育培训党员和非党员教师的职能，

也肩负指导学生理论学习的重任。党支部除了组织师生在会议室共同参加理论学习与研讨外，还特别注重通过现场教学打造更为开放、更为亲近的师生共学新模式。支部分别于 2019 年、2021 年和 2023 年组织师生一起前往中山舰博物馆、武昌革命博物馆和八七会议会址纪念馆进行现场教学，师生在共同的行程中自由组合、惬意交谈分享学习体会。同时，支部还将党建活动和专业课程教学相结合，通过第二课堂促进课程思政的育人效果。2021 年 5 月，支部和国际经济学课程组教师组织修读该课程的近 80 名本科生分 2 批前往中国特色社会主义教育基地——江汉关博物馆进行现场教学。师生既学习了海关报关业务和流程，也学习了党领导下的武汉革命史和发展史。

2023 年 11 月，党支部组织师生赴八七会议会址
纪念馆进行现场学习

（三）**严格遵守现场教学活动的政治纪律和组织规程。**一是教学内容紧密围绕习近平新时代中国特色社会主义思想展开，突出政治教育和训练，强化党的宗旨教育、革命传统教育和形势政策教育。二是严格按照经济与管理学院党委制定的支部外出活动组织流程，事前申请报告、事中监督管理、事后总结报告宣传。三是严格遵守基层党组织党建活动经费管理办法和各项财务规定，支部自行组织，坚持厉行节约、反对浪费原则，做好活动经费预算与决算，及时完成财务报销。

【启示】

（一）**做好高校师生教育工作，重在政治引领**。支部现场教学是政治理论学习的拓展和延续，必须围绕坚持马克思主义指导地位、落实立德树人根本任务、培养社会主义建设者和接班人开展师生党员教育培训。根据党中央规划，把学习放在习近平新时代中国特色社会主义思想、党史党纪、初心使命等重点主题上，弘扬党的优良传统，传承红色基因。

（二）**做好高校师生教育工作，灵在方式创新**。除了灵活运用讲授式、研讨式、模拟式、互动式等传统教学方式，也应注重观摩式、体验式等现场教学方式的创新，充分利用丰富的红色教育基地资源，有效结合课程思政，增强师生教育培训的质效。

（三）**做好高校师生教育工作，严在制度坚守**。严格遵守各项制度和规程是防止现场教学活动流于形式甚至沦为公款旅行的法宝。现场教学的组织要注重政治性与庄重感，严格按照事前、事中和事后的规程逐步展开，严守党建活动经费的开支范围与标准，严格执行廉洁自律各项规定。

打造党建引领"四共"新模式，
学深学实习近平总书记重要回信精神

李　欣　左　鹏

武汉大学政治与公共管理学院研究生党总支立足学科特色，打造"'践悟中国'新时代国家治理人才筑梦工程""'大国政道'新时代国家治理人才研习计划""中国式现代化政产学研深度融合育才领航工程"等特色党建品牌，探索形成了党建引领下的"支部共联，价值共创，情感共鸣，成果共享"的"四共"工作新模式，有力推动学院师生党员学深学实习近平总书记给武汉大学参加中国南北极科学考察队师生代表的重要回信精神。

【背景】

为学习贯彻重要回信精神，用国家的大事业磨砺青年人的真本领，在推进中国式现代化进程中展现"政管担当"，政治与公共管理学院研究生党总支组织全体党员在理论上深学细悟，在实践中笃行致远，并依托学院五级联动的政产学研育人基地，创新探索"四共"工作新模式，推出了系列辐射面广、好评度高的特色党建活动，实现党建与业务、理论与实践的深度融合，引导研究生到祖国最需要的地方去建功立业。武汉大学党委书记黄泰岩、党委副书记屈文谦等校领导多次出席相关活动并对学习工作给予高度肯定。"四共"模式相关经验成果被《中国研究生》等国家级、省部级媒体多次报道，形成较强的社会影响力与价值引领力。

【做法】

（一）**健全组织机制，有力推进支部共联**。共商共议，群策群力。研究生

校党委书记黄泰岩莅临指导政治与公共管理学院研究生
联合党支部"大事业磨砺真本领"主题党日活动

党总支实行"项目组+"工作模式，充分动员 15 个研究生党支部，收集 400
余名研究生党员成长需求，吸纳优秀党员深度参与活动策划。头雁示范，榜
样领航。研究生党总支书记每年寒暑假带领党员骨干前往西部地区，围绕国
家治理人才需求，到访南宁等市州的 12 个党政部门，深入 8 个少数民族聚居
村落调研，行程总计 4000 余公里，起到有力示范作用。在完善的组织机制
下，研究生党总支连续 3 年成功立项"武汉大学党支部活力创新工程"并获
评优秀，孵化了"党建引领新时代基层治理研习计划""大国政道，田野研
途"等党建品牌。

（二）**优化合作机制，创新驱动价值共创**。研究生党总支不断挖掘校友资
源，创新构建政府—企业—学校联动的政产学研协同育人创新实践研究共同
体。一是整合院友资源，加强鄂尔多斯等地创新实践研究平台与学院科研基
地的合作，服务国家重大发展战略。二是激励支部创新，探索党建合作新样
态。鼓励支部运用好学院实践平台，创新策划支部联建活动。如组织研究生
党支部前往山西壶关，跟随全国总工会驻壶关县帮扶工作队水池村第一书记
开展实践锻炼，零距离观察基层治理和乡村振兴。

（三）**厚植家国情怀，党建引领情感共鸣**。研究生党总支立足服务国家重
大战略的目标，为更好引领青年学子厚植家国情怀，设计了别开生面的"行
走的思政课"。研究生党总支书记带领研究生党员前往习近平总书记到访过的

凉山州昭觉县三河村和火普村等地，通过走、听、看、学等沉浸式学习方式，引导研究生思考少数民族聚居地区在实现脱贫攻坚与乡村振兴战略有效衔接过程中的关键问题与建设路径，培育研究生服务基层、西部和国家重大战略的朴素家国情怀。

（四）**创新宣传机制，实现学习成果共享**。研究生党总支着重打造多维立体、共创共享的宣传方式，不断巩固学习成果。一是拓展数媒矩阵，充分利用线上线下媒体平台，被《中国研究生》等国家级、省部级各类媒体累计报道近百次。二是强化榜样力量，在学院官方公众号中设置榜样专栏，加强对前往西部、基层就业的朋辈典型与在党建与业务发展中表现突出的支部先锋的宣传。三是推进常态化分享，定期举办"筑梦西部　家国情怀"等实践经验分享活动，邀请前往西部艰苦地区实践的优秀研究生党员开展经验分享，深化宣传效能。

【启示】

（一）**推动自我革新，打造参与新模式**。研究生党总支坚持厚植家国情怀，汇聚集体智慧，采用"项目组+"矩阵式架构，创新形成了"圆桌派""校友微党课"等精彩纷呈的党建载体。这启示我们，在基层党组织开展活动过程中，可以设立专项工作组，通过座谈会、头脑风暴会等形式广泛征求意见，集思广益。在党员群策群力中，共同解决党建工作实践中的痛点难点；在确保决策科学民主的同时，充分发挥基层党组织的集体智慧与共创意识，助力党的事业高质量发展。

（二）**推进组织建设，发掘协同新思路**。研究生党总支依托党建引领，聚焦组织建设，加强校地合作，通过紧密结合"三会一课""武汉大学党支部活力创新工程"等活动，有效构建支部间、校地间的合作网络。这启示我们，基层党组织建设必须加强组织建设，构建党员间、支部间、校地间的组织网络，强化彼此的联动协作，有效发挥组织网络在实践活动中的桥梁纽带作用，实现"1+1>2"的协同效应。通过头雁示范、支部支撑、校地合作与制度引导，实现深层次的支部共联，赋能高质量党建。

（三）**把稳宣传导向，探索育人新方法**。研究生党总支着力建设数媒矩阵、校地合作、典例报道等多维立体的宣传阵地，不断加强"大事业磨砺真本领"价值引领；及时了解党员及群众需求，将重要回信精神学习活动与学生个人成长紧密结合。这启示我们，宣传工作要找准自身价值定位，通过榜样引领等宣传教育增强党员使命感；紧密关注青年党员实际需求，灵活调整宣传策略，提升学生党员参与感、获得感；充分联动高质量资源，通过校地合作等形式，拓宽宣传面，做到宣传成果共创共享。

[信息管理学院图书馆学博士研究生党支部]

传承珞珈薪火，赓续光荣传统

李龙飞

武汉大学信息管理学院图书馆学博士研究生党支部深入贯彻习近平新时代中国特色社会主义思想，全面落实新时代党的建设总要求和"一融双高"建设方案，坚持以思想政治引领为核心，切实加强党支部的标准化、规范化建设。支部以高度的责任感与使命感，创新性地推进党建工作与研究生的全面成长成才紧密结合，致力于打造学习型、服务型、创新型的党支部。通过多层次、多维度的工作方式，支部锻造了一支奋进拼搏、笃行担当的党员先锋队伍，确保引领党员有科学方法、服务学生有显著实效。同时，支部形成了一系列可示范、可复制的工作经验，并取得了一批可推广的标志性成果，为高校党建工作树立了标杆，展示了新时代博士研究生党支部在思想政治教育和人才培养中的重要作用。

【背景】

在习近平新时代中国特色社会主义思想指引下，我国正处于全面建设社会主义现代化国家的新征程上。习近平新时代中国特色社会主义思想作为指导思想，为新时代党的建设提供了强大思想武器和行动指南。新时代党的建设总要求强调坚持和加强党的全面领导，坚持党要管党、全面从严治党，以党的政治建设为统领，全面推进各项建设，为实现伟大梦想提供坚强政治保证。高校肩负着培养社会主义事业建设者和接班人的使命。武汉大学信息管理学院图书馆学博士研究生党支部积极响应党的号召，深入贯彻习近平新时代中国特色社会主义思想，落实新时代党的建设总要求和"一融双高"建设方案。这不仅是对习近平新时代中国特色社会主义思想的践行，也是对新时代高校党建新要求的回应，彰显了党支部在新时代党的建设中的重要作用，为全面建设社会主义现代化国家贡献了智慧和力量。

【做法】

（一）**突出支部政治功能建设**。一是强化思想引领与理论武装，搭建学习体系，丰富学习形式。支部建立"支委领学、支部促学、全员共学"的学习体系，创新学习形式，通过"1+N 党员领航计划"、主题党日活动等方式，深入学习习近平新时代中国特色社会主义思想。支部开展个人自学与集中学习相结合、理论宣讲与实践参访相结合的学习活动，组织"学党史·知院史·守初心·担使命"等主题党日活动。落实"三会一课"制度。支部坚持"一周一学、一月一会、一季一课"的工作理念，每周组织集中理论学习，每月召开支部大会和支委会，每季度上党课，组织历史文化与红色基地现场教学。二是严密组织体系与严格教育管理，规范发展流程，注重组织凝聚。支部严格落实《中国共产党支部工作条例》《中国共产党发展党员工作细则》等，严把党员队伍"教育关""发展关""管理关""活力关"，确保党员发展质量。支部制定严格的管理办法和考勤制度，综合运用读书会、学习论坛、交流研讨、影视观摩等形式开展活动，将思想引领和价值引导有机融入党员的日常教育管理中。

党支部开展"牢记嘱托，勇担使命"特色主题党日活动

（二）**注重支部服务功能建设**。一是创新工作方式，做实"一融双高"，打造特色党课，以党建促科研。支部围绕"推进实施国家文化数字化战略""传承弘扬中华优秀传统文化"等主题，推出具有图书馆学特色的"文华共谈"系列党课，通过专题讲座、"对谈""多人谈"等形式，打造实用性强的浸入式课程。组织"党建促科研"主题活动，邀请优秀博士生党员分享科研经验，促进支部成员在"党建+专业+科研"中实现互帮互助，营造良好学习氛围。二是坚持支部共建与密切党团协作，构建共建格局，创新党团交流。支部与本专业教师党支部、硕士研究生党支部和本科生党支部开展深度合作，定期举办"师生见面会""师生一对一"等活动，以党建促学业，帮助支部成员畅通师生交流渠道。鼓励党支部成员与团支部成员结对子，形成"传帮带"的良好氛围，以党员"红"结对团员"青"，帮助团员青年在党的指引下找准成长方向。三是重视实践锻炼，促进全面发展，深化实践活动，组织志愿服务。支部不断深化"我为群众办实事"系列实践活动，鼓励支部成员投身学术服务、学生工作与志愿服务，服务国家重大需求。支部成员积极参与中国国家图书馆、湖北省图书馆的学术论坛和志愿服务工作，奔赴西藏等地开展调查研究，引导支部成员将自身所学与国家需求、时代需要相结合。

图书馆学系师生党支部联合开展主题党日活动

（三）**发挥党员先锋模范作用**。一是服务社会需要，奉献青春力量。支部结合学科专业特点，打造"科研报国"学习分享品牌活动，鼓励支部成员服务国家重大战略需求，将论文写在祖国大地上。支部成员积极参与各类人群的数字素养培育研究，立足推动新时代党的民族工作高质量发展需求，开展少数民族信息行为研究。二是选树先进典型，发挥榜样作用。支部积极鼓励支部成员在创先争优中成为先锋模范，近3年来，支部成员7人获省级及以上表彰、12人获校级及以上其他奖励荣誉，彰显了榜样效能。支部成员科研成果突出，近3年来，发表SSCI和CSSCI论文百余篇，主持、参与国家级科研项目8项，发布《中国图书馆网络影响力评价报告2023—2024》，围绕国家公共数字文化服务建设等重要课题开展研究。支部成员政治立场坚定，积极参与武汉大学博士宣讲团，用青年视角阐释党的理论、宣传党的主张、践行党的要求。

【启示】

（一）**规范化建设提升支部凝聚力**。通过严格的教育管理和规范化发展流程，提升博士研究生党支部的组织凝聚力和战斗力。

（二）**党建工作与科研业务相融合**。将党建工作与学术科研相结合，通过特色党课、主题活动等形式，促进研究生党员的全面发展。

（三）**充分发挥党员先锋模范作用**。通过树立先进典型和开展实践活动，激发党员的责任担当和奉献精神，服务社会需求，彰显新时代博士研究生党员的使命担当。

学习习近平总书记重要回信精神，
勇攀科学高峰

古林森

2023 年 12 月 1 日，习近平总书记给武汉大学参加中国南北极科学考察队师生代表回信："希望学校广大师生始终胸怀'国之大者'，接续砥砺奋斗，练就过硬本领，勇攀科学高峰，为实现高水平科技自立自强和建设教育强国、科技强国、人才强国，全面推进中国式现代化作出新的更大贡献。"为深入学习贯彻习近平新时代中国特色社会主义思想和重要回信精神，数学与统计学院计算数学专业硕士生党支部开展了一系列党建工作。工作中凝练了一些经验做法，介绍如下。

【背景】

习近平总书记的回信指明了计算数学专业硕士生党支部的工作方向：要学习贯彻习近平总书记给武汉大学参加中国南北极科学考察队师生代表的重要回信精神。此外，作为研究生党支部，支部的党建工作有自己独特的难点：研究生党员们大多忙于科研工作，缺乏创意的党建活动往往会使得同志们缺少获得感而难以调动大家的积极性。这就需要支部将党建工作与同学们的科研工作相结合，以党建促科研，在践行回信精神的同时提高同志们的获得感，引领和鼓舞每一位支部党员和每一位专业同学胸怀"国之大者"，更加主动服务国家重大战略，为国家高水平科技自立自强贡献自己的力量。

【做法】

（一）学深悟透习近平总书记重要回信精神。2023 年 12 月，为深入学习重要回信精神，测绘遥感信息工程国家重点实验室组织开展了"薪火相传，砥砺奋进"跨学科党支部学习习近平总书记重要回信精神主题党日活动。数学与统计学院计算数学专业硕士生党支部部分成员参加此次活动，支部党员王健作为数学与统计学院研究生代表交流学习感想。参加活动的数学与统计学院党员同志深受触动，备受鼓舞，表示要牢记学习数学的初心，锻造过硬的专业素质，以兄弟院系为榜样，面向世界科技前沿、面向经济主战场、面向国家重大需求、面向人民生命健康，不断向科技的广度和深度进军，用国家的大事业磨炼属于自己学科的真本领。

"薪火相传，砥砺奋进"党日活动

（二）迅速掀起学习宣传贯彻习近平总书记重要回信精神的热潮。2023年12月，计算数学专业硕士生党支部与2022级计算数学硕士班团支部开展党团共建活动。校青年教师团讲师余惠敏应邀作主题为"学习习近平总书记给武汉大学参加中国南北极科学考察队师生代表的重要回信精神"的宣讲，围绕习近平总书记给武汉大学参加中国南北极科学考察队师生代表的重要回信精神，回顾了武汉大学参与我国南北极科学考察的历史，讲述了武大人的极地科考故事。百年恰是风华正茂，千秋伟业还看今朝。本次活动不仅让参会的党员同志对习近平总书记给武汉大学参加中国南北极科学考察队师生代表的重要回信精神有了更加深刻的理解，也将回信精神传达到了团员同志和同学的心中，在每一位计算数学专业同学中掀起学习宣传贯彻习近平总书记重要回信精神的热潮。

（三）**将习近平总书记重要回信精神贯彻到大中小学思政课一体化建设中**。寒假期间，数学与统计学院兼职辅导员刘润泽和支部党员王健前往湖南沅江，在这里开启红色寻访的旅程，其间，他们走进沅江一中，开展了主题为"投身大事业，磨砺真本领"的宣讲及交流。此次活动以习近平总书记重要回信精神为核心，着力落实立德树人根本任务，笃行躬践讲好大中小学一体化"大思政课"，激励青年学子从习近平总书记重要回信精神中汲取奋进伟力。本次活动在益阳市引发强烈反响，得到了当地领导和参与学生的高度赞扬，并被新湖南、益阳市人民政府网站、益阳广电客户端、益阳教育网、武汉大学未来网、青春珞珈、珞珈红、WHU 实践等报道。实践队获得武汉大学社会实践一等奖。

党支部开展"投身大事业，磨砺真本领"宣讲活动

（四）**全面推进贯彻落实习近平总书记重要回信精神的生动实践**。2024年4月，数学与统计学院各研究生党支部与测绘遥感信息工程国家重点实验室开展"心怀学以报国，肩负创新重任"研究生跨学科联合主题党日活动，各党支部与实验室共40余名党员代表参加。本次活动中党员代表们与校博士生宣讲团成员围绕最优化求解问题、机器学习算法等同学们感兴趣的数学问

题展开了热烈交流讨论，同时就基础学科数学如何推动交叉学科遥感科学的发展进行了深入交流。组织跨学科交流活动可以为不同领域青年学生开展对话与合作缔结纽带，促进高质量人才培养，也是全面推进贯彻落实习近平总书记重要回信精神的生动实践。本次活动不仅提供了最新的政治理论学习机会，同时聚焦于研究生的主责主业，实现了政治性和学术性的统一，激励同志们为发展新质生产力和实现高水平科技自立自强，勇攀科学高峰作出武大研究生的贡献。

【启示】

（一）**大力组织推进支部党员参与社会实践**。基层党支部的党建工作要在制度上鼓励大家参与社会实践，在物质上为党员群众提供多样化的实践条件，组织开展实践活动。不仅给积极主动参与实践的党员同志宣传鼓励，也要组织全体支部党员参与到实践活动中来，不让任何一位同志落下。

（二）**发挥先锋模范作用，推广先进经验成果**。基层党支部不仅是团结每一位党员同志的战斗堡垒，也是引领教育周围群众的先锋旗帜，要将学习的动作和学习的经验及时传达到相应的团支部和每一位同学当中去，将学习宣传贯彻习近平总书记重要回信精神的热潮推向专业每一位同学。

（三）**结合基层实际，因地制宜开展党建工作**。基层党支部在开展党建工作中要结合好基层实际。计算数学专业硕士生党支部在工作中将科研与党建紧密结合，不仅使得党员同志们乐于参与到党建活动中来，使他们感受到切实的收获，还引起了更多同学的兴趣。

汲取榜样力量，传承"勤思"笃行

姚　丹

　　科技引领，布局未来。从"向科学进军"到"科学技术是第一生产力"，再到"中国式现代化关键在科技现代化"，我们党历来重视科技事业。物理科学与技术学院研究生物理第二党支部始终积极探索研究生基层党建与科学研究的融合路径，秉承"党建与科研双融合　共促进"的工作理念，把握"以研究方向相近的课题组党员构建支部"这一优势，为各课题组党员提供良好的科研沟通交流平台，专门地、特定地、聚焦地围绕"党建与科研双融合、共促进"的主题，为研究生党建工作提供新的思考，激发研究生党支部的活力，探索党建与科研同频共振，传承与创新并行驱动的新型基层党建工作模式。

【背景】

　　2023年是学习贯彻党的二十大精神的开局之年，科技领域"开新局、谋新篇"，离不开人才和创新。中华人民共和国成立后，我们的前辈取得了"两弹一星"的辉煌成就；新时代以来，我们建成了"天宫"空间站，"C919"国产大飞机顺利投入商业运营，"复兴号"动车组开行全国……这些成就令人惊叹之余，也让我们青年党员深受鼓舞。物理科学与技术学院研究生物理第二党支部立足自身实际，结合学科特点，始终坚持"科研与党建双融合　共促进"，积极响应国家号召，扎根基础科学研究。党支部现有党员27名，他们深耕磁学、光学、声学和热电等研究，正在科研道路上努力向上攀登，用科技为祖国的现代化建设赋能。党支部切实强化基层党建工作与学生科研相融合，打造具有战斗力、凝聚力、向心力的基层党支部，充分发挥研究生党员的先锋模范作用及党支部的战斗堡垒作用。

【做法】

（一）**依托支部科研主旨，赓续学科创新精神。**支部毕业的成员大都继续扎根基础科学研究，全身心投入高等教育事业，将武大红色血脉和科研精神一代代传承。支部的何海龙同志，毕业后毅然选择留在武大任教，他专注声学研究，驻足前人从未踏足的一片土地，不驰于空想、不骛于虚声，不惧枯燥，不畏失败，专注自身研究，埋头苦干，他的努力得到了学院其他党员教师的高度认可。支部的邱华辉同志，毕业后留在武大继续从事博后工作，经过潜心研究和实验，他再一次在物理学顶级期刊 *Physical Review Letters* 上发表文章，成为支部成员的好榜样。无论身在何处，物理科学与技术学院研究生物理第二党支部成员始终把"科研促党建，党建与科研双融合、共促进"铭记于心，将创新精神带到一个又一个平凡却又伟大的岗位。

（二）**学习科研榜样力量，传承支部科研使命。**深受支部毕业党员科研创新精神的鼓舞，支部的同志们正接过学术创新的接力棒，在科研岗位上寻求突破，为科技强国贡献自己的力量。支部坚持以"党建促科研，科研与党建双融合"为主旨，把支部建在实验室上，致力于把支部党员培养成科研骨干，把科研骨干吸纳为学生党员，建设科研创新型党支部。近年来支部成长起来一批思想素质与科研能力过硬的党员骨干，他们在 *Physical Review Letters*，*Nature Communications*，*Physical Review B* 等国际学术期刊上发表优秀学术成果20 余篇，多名同志荣获武汉大学研究生学术创新一等奖、研究生国家奖学金等荣誉。弦歌不辍，步履不停，支部的同志们正步履坚定地走在科技强国、人才兴国的道路上。珞珈薪火，代代相传。前辈倾尽心血的付出激发了新一代党员科研工作者矢志科学探索的满腔热情。

（三）**创新支部工作方法，跨校共商共话党建。**围绕党建与业务工作融合，支部争当思想政治、科研学习、服务师生等方面的先锋模范，努力建设成为提升思想、交流科研、缓解压力的平台。支部组织开展了跨系、跨院、跨校的研究生党建"勤思"论坛，致力于完善基层党组织功能，充分发挥各专业、各院系之间党组织的自身优势，打破交流壁垒，拓宽互动边界，交流党建工作经验，共享党建工作信息，加强基层组织建设，提高党建工作水平。至今，"勤思"论坛已成功举办三届，邀请到了华中科技大学、华中师范大

学、东南大学、南京大学、中山大学、湖南大学、中国科学院精密测量科学
与技术创新研究院、武汉理工大学、武汉大学等高校的师生党员参加。支部
坚持"引进来"和"走出去"相结合，与各兄弟院校支部共话党建经验，融
合科研动态、专业知识、行业前沿等内容，邀请博士生宣讲团进行理论宣讲，
传播武大故事，感受红色精神，引领支部同志在坚定理想信念的过程中锤炼
本领担当。

党支部承办第三届研究生党建"勤思"论坛，邀请武汉部分高校物理学院的
党支部书记共话科研与党建

【启示】

（一）**党员教育要依托榜样力量**。榜样是最好的打气筒，物理科学与技术
学院研究生物理第二党支部充分结合自身实际，注重从毕业党员和先锋党员
身上汲取科学创新精神，挖掘能引起高度共鸣的物理前辈、励志榜样等，让
科研榜样中蕴含的精神力量立心间、成信念、化实践，教育引导支部党员坚
定理想信念、提高科研本领、强化担当意识，以实现中华民族伟大复兴为己
任，不负时代、不负韶华。

（二）**党建工作要结合学科特点**。党建工作需要做到结合学科特点，考虑
群体特色，从党员的根本需求出发，把党建工作和思想政治教育融入学生党

员的专业学习当中。作为物理人，要始终把科学创新摆在首位。"勤思"论坛充分考虑支部成员专业特色，在党建交流中，深入融合科研动态、专业知识、行业前沿等方面的内容，推进"党建科研"双融合共促进，进一步提高了组织活动的吸引力号召力，也提升了研究生党员在活动中的获得感。

（三）**党建工作要调动多方资源**。物理科学与技术学院研究生物理第二党支部借助学院平台打造"勤思"论坛品牌活动，打破交流壁垒，有效整合运用校内外、高校间育人资源，打通各模范党支部的交流通道，搭建互动交流的有效平台。探索"党建+科研"互融互促模式，让先进典型、先进经验得以进一步推广应用，在交流互动中也进一步提升了学生党员的思想政治素质、学科专业眼界和立志报国的责任感与使命感。

[化学与分子科学学院高分子化学与物理研究生第一党支部]

"鲲鹏讲坛"提质，主题交流增效

聂晓迪　胡旭琪

　　为深入学习贯彻习近平总书记关于党的建设的重要思想，高分子化学与物理研究生第一党支部组织开展"鲲鹏讲坛"党建主题交流营活动，支部成员积极参与活动。"鲲鹏讲坛"党建主题交流营，打造集宣传、学习、教育、交流功能于一体的宣传交流活动，让党建学习内容更丰富、联合支部交流加深，提高党员学习积极性，以高质量党建引领事业高质量发展。

【背景】

　　为加强研究生党支部管理工作，化学与分子科学学院党委以"网格化"的实验室为阵地开展研究生党建工作，纵向联系各年级、班级的研究生，遵循研究生的成长规律和思想政治工作规律，坚持问题导向、目标导向，探索新思路新举措，不断提升研究生党建工作的针对性和实效性。在学院党委的指导下，高分子化学与物理研究生第一党支部认真组织开展"鲲鹏讲坛"党建主题交流营，学习党支部建设新要求、吸取党建工作好方法、分析新时代提升研究生党建工作质量的热点问题，辐射带动广大党员和积极分子，促进研究生党建高质量发展。

【做法】

　　（一）**精心组织，辐射多校多院党组织**。通过举办"鲲鹏讲坛"党建主题交流营，坚持共同学习，把政治理论学习与专业知识学习有机结合，将党建"思想文化"的高度与"学术文化"的厚度有机融合，不断提升学习质量和效果。在活动前期借助各大公众平台，如"青春化院""武汉大学研工部"

"化院党支部建设" 微信公众号、学院官网推送《关于举办"鲲鹏讲坛"党建主题交流营的通知》，详细介绍活动安排，在学院各年级、班级通知群转发，学院粘贴海报公示，电子墙上展示比赛通知，并积极联系华中地区高校和武汉大学兄弟院系研究生党支部书记参与活动。

党支部组织华中地区高校研究生党支部书记参加"鲲鹏讲坛"党建主题交流营

（二）学科交流，推进党建与业务工作深度融合。组织来自华中高校的优秀党支部书记结合支部工作亮点围绕"党建引领，凝聚合力""信仰铸魂，科研筑梦""基层党建引领，共享研途成长""中国共产党奋斗史""研究生党支部建设"和"党建促科研/文化/实践"等主题并结合支部特色工作做相关内容分享。各党支部书记和支委积极参与研讨交流工作心得。同时活动设置分会场，为与会支部骨干提供充分交流的机会，各分会场围绕"如何加强党支部标准化、规范化建设""如何提高支部党员参与性""研究生党建工作怎样带动研究生各方面工作"三个主题展开讨论。讨论热烈有效，在针对"实现党建活动带动各项工作"这一问题的分享中，武汉大学雷达与信号处理实验室党支部分享了相关工作经验，通过把支部活动与自身学科、领域的发展同国家、民族的发展紧密结合、设置功能性党小组等工作方法可以让党员同志在实践中提高认识、砥砺品格、朋辈相携，不仅有利于整合资源激发研究生党支部活力，而且有利于结合研究生专业优势，服务发展大局。

（三）**载体拓展，激发研究生党建工作活力**。活动利用多样化的交流方式，例如红色寻访、墙报展示、午餐会、博士宣讲团等，拉近研究生与党组织之间的距离，激发研究生党建工作活力。组织参访周恩来旧居、李达故居等，充分利用学校红色资源，扎实推动党建实践教育。墙报展示活动由来自不同院校支部代表提交的30余份墙报组成，其内容充分展示了各支部的风采及工作特色等，同时设置答题游戏、大众投票等环节，加深相互之间的了解。午餐会活动中各支部代表交流自己对党建工作的认识、理解和反思，并结合实际工作中遇到的问题向其他支部请教学习，实现互帮互助。邀请武汉大学博士生宣讲团进行宣讲活动，宣讲主题包括习近平总书记的扶贫故事、"学思践悟新思想，砥砺奋进新时代"二十大专题领学、武汉大学红色精神等方面，引导青年一代牢记习近平总书记重要讲话精神，紧跟时代步伐，积极投身科研工作，为国家发展贡献自己的力量。

【启示】

（一）**开展主题交流营联系多校多院党组织**。"鲲鹏讲坛"党建主题交流营活动吸引了来自武汉大学、华中科技大学、武汉理工大学、中国地质大学（武汉）、华中农业大学、华中师范大学、中南财经政法大学7所高校的53个优秀研究生党支部、65名研究生党员骨干参会，220余名党员代表参加。活动组织建立兄弟院校党建工作交流群，为各院校支部展示党建成果、分享党建工作经验、解决党建问题提供有效交流平台。

（二）**开展主题交流营创新党建工作模式**。多样多元化的党建工作能够提高研究生参与党建工作的积极性，此次交流营活动通过专题报告、分会场讨论、实践、多样化交流等形式，结合党建工作热点问题，展开跨学校跨学科间的思想碰撞，吸收各高等院校党的建设方面的新经验，引导基层党支部学深悟透、加强实践，创新高校研究生党支部建设，以高质量党建推进高质量发展，让党建工作充满生机与活力。

（三）**开展主题交流营促进党建业务深度融合**。学院积极响应习近平总书记重要讲话精神，不断推进党建业务工作融合共促，将党建工作与化学学科的人才培养、科学研究、学科建设等紧密结合，形成党建工作与学科发展互相促进的良好局面。以党建为引领，以提升研究生学术科技能力和培养质量为重点，推进理论知识学习与党史学习教育常态化，通过"鲲鹏讲坛"党建主题交流营、学术交流沙龙、博士生论坛等活动，加强研究生党建和科研校际、院际交流，引导研究生树立创新精神、增强创造能力，勇担时代新人使命。

[资源与环境科学学院地理科学与国土资源系研究生第五党支部]

完善考勤办法，加强党建引领

胡冉再琪　李金海　邵乘霖　毛贯州　张　弛

党的组织生活是强化基层党组织建设和夯实党员队伍建设基础的重要一环。党的组织生活开展是否规范、内容丰富与否，对党员政治修养的提升有着极大影响，关系到党组织的战斗力、凝聚力的发挥，党员要提升思想认识，认识党的组织生活的必要性。严格、规范的组织生活是我们党巩固全面从严治党之基，每一名党员都应当通过参加组织生活进一步增强党性，提升从严的意识，增强积极参加组织生活、发挥党员作用的自觉性。地理科学与国土资源系研究生第五党支部通过制定和落实考勤办法，在党的组织生活的规范化和制度化上做出了创新性尝试，可以为基层党组织民主化管理提供参考借鉴。

【背景】

党的组织生活是党内政治生活的重要内容，是组织对党员进行管理、教育和监督的重要形式。由于研究生科研任务较重，且不少党支部缺少制度约束，个别党员参加组织生活不积极，缺勤率比较高。为此，地理科学与国土资源系研究生第五党支部采取一系列措施，从加强考勤管理入手，推动党支部工作的规范化和制度化。通过制定并落实考勤办法，旨在规范组织生活，提高党员的纪律意识，激发党员参与组织生活的积极性，进而提升党支部的整体效能。

【做法】

（一）**召开跨届支委会**。地理科学与国土资源系研究生第五党支部通过召开跨届支委会的方式，召集新老支委共同深入探讨支部党组织生活中长期普遍存在的一系列问题，如个别党员参与支部活动积极性不高、党员评优考核量化难等难题。新老支委重点以"规范组织生活"为主题，分析相关问题背后的深层原因，逐步形成以"对内树纲纪，对外扩交流"为特色的党支部建设方针，制定支部考勤办法，举办多院校交流的趣味主题党日等。

（二）**开展民主调研**。为了确保规范支部组织生活的相关举措更加公平化、透明化，采用问卷调研和面对面访谈的方式，广泛征集党员和入党积极分子对党建工作的意见和建议。通过设计、发放调研问卷给支部党员和积极分子，支部委员会成员分组与部分党员和积极分子进行面对面访谈，收集大家对组织生活存在的问题、改进的建议、考勤办法草案的意见。

（三）**制定考勤办法**。基于"从支部实际出发""兼顾公平性和灵活性"两原则，最终形成了地理科学与国土资源系研究生第五党支部考勤办法。考勤办法包括：目的、适用对象、考勤说明、奖励机制、统计公示、请假条模板、补勤说明模板等 7 个板块。

原则一：从支部实际出发。基于支部的具体情况，考虑到党员和积极分子的课题组工作安排、生活习惯等方面。通过召开座谈会、发放调查问卷等形式，广泛收集大家的意见和建议，获得制定考勤办法的第一手参考资料。

原则二：兼顾公平性和灵活性。公平性体现在对所有党员和积极分子一视同仁，确保考勤标准公正无私；灵活性则体现在考虑到一些常见请假情况，如因病、因公出差等，给予适当的考勤调整。

（四）**落实考勤办法**。考勤办法制定之后，通过组织专门的学习，向支部同志详细解读考勤办法的各项细则与要点，确保大家清晰知晓具体要求。此过程进一步强化了全体同志的党性、纪律性。支部将考勤办法落实到每次支部的活动和会议中，考勤结果与党员发展、民主评议党员等挂钩。在发展党员时，将考勤作为一项重要的考察指标；在民主评议党员中，考勤成为关键的评选依据。公正公开的考核和激励制度，促进了支部同志参与支部"三会一课"等活动的积极性。

【启示】

（一）**规范组织生活**。实施考勤办法后，组织生活的规范性得到了显著提升。考勤记录的准确性和透明度增强了党员对组织纪律的认识，使得每个人

党支部到中国地质大学参与党建发展论坛

都清楚自己的责任和义务。通过定期的考勤公布，及时发现并解决了出勤问题，确保了党支部活动的参与度。此外，考勤办法的执行也强化了党员和群众的时间观念和组织纪律性，提高了组织生活的效率。它促使党员和群众更加重视组织安排，减少了无故缺席和迟到现象，从而保证了组织决策和活动的顺利进行。

（二）激发党员积极性。考勤办法的实施，还有助于培养党员和群众的责任感和集体荣誉感。通过奖惩机制的激励，大家更加积极地参与组织生活，形成了良好的组织氛围。这种规范性的提升，不仅加强了党组织的凝聚力，也为实现组织目标和任务奠定了坚实的基础。

考勤办法中制定了奖励机制，将"三会一课"纳入考核范围，明确参评和获奖条件，规范考勤与公示流程。考勤办法自 2022 年制定实施起，经过 2 年的实践与优化，成为激发党员参与"三会一课"积极性和规范党员组织纪律的重要举措。

落实考勤办法后，党支部参加"三会一课"的党员与积极分子人数明显增加。有了考勤办法的约束和奖励机制的激励，成功牵头举办第三、四届"鲲鹏之声"系列活动、第一届华中多校地理科学学科学生党支部发展研究论坛、第三届多校所地球科学学科学生党支部发展论坛等大型活动。

（三）**加强党建引领交流**。此套考核办法严谨、细致，制定形成后，推广至资源与环境科学学院其他党支部。经兄弟党支部反馈，通过新的考勤管理办法，党员同志对"三会一课"的参与度和积极性明显提高，活动的组织性和纪律性也得到了极大加强。对外，党支部书记向北京大学、浙江大学、华中科技大学等 35 个兄弟党支部分享相应经验，也获得了一致赞许，并有多个党支部借鉴该考勤办法形成了组织考勤条例，不仅加强了校内外党建朋友圈友谊，也发挥了在兄弟支部中的党建引领作用。

规范的考勤办法是党支部一大特色和优势，这不仅提升了党支部活动的质量，更增强了党支部的凝聚力和战斗力，为基层党组织的发展贡献了支部的智慧和力量。

强化校企支部共建，推进产教协同育人

余 娟

习近平总书记在对党的建设和组织工作的重要指示中强调："实现党在新时代新征程的使命任务，党的建设和组织工作要有新担当新作为。"全国组织工作会议指出，要以高质量党建促进高质量发展，为推进中国式现代化建设凝聚起磅礴力量。高质量发展是新时代的硬道理，急需不断强化党建引领，把党的政治优势、组织优势转化为发展优势。为深入学习贯彻习近平新时代中国特色社会主义思想，凝聚党建合力，推动资源共享，武汉大学土木建筑工程学院本科生第二党支部着力加强校企党建与业务的紧密结合、深度融合、有机契合，拓展支部共建渠道，提升产教育人实效。

【背景】

新工科背景下，土木工程专业毕业生大部分在涉及投资、规划、设计、施工以及运维领域的央企就业发展。因此，保持高校与央企用人单位密切协同，是新时代育人工作的必要途径。习近平总书记强调，"贯彻党要管党、从严治党方针，必须扎实做好抓基层、打基础的工作，使每个基层党组织都成为坚强战斗堡垒"。武汉大学土木建筑工程学院本科生第二党支部作为教育部首批党建"双创"样板党支部，在土木建筑工程学院党委的领导下，积极探索支部党建工作的新形式、新做法，先后于2019年9月、2021年5月和2024年6月与中建三局总承包公司人力资源部党支部、中国一冶交通公司综合党支部、中建八局总承包公司第四分公司机关党支部签订支部共建协议，凝聚校企合力，开展支部共建工作。

【做法】

近年来，土木类工科毕业生大部分在建筑行业大型央企就业，这些央企主导着国家的经济命脉，对国家的经济稳定和发展起到压舱石的作用。武汉大学土木建筑工程学院本科生第二党支部在土木建筑工程学院党委的领导下，与共建单位党支部签订支部共建协议。双方以党支部"结对共建"为载体，以服务中心工作为核心，采取"优势互补、互利共赢、共同提高"的方式，充分发挥双方党组织的组织优势和资源优势，在共享党建基础、共享业务资源、共扬先进文化、共推先进经验等方面广泛开展深层次、多层面的沟通交流，有效推动党建和育人工作迈上新台阶。

（一）**联合开展党建活动，提升双方党建工作水平**。一是建立党建联系人制度，密切双方党建工作联系。由共建双方支部分别推荐1位支部委员为支部共建工作联系人，明确专人负责，定期沟通，形成定期反馈的双向机制，推动支部共建工作走深走实。二是加强政治学习，提升双方党员政治素养和理论水平。双方通过共同邀请专家开展党建专题讲座、联合开展习近平新时代中国特色社会主义思想的学习交流和实践活动交流等形式，开展政治学习，共享学习体会和学习成果，每年组织1次共建支部交流学习、1次工作研讨、1次党建观摩活动。三是举办党支部风采大赛，激发支部工作活力。武汉大学土木建筑工程学院党委每年举办大学生党支部风采大赛，土木建筑工程学院本科生第二党支部邀请共建支部派代表队共同参赛，展现校企基层党支部在完善支部建设和发挥党员先锋模范作用方面开展的工作，展示支部的凝聚力和战斗力，展现支部党员的精神风貌，强化支部的政治功能。如2022年5月，土木建筑工程学院第十届党支部风采大赛邀请支部共建单位中建三局总承包公司人力资源部党支部参赛，双方以赛促学，对于支部党建工作水平的提升起到了良好的促进作用。

（二）**联合开展人才培养，实现合作共赢**。一是开展专业思想教育和行业认知教育。武汉大学土木建筑工程学院本科生第二党支部邀请共建支部的单位领导、专家和校友为学生做专业思想教育和行业认知教育讲座，共建单位为学生提供来企业参观、观摩和调研的便利和条件，在不断交流中促进学生对专业的认知和对行业的了解。共建支部双方每学期开展专业思想教育和行业认知教育至少2次，如2023年5月20日至5月23日，与支部共建单位中

土木建筑工程学院举办第十届党支部风采大赛

国一冶交通公司综合党支部共同开展"上下求索、好修为常"行走的课堂活动，在推进校企深度融合的同时，也为双方深入了解搭建了良好的平台。二是推进实习实践基地和就业基地建设。实习实践，是工科大学生教育培养环节的重要内容，武汉大学土木建筑工程学院推荐优秀学生到支部共建单位开展实习实训和寒暑假社会实践活动，支部共建单位为有意向在企业实习、就业的学生优先提供实习实训、交流洽谈的机会，经过双方深入了解，实现企业招聘优秀人才和学校毕业生高质量就业的双丰收。

（三）**联合开展文化活动，促进融合发展**。每年联合开展 1 次文体活动，如联合举办趣味运动会，以文化为纽带推动融合，互相取长补短，巩固党建基础。每年开展 1 次学科竞赛活动，围绕专业学术、行业技能等方面举行竞赛，通过此类活动，吸引广大党员积极参与支部共建活动，提升党建工作的吸引力和感染力。如 2024 年 6 月，土木建筑工程学院成功举办"中国一冶"杯武汉大学第十六届大学生结构设计竞赛，与支部共建单位中国一冶强强联合，打造校企合作新标杆。

【启示】

（一）**结对共建是基层党支部工作延伸的重要抓手**。土木建筑工程学院本科生第二党支部与诸多业内领军企业协同，积极开展形式丰富的联合共建活动，为党务党建注入源源不断的活力，为人才培养架起长期发展的桥梁，为产教融合提供联结沟通的纽带。

（二）**结对共建是党建工作与育人深度融合的载体**。土木建筑工程学院党委积极促进支部共建，产教融合，以学生发展为本，以学院发展和行业建设为纲，助力党建与业务工作多方覆盖、深度融合，充分提升党建引领力、组织力、号召力，有力推动以高质量党建引领事业高质量发展。

（三）**结对共建必须结合学生实际、深入学生群体**。土木建筑工程学院党委始终围绕学生成长成才全过程，结合学生专业学习与日常生活实际，创新校企联学共建的方式方法，探索师生喜闻乐见的共建渠道，促进产教融合走真、走实、走深。

夯实党建基础，勇攀科技高峰

左志香　刘永宾

武汉大学水利水电学院水力发电工程系研究生第七党支部作为全国高校"百个研究生样板党支部"，由高坝结构课题组的 45 名研究生党员组成。支部始终牢固树立党建引领促发展的理念，引导支部成员积极响应国家号召、刻苦钻研勇攀科学高峰、砥砺前行绽放青春光彩，产出了一批批创新型科研项目成果，培育出了一个个优秀党员先锋模范。

【背景】

水利工程是新时代全面推进中国式现代化的"大国重器"，是实现高质量发展的基础性支撑力量。水力发电工程系研究生第七党支部响应党和国家的号召，牢固树立"像高坝一样坚定，像善水一样滋润"的党支部发展理念，在课题组党建和业务双带头人周伟教授的带领下，夯实党建基础，勇攀科技高峰，在高堆石坝设计、安全监测等方面均实现技术突破，实现党建和业务双促双带，支部成员为建设世界科技强国、全面推动长江经济带发展、黄河流域生态保护等国家战略添砖加瓦。

【做法】

（一）以政治建设为引领，培养水利时代先锋。支部始终将政治建设放在首位，高标准落实"三会一课"，组织各类理论学习 100 余次，注重在理论学习中抓"水"字精神，通过集中学习习近平总书记关于治水的重要论述、对金沙江乌东德水电站首批机组投产发电作出的重要指示等，筑牢支部同学政治站位和理想信念；通过导师讲党课、党课人人讲，引导支部理论学习蔚然

党支部师生合影

成风；开展大别山红色教育行、羊楼洞烈士陵园红色基地实践活动等丰富主题党日活动，厚植爱国主义情怀；疫情期间，支部组织抗疫捐款 3000 多元，开展线上抗疫思政理论学习、交流分享会 5 场等，多位同志参与当地疫情防控并获组织嘉奖。支部党员志愿服务西部，筹集善款 70 万余元，助农 60 万余元，在脱贫攻坚战前线贡献青年力量，曾作为大陆赴台高校师生参访团成员，促进两岸青年交流，被中央电视台和新华社等媒体报道。

（二）**深化制度育人理念，传帮带驱动科研发展**。支部注重标准化规范化建设，制定 10 项创新制度以提升支部组织力，实现党员发展、教育、管理、监督全链条流程管理。党员发展实行积分考察制、预审制；预备党员实行公开承诺制、转正时实行党章理论学习考核制；日常理论学习实行考勤制，党员年度总结实行评议制；建立健全以量化数据为标准的年终考核制度和学术科研奖励机制。针对支部党员来自不同年级的实际，建立老党员带新党员、高年级党员带低年级党员的传帮带机制，进行理论实践学习的同时加强业务交流，助力科研成果产出。在党员发展、教育、管理及科研等环节形成了一系列制度成果，并产生了辐射效应。党支部的制度文化建设成果在全国研究生党建思政工作研讨会等平台上进行展示。

（三）**多维度文化熏陶，以党建促德育、促科研**。创建科研交流、工程实践、社会实践、就业指导、文体活动五大文化平台，组织、宣传、凝聚、服务同学，以支部建设统领实验室建设，实现以党建促德育、促科研，以支部带全面、带全员。凝练"坚如高坝、润如善水"的支部精神，设计支部徽章、打造实验室文化墙、文化产品，打造"高坝"品牌文化，讲好"高坝"品牌故事，被"学习强国"学习平台报道；探索"互联网+党建"新模式，在各级微信平台发文222篇，阅读量达到8万次。通过打造"高坝"文化，加强支部凝聚力的同时提升支部成员的归属感和获得感，创造良好科研氛围，保障高质量科研的进行。

| 支部口号、徽章、logo | 支部设计的文创产品 | 支部设计的球服 |

| 支部文化橱窗 | 支部成员风采墙 | 支部文化走廊 |

党支部文化建设一览

（四）双导师师生共建，三方面科研突破实现高坝技术革新。实施思政、科研双导师制。武汉大学党委书记黄泰岩联系指导支部，思政导师由研究生院院长周伟教授担任，学术导师由课题组6名教授、副教授担任，构建"思政+学术"共同体，建立常态化师生交流机制，引导成员攀登科学高峰。多年来，积极举办跨学科沙龙、"弘禹"论坛、博导论坛、师生共建交流生活会等活动80余场；在高堆石坝设计、安全监测、集合体力学性能研究三方面均实现技术突破，参与乌东德水电站等25项大型水利工程设计与安全结构评价，完成科研课题经费2000余万元；发表高水平论文近100篇，其中SCI论文60余篇；获发明专利、软件著作权近30项。支部成员参与的关键创新技术获中国水力发电学会水力发电科学技术奖一等奖、中国大坝工程学会科技进步奖一等奖；支部9人获国家留学基金委资助出国交流，14人在国际会议上做报告，在国际水利舞台发出中国声音。

【启示】

（一）**坚持政治建设先行，以党建引领"三全育人"**。坚持政治建设为第一要务，全方位多维度加强理论学习，以党建为龙头，强化理想信念教育，聚合资源，助推组织育人、管理育人、服务育人、文化育人、网络育人、心理健康育人多举措齐发力，构建"三全"育人体系，实现党团学群等联动发展，培养德才兼备的高素质人才。

（二）**目标导向共建共享，以党建点燃科研引擎**。贯彻新发展理念，创新制度，充分发挥"思政、科研双导师"优势，构建"思政+学术"共同体，以党建促德育，激发成员的创新创造热情，增强科研创新活力，提升科研攻关和工程实践能力，激扬青春，共逐科技强国梦。

（三）**发挥组织育人成效，先锋模范带动支部成长**。充分发挥集体力量和先锋模范力量，带动支部不断涌现思政教育、学术创新、实践创业的排头兵。支部作为武汉大学先进研究生党支部和全国样板党支部，带动课题组成员争先创优，获各类奖项近150项。3年以来，5人荣获国家奖学金，3人入职武汉大学辅导员，5人入职国内外高校、科研机构，多人入选选调生，30余人奔赴水利行业一线，投身新时代治水兴水管水工作。党支部与成员相互促进，共谱报国新章。

党建+学科竞赛：培育创新人才

张 兰

电子信息学院教学与实验中心是国家级实验教学示范中心，现有在职教职工 20 人，其中中共党员 10 人。中心 2004 年获批"国家工科基础课程电工电子教学基地"，2007 年获批国家电工电子实验教学示范中心，2012 年获批国家级工程实践教育中心，同时还是首批湖北省高等学校大学生创新活动基地和武汉大学电子信息创新创业中心。中心主要承担学校电子信息类的电工电子相关实验教学以及电子类重要学科竞赛的培训、指导和参赛等工作。

【背景】

习近平总书记在中共中央政治局第五次集体学习时发表了关于加强拔尖创新人才自主培养的重要讲话。高校基层党组织在培养创新人才方面肩负着重要使命。竞赛培训是教学与实验中心的一项重要工作，也是学院的一面旗帜，更是武汉大学创新人才培养的一个亮点。教学与实验中心党支部积极探索"党建+学科竞赛"的工作模式，贯彻落实立德树人根本任务，以学科竞赛为载体，推动党建工作与业务工作深度融合，激发师生参与竞赛的热情和积极性，提升学院教育教学质量和创新人才培养水平，通过高质量党建引领事业高质量发展。

【做法】

（一）**党建引领，提高政治站位。**中心党支部依托规范化的组织生活和多样化的支部活动，深入学习党的教育方针和育人目标，深刻领会习近平总书记关于教育的重要论述的政治性、战略性和指导性，引导师生增强拔尖创新人才自主培养的社会责任感和历史使命感。党支部全部党员均为学科竞赛团队主力，注重将党的教育方针和育人目标贯穿在学科竞赛始终，坚定学科竞赛"育人本质、竞技引导"定位，紧紧围绕"立德树人"根本任务并形成共识，坚守学科竞赛人才培养属性，适当通过竞技成绩引导竞赛，为竞赛活动的顺利开展提供了坚实的思想保障。

（二）**党建引领，强化顶层设计**。中心党支部依托系务委员会，构建了"基础支撑与专业方向协同"的学科竞赛体系。建立了以电子设计竞赛为基础支撑，专题竞赛和专业竞赛为引导的干枝结构学科竞赛体系，系统构建了电子信息新工科人才培养实践教学体系，为学科竞赛和创新实践提供了系统性引导和支持，全面激发了学生的自主创新热情。聚焦核心赛事，引导学生在专业顶级赛事中进行高水平竞争；以竞赛体系横向连接各专业学生，纵向串联实验课程、竞赛培训、专业实践和创新创业，以赛促教，以赛促学。同时，建立了健全的学科竞赛团队和培训体系，明确了各团队的职责和任务，注重团队协作和沟通能力的培养，形成了分工协作、高效运转的工作机制，保证学科竞赛能够持续发展。

（三）**党建与业务深度融合，提升组织力**。在学院党委的大力支持下，中心党支部将党建工作与学科竞赛的各个环节紧密结合。在竞赛筹备阶段，党支部组织党员教师积极参与竞赛方案的制订工作，确保竞赛活动的科学性和合理性，并积极争取学校、学院和企事业单位等为师生提供更多的竞赛经费、场地、仪器设备等资源支持。在竞赛培训阶段，面对比赛时间较集中、培训工作量较大、指导教师不足的问题，通过与其他党支部联动和融合，构建"党员冲锋在前"的工作格局，带动其他老师和往届参赛学生积极参与培训组织和现场指导。在竞赛进行阶段，党支部加强对竞赛活动的监督和管理，确保竞赛活动的公平和公正，并做好志愿服务处理各类突发问题。在竞赛总结阶段，中心党支部组织各竞赛团队总结问题、优化体系并达成共识，促进竞赛成果向教学资源转化。

这些做法为学科竞赛的成功组织和创新人才的培养提供了有力保障。近 3 年来，学校电子设计竞赛等重要赛事参赛规模及受益面进一步扩大，培训学生人数约 1200 人/年，开放人时数 10 余万。2021—2023 年，中心负责或者参与指导的本科生学科竞赛获奖 200 余项，其中 2023 年电子设计竞赛全国奖总数排名全国第一，再次刷新学校参赛历史最好成绩；集成电路创新创业大赛

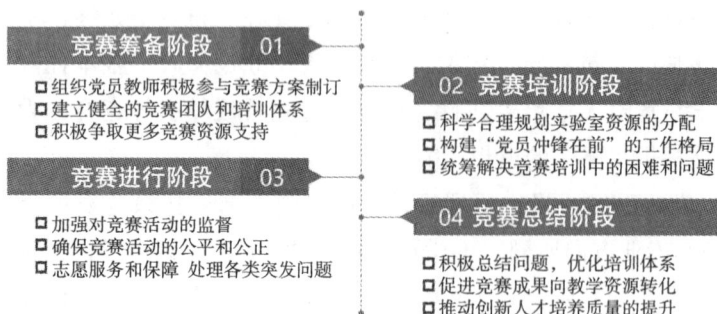

竞赛筹备阶段 01
□组织党员教师积极参与竞赛方案制订
□建立健全的竞赛团队和培训体系
□积极争取更多竞赛资源支持

02 竞赛培训阶段
□科学合理规划实验室资源的分配
□构建"党员冲锋在前"的工作格局
□统筹解决竞赛培训中的困难和问题

竞赛进行阶段 03
□加强对竞赛活动的监督
□确保竞赛活动的公平和公正
□志愿服务和保障 处理各类突发问题

04 竞赛总结阶段
□积极总结问题，优化培训体系
□促进竞赛成果向教学资源转化
□推动创新人才培养质量的提升

在业务工作中充分发挥党员队伍的示范引领作用

获企业大奖数在参加总决赛的高校中排名第一，取得该项赛事的历史性突破。

党支部4位党员教师带队参加TI杯2023年全国大学生电子设计
竞赛全国总测评，武汉大学荣获全国一等奖10项，二等奖12项

（四）**树立品牌效应，产生辐射带动作用**。为了展示和推广竞赛成果，党支部积极组织举办各类成果展示和交流活动。通过新闻稿和宣传视频等宣传报道竞赛成果并设计优秀作品展示廊、举办各类学科竞赛经验分享会等，树立品牌效应，传承竞赛文化。以电子设计竞赛为核心的学科竞赛在全国名列前茅，教赛融合体系受到全国高校关注，30余所高校来校开展专题交流学习。

同时，积极将竞赛成果转化为教学资源，推动教育教学质量的提升，一批优质实验课程群为学生创新能力培养提供了基础支撑，学生创新成果呈现高水平和多样性特点。

【启 示】

（一）**党建+学科竞赛，需发挥好教师立德树人的主动性**。构建"党建+学科竞赛"协同育人机制，需通过党员示范和支部引领等形式，鼓励更多教师主动参与和指导竞赛，将立德树人理念融入竞赛指导过程中，引导学生树立正确的价值观和人生观，激发学生内在驱动力，才能促进学科竞赛高质量成果的持续产出。

（二）**党建+学科竞赛，需充分调动学生的积极性**。构建"党建+学科竞赛"协同育人机制，需深入了解学生的需求和困惑并及时解答和指导，为其提供正确引导和有力支持，并注重反馈评价及时优化竞赛机制，充分激发学生的积极性和潜力，达到培育创新人才的目的。

（三）**党建+学科竞赛，需强化顶层设计形成长效机制**。在"党建+学科竞赛"的实践中，强化顶层设计对于形成长效机制至关重要。通过明确学科竞赛的育人目标、完善竞赛体系和激励机制、整合师资及平台资源等，形成长效机制，为培养具备创新精神和实践能力的拔尖创新人才提供坚实保障。

师生同行互促，矢志科技报国

李 兵 南思宇

"服务国家，服务社会，服务人民"，这是武汉大学计算机学院智能化软件与服务工程实验室研究生党支部党员的集体社会责任。武汉大学计算机学院智能化软件与服务工程实验室研究生党支部建在科研团队上，以课题组研究生为主体，充分发挥导师及研究生团队的软件工程、计算机科学、人工智能学科特色，将党建引领与科研育人有效充分融合，形成导师学生教学相长，党建科研融合互促的"双螺旋式"党建品牌特色与科研育人模式，成为有科研创新能力的特色学生党支部。

【背景】

党的二十大报告指出，"教育、科技、人才是全面建设社会主义现代化国家的基础性、战略性支撑"。大学是立德树人、培养人才的地方，是青年人学习知识、增长才干、放飞梦想的地方，导师和学生是高校的组成主体。武汉大学计算机学院智能化软件与服务工程实验室研究生党支部营造和谐进步、师生同行的党建科研共融互促模式，积极聘请党建导师团队，围绕立德树人做顶层设计，培育学生党员科研报国志。

【做法】

（一）**紧抓学科特色，信息平台赋能云党建**。党员作为开发骨干，搭建线上党建网站，精心对习近平新时代中国特色社会主义思想以及党支部党建、科研成果进行线上宣传；利用在线文档平台，资料上云促进文件高效管理；利用线上会议平台，推动党建活动线上线下同开展，为每位党员参与活动提供保障，同时利用线上会议室平台做好党建活动留痕，全流程追溯；持续推进党员个人行为档案信息化建设，多维度对党员情况进行综合记录与综合评价，纳入党员年度民主评议及评优评先考核体系；推进线上实景党课云管理，搭建实景学习连接平台，鼓励党员利用节假日、寒暑假等前往红色资源基地，实景感悟红色历史，实时进行云分享，推动共学共建。

党支部开通线上党建网站

（二）**创新党课学习模式，理论学习走心走深**。武汉大学计算机学院智能化软件与服务工程实验室研究生党支部以多形式理论学习、多资源实景课堂、多主体联合党建、多维度服务实践为主线，通过"口袋课堂-师生联学课堂-支部共建课堂-实景课堂"及"党课人人讲"创新党课学习模式，推动理论学习教育往深、往实、往心里走。开展口袋课堂，充分利用党支部线上党建网站及党团学习平台，随时随地学，打造"指尖上的党课"。开展联学课堂，抓牢党建导师资源，立足支部党员根本需求，面向国家战略需求，形成以党建促科研、以科研促党建的相融模式。开展共建课堂，促进资源共享，凝聚力量同发展，充分抓好优秀毕业生资源，借助产学研平台，与互联网企业、毕业党员等多主体开展联合党建，实现党建与科研、产业融合育人。开展实景课堂，充分利用红色教育基地资源，打造以"实践-教育-感悟"为步骤的实景党课链条。开展党课人人讲，组织党员轮流走上讲台，实现角色转换，提高参与感，通过结合自身的实践经历与感受，为大家解读党的知识及发展历程，促进党员自觉学习、共同学习。

2024 年 5 月，党支部党建导师团队、党员及本科生党员骨干
参加第七届信息技术新工科产学研联盟年会

（三）科创报国学以致用，青春逐梦拓路争先。武汉大学计算机学院智能化软件与服务工程实验室研究生党支部以攻关小组、课题钻研、学科竞赛为抓手，搭建创新思维、科研技能及应用实践等研学平台，助推思想引领。在党建导师团队的指导下，党员面向国家战略需求，勇于承担国家重大重点项目，取得高水平学术成果，党员参与多项国家级重点研发计划项目、国家自然科学基金重点和面上项目、国家信息安全基础设施重大项目、湖北省重点研发项目、青年学生基础研究项目（博士研究生），聚焦学科前沿与解决"卡脖子"问题，服务国家重大需求。党员立足科研创新，立志把论文写在祖国大地上，投身双创，并开展科创育雏、创新扶持，为进入科研初期成员提供项目支持、指导，帮助其快速进入科研状态，激发创新能力实现青春向党与科技报国的同频共振。

【启示】

（一）**创新课堂多维引领，打造高质量党员培养阵地**。创新"三会一课"、党建导师制，充分发挥导师、课题组等多级优势，构建育人共同体。形式创新能更好地提升党员的学习兴趣，从而提高党员的学习质量和效果。参与主体、学习资源的创新能提升党员教育的层次深度和视野广度，激发更多创新思维和创新力量，促进党员的自我提升和发展。推介"三会一课"创新案例，团结凝聚研究生党员群体，助力形成更高质量的党员教育和管理机制。

（二）**建设党建文化生态，传承支部文化品牌**。优化支部文化载体，增强党员间的凝聚力和归属感，构建更加紧密的支部组织和文化共同体。信息平台赋能支部管理，通过在线办公平台实现支部档案云管理，有效打破支部档案保存时间和空间的限制，提升支部建设的延续性；通过线上党建网站管理践行党员参与化、支部特色化的文化宣传理念，进一步弘扬支部文化品牌，提高支部文化对党员的凝聚力，增强支部文化建设和传承的影响力和感召力。

（三）**党建引领业务发展，科研反哺思想引领**。通过党建与科研的有机融合，党员在思想政治素质和学术能力上都得到了全面提升。党员们积极承担国家重大项目，勇于攻坚克难，不仅实现了个人的成长，也为国家科技创新贡献了力量。党建工作为科研提供了坚实的思想保障和组织保障，科研成果则为党建工作注入了生机与活力，形成了良性互动、互促共进的发展局面。这一模式为科研型党支部建设提供了宝贵经验，推动党建和业务的良性互融共促。

[国家网络安全学院研究生第十六党支部]

建立"网安特色"服务制度，
在实践中磨炼真本领

刘　洋　　袁泽澄

武汉大学国家网络安全学院研究生第十六党支部深刻认识高校学生党支部是党密切联系学生的桥梁和纽带，是引领大学生刻苦学习、团结进步、健康成长的阵地，要围绕落实立德树人根本任务，加强理想信念教育，在日常学习生活中做到品学兼优的同时，发挥学生党员先锋模范作用。2022年以来，党支部逐步建立了具有学科专业背景特色的"网安特色"服务制度，作为党员志愿服务的重要载体，以集体活动引领带动"网安特色"服务，以"网安特色"保障和提升党支部服务质量，切实在服务中锻炼和提升党员知识水平和专业能力，实现专业知识和服务水平的双促进双提升。

【背景】

高校党支部担负着"为党育人、为国育才"的重要使命，必须加强支部学生党员的思想引领和专业能力。在落实党支部社会服务活动的过程中，部分党支部志愿服务活动存在着形式浮于表面、"不接地气"、不能展现网安学子专业能力和精神风貌等问题，影响了志愿服务效果。为进一步加强学生思想政治引领，引导学生刻苦学习、全面发展、健康成长，将学生专业能力和服务精神深度融合，武汉大学国家网络安全学院研究生第十六党支部制定实施"网安特色"服务制度。该制度以党员服务活动为牵引，辐射学院一线师生，以及学院周边多个中小学和群众社区，开展多目标、多方面的志愿服务活动，成为党支部成员提升服务实践能力、落实立德树人根本任务、加强基

214

层党组织建设、服务校内外群众相结合的创新举措，有力促进了党员的教育培养。截至目前，围绕"网安特色"服务制度的一系列活动和项目取得了较好的服务效果，在街道社区、学校以及学院的相关公众号上有所报道，并在武汉大学校级志愿服务项目大赛上获得了二等奖。

【做法】

（一）**强化思想建设，加强组织领导**。党支部结合新时代多媒体渠道，不断探索思想建设新方法，不断创新理论学习新形式，坚持"思想学习三融入"，将网络安全意识融入大众日常行为中，将志愿服务精神融入支部学习生活中，将青年时代担当融入个人品行操守中。一方面，党支部开展了多种形式的"三会一课"，联合多个党支部举办"强国有我"主题党日活动，讲述为人民服务、无私奉献的先锋模范故事，将乐于服务、善于服务的精神深植于支部成员的心中。另一方面，党支部以第八个全民国家安全教育日为契机，以"网络安全在身边，网络文明大家建"为主题，通过微视频宣讲方式带领社会大众和大学生提高网络安全意识，彰显武汉大学网安青年立志筑牢网络空间的数字长城，谱写新时代国家安全新篇章的使命担当。

党支部开展"网络安全宣传进校园"服务活动

（二）**深化专业实践，促进全面发展**。课程时间不统一、缺乏研究指引、实践应用机会少是支部学生党员锻炼网络空间安全专业能力的障碍。通过

"网安特色"服务制度,支部按研究兴趣设置研究小组,通过相同研究方向传帮带、不同研究方向互相学习的方式,帮助党支部成员拓宽研究视野、增长理论知识、提高网络安全专业实践应用水平。统筹讨论集中学,帮助支部新生养成合理利用学习时间的习惯,让新生之间快速破冰,成员之间联系更为密切,党支部生活更有温度。党支部成员传帮带,高低年级互相关照,在同一间教室分享经验、交流心得、学习借鉴,党支部内比学赶帮超的氛围更加浓厚。学科竞赛练本领,帮助党支部成员锻炼网络安全专业实践能力,研究小组有组织地参赛,深入实践应用场景,在实践中锻炼网络安全本领,促进成员全面发展。

(三)**细化服务活动,总结先进经验。**支部突出"服务内容两重点",注重服务过程的专业性和服务人群的针对性,强调"服务实效三结合",将了解社会网络安全需求、发挥支部党员模范作用的要求、发展个人专业实践能力的诉求紧密结合。支部到石家坡社区,为社区群众开展旨在提高网络安全意识的知识宣讲,现场进行网络隐患排查和各种问题解答。支部到五环社区和黄狮海社区,为小学生开展网络安全防诈骗和密码破译小实验科普活动。在实践队与社区的双向反馈中,支部实现专业实践本领向社区辐射,构建社会基层需求向学生反馈的正向循环渠道。在志愿服务实践结束后,支部总结活动的宝贵经验,反思不足之处,形成书面材料发布于学院、学校及社区的公众号等媒体平台上,为后续服务活动的开展提供指导。

【启示】

(一)**建立"网安特色"服务制度,首要是强化以专业服务社会的服务意识。**武汉大学国家网络安全学院研究生第十六党支部结合"三会一课"和主题党日活动,积极探索微视频等多种媒体渠道,主题鲜明突出党的先锋模范故事,内容牢牢聚焦思想建设,将网络安全意识与社会服务意识紧密结合,形成"网安特色"的服务意识。要真正把以专业服务社会,以行动践行使命的奉献精神深植于高校的青年学子心中。

(二)**建立"网安特色"服务制度,重点是发挥网络空间安全学科优势。**学生党员本身是学科专业的实践者,往往专业素养较强、参与志愿服务的热情较高,具有发挥学科优势的先天优势。要充分调研支部内学生专业实践需求,依托武汉大学国家网络安全学院的学术资源和国家网络安全人才与创新

党支部开展"网络安全进社区"服务活动

基地的硬件资源，形成党员教育与学术研究紧密结合的"网安特色"服务制度，服务党支部成员，营造支部成员大有可为的制度环境。

（三）建立"网安特色"服务制度，根本是形成总结先进经验的长效机制。武汉大学国家网络安全学院研究生第十六党支部注重总结服务活动的实践经验，定期形成书面材料，向学院、学校及社会汇报活动开展情况，征求支部成员及外界各方意见建议，及时优化服务内容和服务形式，形成"服务—总结—反馈—改进"工作闭环，持续推动"网安特色"服务内容丰富、方式创新、质量提升。

[遥感信息工程学院遥感系党支部]

以"传帮带"方式推进党支部建设

谢 云 张 熠

毛泽东同志曾经说过,"一切革命队伍的人都要互相关心,互相爱护,互相帮助",采取"传帮带"的方式开展党支部工作,便是这种关心帮助支持最直接、最生动的体现。"传帮带"既是方式和方法,更是氛围和风气,其形式和效果也一直被人们所认同。遥感信息工程学院遥感系党支部以"传帮带"方式推进党支部建设,认真学习贯彻习近平新时代中国特色社会主义思想,落实学校立德树人根本任务、保持党员队伍先进性、建设高素质教师队伍,充分发挥党支部战斗堡垒作用。

【背景】

高校肩负培养社会主义建设者和接班人的重任,遥感信息工程学院遥感系党支部深入学习贯彻习近平总书记关于党的建设的重要思想,做好党员教师的教育管理,非党员教师的政治引领和政治吸纳,增强基层党组织政治功能和组织功能。

【做法】

(一)聚焦立德树人根本任务,发挥先锋模范作用。遥感系党支部注重教师队伍建设和培养,组织全体党员和教师学习党的理论、路线方针政策,特别是学习习近平总书记关于教育的重要论述,支部已通过武汉大学"样板党支部"验收并涌现出一批先进典型。龚龑教授荣获全国青年教师讲课竞赛一等奖并获"全国五一劳动奖章";方圣辉教授获评武汉大学"我心目中的好导师";2019 年至 2023 年,遥感系党支部党员共发表 SCI/SSCI 论文 167 篇、EI

论文 98 篇、出版著作 5 部、获授权发明专利 43 项、登记软件著作权 19 项，支部党员到账科研经费 5780.75 万元。8 人获优青、青拔、青千等人才称号，巫兆聪教授等 7 人获学院"教书育人奖"。彭漪副教授等 3 位教师在学校讲课竞赛中获得优异成绩，2 门课程先后获国家级精品课程、国家级精品资源共享课、首批国家级一流本科课程、武汉大学示范课堂建设项目等，共 18 人次获测绘科学技术奖特等奖等省部级以上奖励。

（二）立足党建与业务工作融合，老中青传帮带促发展。遥感系党支部按照学校"双一流"建设和创办世界一流学科的要求，紧密围绕教学科研工作主线，不断提高青年教师业务水平。坚持"取优补短、帮带共进"原则，在思想上"传"、在业务上"帮"、在作风上"带"，通过言传、身教等方式，激励青年教师尤其是党员教师思想提标、行动争先。一是政治传帮带，提升政治能力。对标"政治上绝对可靠、对党绝对忠诚"的要求，在每月第一个周一下午定期开展支部政治理论学习，不断用党的创新理论凝心铸魂，主动增强大局意识，不断提高政治站位，坚决贯彻执行党委决策部署和各项工作安排。二是能力传帮带，提升综合素养。向青年教师交任务、教方法、督落实，推动青年教师胜任岗位需求。在日常工作中，让青年教师讲出教学、科研难题，关注青年教师思想动态和家庭状况。邀请退休老教师、工作经验丰富的教师与青年教师一道开展专题研讨，定期开展青年学术沙龙，加强青年教师之间的交流与合作，为青年教师发展排忧解困。支部牵头，主动谋划，按研究方向设立课题组或发展团队，形成教授、副教授、讲师和博士后梯度，开展有组织科研。定量遥感是学院的学科短板，支部组织课题组申报成立武汉大学定量遥感研究中心，获批湖北省重点实验室。以课题组为团队主动与学校其他优势学科交叉融合，与武汉大学生命科学学院朱英国院士团队成立遥感表型组学精准育种研究中心，助力粮食安全；与经济管理学院发展遥感经济研究方向，着力解决国家经济发展、民生改善方面的现实问题，服务国家重大需求。以团队承办全国定量遥感暑期学校、第 5 届全国定量遥感论坛，唱响遥感好声音的同时，激发团队协作能力。三是作风传帮带，提升口碑形象。把全面从严治党要求贯穿组织工作全过程，常态化开展谈心谈话，督促青年教师严守党章党纪和各项规定，坚决克服形式主义、官僚主义，树立严谨细致、高质高效的工作作风和标准。在团队共同努力下，遥感学科连续七年位列世界第一，2022 年 9 月国务院学位委员会批准"遥感科学与技术"成为新的交叉学科门类一级学科。在业务团队建设的过程中，支部凝聚力不断加强，2021 年发展了 1 名青年学术骨干为中共预备党员。

（三）**坚持教书育人根本任务，注重学生党员的培育**。遥感系党支部与 3 个学生党支部开展结对共建，3 名教师党员担任研究生党支部德育导师。2020 年上半年"新冠"疫情期间，为确保"停课不停学"，支部教师认真准备，克服各种困难，顺利完成 15 门课程网上授课，指导 50 名学生顺利完成毕业设计。方圣辉教授的博士研究生葛孟钰参加武汉大学首届"博士镇长团"，脚踏实地为贫困地区脱贫攻坚、新农村建设贡献力量，相关事迹获《光明日报》等多家媒体报道。巫兆聪教授指导研究生参与"启明星"微纳卫星研制团队，该团队于 2022 年荣获"湖北青年五四奖章（集体）"。毛飞跃教授担任班级导师的 1502 班团支部获评"全国五四红旗团支部"。

"启明星"微纳卫星研制团队

【启示】

（一）**"传帮带"方式的前提是充分沟通**。遥感系党支部通过定期的党支部活动、不定期的谈心谈话、科研团队的日常沟通，充分收集需求、掌握问题，有的放矢地开展工作。

（二）**"传帮带"方式的目的是提高党的基层组织做思想政治工作的能力**。遥感系党支部通过加强学习和交流引导全体教师守牢为党育人、为国育才的初心使命，目标明确，实效明显。

（三）**"传帮带"方式取得的效果是凝聚人心，提升队伍整体素质**。遥感系党支部通过解决师生实际问题，提升党组织的凝聚力和向心力，推动学校事业不断向前发展。

实行"五步同心法"，
打造"测绘先锋"党支部

吕　智

　　"今天回家上楼时看到两位女生不怕脏不怕累，非常认真地擦墙上的'牛皮癣'，得知是本院学生后，我邀请她们帮助我连接手机和电子表，她们欣然接受并反复尝试，非常耐心地教我学会了多项技能，我为她们点赞！"测绘学院一位退休的女教师向本科生第二党支部发来感谢信，专门表达了对学生党支部下沉社区开展志愿服务的充分认可和对学生党员以实际行动为人民服务的真诚感谢。测绘学院本科生第二党支部守正创新，探索形成了特有的"五步同心法"，致力于培养一批批贯彻宗旨意识、弘扬测绘精神、有理想有担当的"测绘先锋"。

【背景】

　　习近平总书记在党的二十大报告中寄语青年人："让青春在全面建设社会主义现代化国家的火热实践中绽放绚丽之花"①，本科生党支部作为高校的基层党组织，在引导青年学生特别是学生党员胸怀"国之大者"，将小我融入大我，投身全面建设社会主义现代化国家的浪潮中，务必要发挥重要的战斗堡垒作用。在现阶段的建设过程中，本科生党支部存在着一些亟待解决的问题，

---

　　① 习近平. 高举中国特色社会主义伟大旗帜　为全面建设社会主义现代化国家而团结奋斗——在中国共产党第二十次全国代表大会上的报告（2022 年 10 月 16 日）［M］. 北京：人民出版社，2022.

例如个别党组织开展的理论学习脱离实际不接地气、党建活动形式单一缺乏特色,存在党员参与党建活动的积极性不高等现象。测绘学院本科生第二党支部坚持以习近平新时代中国特色社会主义思想为指导,结合武汉大学测绘学院的学科优势和专业特色,以政治建设为统领,以质量攻坚为动力,以提升组织力为重点,以推动党员成长成才为落脚点,围绕"学习型、服务型、创新型"目标,真正做到在学习教育上用实功、服务全局上求实效、规范建设上出实招,充分发挥支部战斗堡垒和党员先锋模范作用,建设以贯彻宗旨意识、弘扬测绘精神为己任、有组织有目标有担当的"测绘先锋"特色党支部,让"测绘先锋"党建品牌"亮起来",有效推动支部各项工作再上新台阶。

【做法】

(一)**坚持信仰定心,树立政治"航向标"**。在政治站位上"向高",教育引导党支部成员胸怀"国之大者",强化宗旨意识,深刻领悟"两个确立"的决定性意义,不断增强"四个意识"、坚定"四个自信"、做到"两个维护"。在计划制订上"及早",始终重视政治建设,根据上级工作要求尽早谋划,及时确定党支部年度工作计划、每月工作清单、特色品牌活动等工作方案。

(二)**坚持学习修心,夯实思想"基础桩"**。定期开展集体学习,严格落实"三会一课"制度,坚持理论与实践相结合,以知识竞答、观影观展、交流座谈等形式组织卓有成效的学习,内容包含党的二十大精神、习近平总书记重要回信精神等。坚持讲好党课,使党支部书记讲党课、学生党员讲微党课兼具政治性、群众性、创造性,化被动学习为主动探索,实现教育与自我教育相辅相成,在学习中提升自我,在分享中共同进步。

(三)**坚持服务暖心,做好群众"知心人"**。常态化下沉社区,组织党支部成员下沉社区开展不流于表面、不浮于形式的社区清洁、关爱离退休老师等活动,坚持每个双休日深入基层做实事做好事,深受社区群众的广泛好评,党支部成员在践行宗旨意识过程中,不断提高个人党性修养和社会化能力。开展专题志愿服务,组织开展"义务植树造林""毕业旧书回收""地铁志愿

者"等志愿服务活动，为有困难同学进行有针对性的学业帮扶，特别是对于
边远地区的少数民族同学，党支部成员采用"一对一"或"多对一"形式开
展课程指导和作业答疑。

党支部连续 3 年前往武汉市嵩阳林场开展义务植树造林活动

（四）坚持榜样凝心，擘画队伍"同心圆"。发挥"朋辈引领"作用，深
入挖掘身边学生典型，在党支部选树并宣传推广专业学习、科研竞赛、志愿
服务、社会实践、就业创业等多个方面的优秀学子的先进事迹，示范带动党
支部成员学习可复制的典型经验，力争形成"见贤思齐、群贤毕至"的积极
氛围。提升身份认同感，打造"党徽闪烁工程"，为每名党员制作可磁吸的专
属身份铭牌，放在寝室床位显眼位置以示党员身份，形成作风约束力，让学
生党员在日常生活与组织活动中亮身份、树旗帜，从而强化党员身份意识，
激励党员踔厉奋发、勇毅前行。

（五）坚持宣传润心，打造支部"辐射源"。设计党支部特色主题元素，
支部建设"党员旗帜工程"，集党支部成员所思，设计了以"测绘先锋"为
主题的党支部特色元素，制作特色服装、文创等，在对外传扬好经验、好做
法的同时增加辨识度，扩大样板党支部的辐射示范效应。打造原创微党课宣

传单品，基于学院专业特点，围绕"新时代北斗精神""南极精神""珠峰精神""测绘精神"打造一系列主题微党课，逐步制作宣传单品，进宿舍、进班团、进社区开展嵌入式宣传辐射。

党支部成员向建校 130 周年送上最衷心的祝福

【启示】

（一）筑牢思想根基、扎实工作基础是充分发挥党支部战斗堡垒作用的重要前提。特色和亮点不是无本之木，需要扎实牢靠的基础，党支部要坚持做好日常工作，加强思想理论武装，围绕"理论学习有收获、实践学习有成长"目标，积极推进"两学一做"学习教育常态化制度化，坚持开展主题教育，全面学习宣传贯彻习近平新时代中国特色社会主义思想。

（二）探索特色党建、打造独特品牌是充分发挥党支部战斗堡垒作用的关键举措。整合各方资源，梳理组织机制，创新党建工作载体，党支部基于已有的项目活动，探索打造"党建+"融合式党建工作新格局，形成独具特色的党建品牌，充分发挥党支部推动发展、服务群众、凝聚人心、促进和谐的作用，激活基层党建的内生动力，焕发基层党组织的生机活力。

（三）亮明党员身份、增强支部底气是充分发挥党支部战斗堡垒作用的有

力保障。共产党员的荣誉感，来源于党员自身作为党组织一员的自豪感和归属感，是共产党员党性的集中体现。通过打造"党徽闪烁工程"，随时随地亮明党员身份，更加有效地提升思想境界、养成良好作风、强化党员意识和责任意识，充分激发学生党员的荣誉感和责任感。

六心同环，党建赋能，
打通心理育人"最后一公里"

栾静怡

2024 年 2 月 21 日，教育部党组书记、部长怀进鹏在出席全国学生心理健康工作咨询委员会第一次全体会议时强调，要把统筹谋划、科学决策作为提升学生心理健康教育的重要支撑。为答好新时代大学生心理健康教育的"大问卷"，武汉大学药学院本科生党支部创新"党建+心理育人"融合路径，扎实开展"润心""育心""铸心""知心""护心""暖心"六心"同环"的心理育人工作，多方面取得实效。现将相关经验成效进行总结，为各单位各支部提供参考借鉴。

【背景】

心理健康教育是高校思政工作的重要组成部分，党的十九大报告提出"加强社会心理服务体系建设，培育自尊自信、理性平和、积极向上的社会心态"，二十大报告再次强调，"重视心理健康和精神卫生"。依托武汉大学"三全育人"之心理育人特色工作基地建设基础，药学院本科生党支部创新"党建+心理育人"融合路径，秉持"全员涵养与精准滴灌"相结合的工作理念，夯实六心"同环"心理育人工作体系，为培养理想信念坚定、发展方向明确、心理素质过硬、专业素质突出的高水平拔尖创新型人才提供工作基础，切实提升心理育人成效。

【做法】

（一）聚焦学院特色，拓宽专业视野，"润心"工作见实效。为深入学习

227

贯彻习近平总书记给武汉大学参加中国南北极科学考察队师生代表的重要回信精神，党支部依托武汉大学"活力创新工程"立项开展"行走课堂"系列实践活动，党支部成员利用暑期实践分赴知名药企、红色教育基地、社区、科技馆等6省11地，以实习实训、志愿服务、学习参观、理论宣讲等形式，进行理想信念教育、党性教育和专业稳定性教育，以实际行动践行"用国家的大事业磨砺青年人的真本领"。该项目顺利结项，党支部荣获2023年校"先进基层党组织"荣誉称号。

党支部"行走课堂"实践活动走进武汉绿地中心江城
红领驿站·党群活动服务中心

（二）**整合育人资源，凝聚朋辈力量，"育心"工作出实招**。为帮助低年级学生做好学业指导、职业规划，党支部牵头举办一月一期的"朋辈讲堂"系列活动，邀请高年级优秀朋辈为一年级学生进行课程设置、学生活动、专业学习、创新竞赛等主题分享，为二、三年级学生开展保研、考研、出国、就业等职业规划讲座。此外，线上推出优秀毕业生风采展，强化先锋模范作用，引领同学们跨越信息沟壑，明晰个人目标方向。在传帮带引领带动下，药学院本科升学率逐年攀升。

（三）**增强理论水平，规范党员管理，"铸心"工作谋实策**。党支部深入推进党员理论学习的广度深度，采取主题活动、座谈交流、网络学习等方式，带头进行"青年大学习"、领读红色经典、开展"学习强国"比学活动，营造比学赶超的良好氛围。严格按照发展党员的标准和程序，落实公示制度和预审制度，把好党员入口关。注重党员骨干培养，联合教师党支部开展"以科学家精神谱写科技报国的时代篇章"主题党日活动，联合杭州师范大学医学院卫药学生党支部开展云上主题党日活动、毕业前"八个一"毕业生党员主题教育活动等。

（四）**完善工作机制，畅通沟通渠道，"知心"工作摸实情。**支部深入了解学生在学习生活、成长发展中的困难与迷茫，收集获取学生成长的第一手资料，联合学生会创新推出药学院"烛光导航工程"2.0 版本，导师、学生双选制度提升亲切度，师生交流午餐会打造敞开心扉的交流平台，强化导师育人效能；教育引导学生党员和入党积极分子提高政治站位，积极参与核酸检测学生党员先锋队、迎新志愿等活动，发挥先锋模范作用。

药学院 2023 级新生烛光导航师见面会暨师生下午茶活动

（五）**促进班团建设，搭建帮扶体系，"护心"工作务实功。**发挥共青团等群团组织的桥梁和纽带作用，"党-团-班"一体化建设，组织开展"缅怀革命先烈　传承爱国精神"中山舰参观、"学习五四精神　凝聚青年力量"等团日活动，年均累计 40 余场；开展"心灵交响，爱意共鸣"心理主题、"学习新思想　做好接班人""青春践行二十大"等班会活动年均累计 50 余场。结合专业背景开展"学风攻坚计划",帮扶少数民族、学业困难、经济困难学生。与青年志愿者协会联合举办"合理用药——旧药换新药"志愿服务活动,深入社区、服务群众。

(六)**培养服务意识,丰富活动形式,"暖心"工作重实干。**党支部树立"大服务"心理育人观念,开展"我为群众办实事"实践活动,通过"饺子传情"、专车接送等形式为考研学子保驾护航,联合学生会心理健康协会申报校心理"温馨""秋阳"项目,开展富有学院特色的心理健康文化节、"人际关系你我他"团体辅导活动、"心灵涂鸦""乐享青春""此心安处是吾乡"等系列活动,帮助同学们锤炼心理素质,提高个人心理调适能力。

【启示】

(一)**"党建+心理育人"融合路径需将全员涵养与精准滴灌相结合。**为提升心理育人工作的针对性和实效性,在实现心理育人100%全覆盖的同时,以党支部为抓手,对重点帮扶的特殊群体以及重点培养的"好苗子"精准发力,形成"抓两头、促中间"的工作格局,才能将融合路径走扎实。

(二)**"党建+心理育人"融合路径需将内容体系与学生需求相结合。**六心"同环"心理育人工作体系涵盖心理健康教育、实践活动、咨询服务等多方面内容以及线上线下双向平台,支部特色工作广泛围绕学生所需、所想、所忧,将工作做进学生"心坎里",让学生普遍享有专业化、系统化、精准化、温情化以及前瞻性的心理健康指导服务。

(三)**"党建+心理育人"融合路径需将心理教育与学生成才相结合。**学生党支部建设重点在育人育才,需将心理育人工作融入学生整体发展,内化于心、外化于行,在提升心理素质的同时,做好思想引领、学业帮扶、职业规划等指导,才能更好地帮助学生成长为与时代发展相适应的高水平人才,打通心理育人的"最后一公里"。

[第一临床学院研究生第一党支部]

创新开展"人民至上"
素质拓展与创新实践教育

王昆鹏

党的二十大报告中指出，必须坚持人民至上，人民性是马克思主义的本质属性，党的理论是来自人民、为了人民、造福人民的理论，一切不为人民造福的理论都是没有生命力的。武汉大学第一临床学院教学分党委研究生第一党支部通过创新开展"人民至上"素质拓展与创新实践教育，践行人民至上、生命至上的理念，坚持不懈用习近平新时代中国特色社会主义思想凝心铸魂、指导实践。

【背景】

"人民至上、生命至上"是中国共产党一贯坚持的指导思想之一，如何将其融入素质拓展与创新实践教育中？如何在教育中培养学生这种社会责任感？这是当前素质教育急需回答的问题之一。武汉大学第一临床学院教学分党委研究生第一党支部深刻领悟"坚持人民至上"的丰富内涵，探索新时代素质拓展与创新实践教育的新路径，为全面建设社会主义现代化国家提供有力支撑。这是一次对教育理念的深刻反思，也是对未来人才培养方向的明确引领。

【做法】

（一）**走进红色革命基地，在寻访中领悟**。武汉大学第一临床学院教学分党委研究生第一党支部开展"走进红色革命基地素质拓展与创新实践教育"系列活动。明确定期寻访红色革命基地有助于推动研究生"不忘初心、牢记使命"主题教育的常态化、制度化，增强党员同志及同学间的凝聚力，提升研究生的家国情怀及使命感的重要意义。前往中共五大会址纪念馆、中央农民运动讲习所旧址纪念馆、红巷等革命基地，重温入党誓词，感受武汉地区近现代文物、革命文物、党史文物以及展示大革命史、中共党史及重大历史事件的文物和资料，重读我党在战火纷飞的年代中用血泪铸就的革命之路，追忆党的艰苦奋斗历程，以青年视角理解党的历程，用青年话语解读党的意志，用青年担当践行党的要求。在重温党的光辉历史和优良传统中补足精神之钙，砥砺初心使命，锤炼坚强党性，切实提高我院党员同志对人民至上、生命至上的理解，以期铸造一批又一批思想红、能力强、业务精的医疗精英队伍。

党支部党员参观红色革命基地

（二）构建大思政体系，在行动中传承。武汉大学第一临床学院教学分党委研究生第一党支部参观了武汉大学人民医院东院国家大思政专题实践教学基地和武汉东湖新城社区卫生文化室。人民医院东院区的《以人民名义凝聚强大力量》展览大厅精心汇集了超过百幅珍贵图片。卫生文化室陈列着社区工作人员使用的出入登记表、体温测量工具、护目镜等物品。展览生动展示了武汉大学人民医院的红色基因和社会责任担当，以"人民"的名义凝聚起强大力量的艰辛历程和突出成果，诠释了广大医务人员始终坚持"人民至上、生命至上"的医者仁心和使命担当。

党支部在武汉大学人民医院东院国家大思政专题实践教学基地开展活动

（三）**践行健康中国战略，在实践中提升。** 武汉大学第一临床学院教学分党委研究生第一党支部牵头成立武汉大学第一临床学院博士生医疗服务团，践行健康中国战略，博士生医疗服务团健康义诊进社区、健康宣讲进学校。在社区、乡村、学校等开展防灾减灾知识宣传与健康教育义诊活动。博士生医疗服务团成员利用自身专业知识为社区居民进行义诊。他们为社区居民义务进行血糖、血压、体脂指数等测量，在进行常见疾病筛查的同时，通过健康宣教提醒居民重视生活规律、注意身体各项指标变化，定期体检，并用通俗易懂的语言进行急救知识和常见病多发病的救助科普，重点讲授了突发事件的应急必备常识、急救须知、常规心肺复苏方法、意外性伤口处理等措施，并针对心肺复苏进行现场示范。博士生医疗服务团成员还邀请现场居民进行互动，让居民亲身体验急救的全过程，掌握基本的急救技巧，以实际行动推进健康中国战略。

【**启示**】

（一）**坚持不懈用习近平新时代中国特色社会主义思想凝心铸魂。** 武汉大学第一临床学院教学分党委研究生第一党支部通过走进红色革命基地、回顾党的光辉历程，不仅在历史中汲取营养，而且用当下的视角去解读党的意志，体味党的初心和使命。这对于树立正确的世界观和人生观有着重要的意义，这也是对党史学习教育的生动展现。

（二）**坚持不懈用习近平新时代中国特色社会主义思想武装头脑**。武汉大学第一临床学院教学分党委研究生第一党支部通过大思政实践教育基地的学习，是对学生思想品德的双向培养，体现了对当代社会责任的认识和担当，是教导学生坚定理想信念、增强政治素养、拓展实践能力的具体体现，也为培养一代又一代社会主义接班人打下了坚实基础。

（三）**坚持不懈用习近平新时代中国特色社会主义思想指导实践**。武汉大学第一临床学院教学分党委研究生第一党支部通过这些不同类型的社会实践活动，把医学生自身技能与服务群众相结合，充分做到了学有所长、学有所用，提升了学生医学素养，提高社会责任感。充分证明了党建引领实践，党建融合实践新模式的可行性。

"三结合"坚定文化自信，
"体验教育"讲好中国故事

刘　姝

国际教育学院教师一党支部身处"讲好中国故事，传播好中国声音"的前沿阵线，肩负着为国家培养"知华友华国际汉语人才"的重任。近年来，不断加强支部党建工作创新机制研究，切实发挥党支部政治引领功能，不断提升为国家战略服务的质量与成效。

【背景】

2016 年中共中央办公厅、国务院办公厅印发的《关于做好新时期教育对外开放工作的若干意见》指出，将讲好中国故事、传播好中国声音作为教育对外开放的重要内容，积极发挥来华留学人员和外籍教师的宣介作用，积极传播中国理念。2021 年发布的《中华人民共和国国民经济和社会发展第十四个五年规划和 2035 年远景目标纲要》中明确提出要"提升中华文化影响力""讲好中国故事""传播好中国声音""促进民心相通"。为服务于国家战略，培养"知华友华"国际汉语人才，国际教育学院教师一党支部在党建工作中始终坚持以"坚定文化自信，讲好中国故事"为主题，通过"三结合"模式和"体验教育"等创新举措，针对来华留学生的特殊教学任务，不断提升党员政治理论素养，增强文化自信，积极探索新形势下的党建工作路径，取得了显著成果。

【做法】

（一）**构建"三结合"党建模式**。一是理论与业务相结合：通过邀请学校课程思政中心专家团队指导，党支部积极推动课程思政建设。国际中文教育教师在教学中融入思想政治教育内容，使专业课与思政课有机结合。2023年，两个课程思政教学团队分别获得学校课程思政大赛的二、三等奖，显示了理论与业务相结合的有效性。二是理论与情境相结合：为了让教师切实理解党的方针政策及文件精神，党支部开展各种"体验式""案例式"学习活动。为提高意识形态辨别能力，党支部梳理了当前意识形态领域重大事件，引导党员对案例进行分析，认清背后隐藏的思想问题。采取"情景剧"形式，由支部副书记扮演教师上课场景，党员教师对她的言行进行剖析，分析其中可能存在的意识形态问题等。三是理论与实践相结合：理论学习不仅要读懂，铭于心，更要见于行，做到知行合一。疫情期间，党支部组织党员下沉社区做志愿者，完成清洁社区、宣传疫情防控知识、疫苗接种组织等任务。国际教育学院教师的主要工作是教书育人，讲好中国故事，培养知华友华的国际汉语人才。因此，党员同志除了课堂教学以外，还带领留学生走进乡村、社区、革命博物馆，让他们在实践中了解真实的中国，了解中国改革开放取得的伟大成就，增强对中国的认同感与友好情感。

2021年4月，党支部带领留学生赴江夏茶文化博物馆进行
"绿水青山，以茶润心"的茶文化体验

（二）积极开展"体验教育"，通过"共情"形成行为上的"共识"。"体验教育"，简单地讲就是教育对象在实践中认知、明理和发展。这里的"体

验"主要包括两个层面:一是行为体验,它是一种实践行为,是亲身经历的动态过程,也是受教育者发展的重要途径;二是内心体验,是在行为体验的基础上所发生的内化、升华的心理过程。两者是相互作用、互相依赖的。因此,对教师的教育不仅要注重教育活动的形式与过程,更要注重他们这一实践主体的内心体验。尤其是国际中文教育教师每天面对的是来华留学生,他们在教育留学生的同时也会受到他们的影响。这种工作的特殊性要求支部党建活动必须重视"体验",通过各种实践活动引导党员教师用"心"去体验,用"心"去感悟,并且在体验中把教育要求内化为品质,外显为行为。通过组织教师参加内容丰富的参观、座谈等活动,让教师在实践中感受国家政策带来的变化和成就。通过这种互动学习形式,党员教师的内心体验得到丰富,对理论理解得更加深入。

2021 年 10 月,党支部组织党员赴辛亥革命博物馆体验红楼文化

(三)**个性化与创新性相融合。**一是个性化教学与党建相结合:针对国际中文教育教学的特殊性,党支部在活动设计上充分考虑到教师的个性化需求和专业特点。在学术研究、课堂教学和学生交流等方面,党支部提供多样化的支持和指导,鼓励教师创新教学方法,提升教学效果。二是党建工作形式不断创新:党支部通过丰富多彩的活动形式吸引教师参与,如知识竞赛、案

例研讨、情景剧表演、座谈、参观、师生面对面等，增加党建工作的趣味性和互动性，让更多的教师从中受益。通过不断的形式创新，党建活动不再流于形式，而是变得生动有趣，富有实际意义。

【启示】

（一）**理论学习与实践结合是提升教师政治素养的重要途径**。通过理论学习和实践活动相结合，教师不仅能够深刻理解党的方针政策，还能在实际教学中灵活运用，提高教学质量。案例分析与情景模拟等方法有效增强了教师的政治意识和辨识能力，使之更加坚定立德树人的初心。

（二）**创新党建工作模式需结合专业特点**。国际中文教育教师的工作不仅限于语言教育，还包括文化传播和国际交流。因此，党建工作必须创新模式并与教师的专业特点相结合，通过有针对性的活动和指导，提升党建工作的实效性和覆盖面。

（三）**党建工作应注重"体验教育"**。"体验教育"不仅能增强党员教师的理论理解，还能通过实践活动使他们感受到党的政策带来的具体变化，并内化为思想认同。这种教育方式在国际中文教育教师党支部的党建工作中取得了良好效果，值得借鉴和推广。

（四）**党建工作需拓展国际视野**。随着国际化进程的加快，国际中文教育教师的工作越来越重要。党支部应引导教师关注国际形势和国际关系，提升其国际视野和跨文化交际能力，进一步增强他们在国际教育中的影响力。

第三编

赋能事业高质量发展

[水利水电学院党委]

构建"1234"党建工作体系，
推动学院高质量发展

李典庆　陈曼雨

破解党建和业务"两张皮"，是提升高校党组织党建工作质量的关键。近年来，武汉大学水利水电学院党委始终坚持以习近平新时代中国特色社会主义思想为指导，深入贯彻落实党的二十大精神和习近平总书记关于党的建设的重要思想，把党组织的政治优势、组织优势转化为学院的发展资源、优势和成果，推动党建工作与教学、科研、学科建设、人才培养、队伍建设、社会服务等有机融合，以高质量党建引领学院高质量发展。

【背景】

2021年中共中央印发新修订的《中国共产党普通高等学校基层组织工作条例》，首次提出将党建与业务深度融合作为高校党组织必须遵循的一条重要原则。自1952年建院以来，学院党委立足办学实际，几代水院人接续奋斗、砥砺前行，以建设中国特色世界一流的水利学科为目标，探索建立起以政治建设为"一个核心"，以思想建设和组织建设为"两个抓手"，以打造党委班子、党建队伍、先进模范"三支队伍"为重点，以聚焦大专家团队、大科研平台、大思政格局和大情怀人才"四大事业"为落脚点（简称"1234"）的党建工作体系，不断助力"双一流"建设，两次入选国家双一流建设学科，位列全国前三。学院党委入选湖北省首批高校党建工作标杆院系、教育部第四批"全国党建工作标杆院系"培育创建单位。

【做法】

（一）**围绕一个核心，强化政治引领。**从"不忘初心、牢记使命"主题教育、党史学习教育到学习贯彻习近平新时代中国特色社会主义思想主题教育，在每一次集中学习教育中学院党委带领号召全院师生，用党的创新理论最新成果统一思想、统一意志、统一行动。加强班子建设，贯彻民主集中制，提升决策民主化、科学化、规范化水平；成立意识形态工作领导小组，出台《水利水电学院意识形态工作实施细则》，加强对课堂教学、讲座论坛、网站等思想文化阵地的审核把关。

（二）**落实两个抓手，推进党的建设。**一是抓思想建设。建立理论学习常态化机制，通过党委书记带头学、党委委员集中学、党委中心组专题学等，推动理论学习入脑入心；定期开展理论宣讲，采取师生大讲坛、专场报告会等形式，邀请专家学者为全院师生作专题辅导报告。二是抓组织建设。研究生党支部按课题组或实验室纵向设置，保证了学生党支部建设的连续性和有效性；开展师生党支部共建，学院水文水资源系学生、教师、离退休党支部分别获评百个研究生样板党支部、全国党建工作样板支部和湖北省离退休干部示范党支部，形成了珞珈山下特有的"红色水文现象"；鼓励专任教师党支部与行业内企业开展结对共建，校企联动共享资源。

（三）**打造三支队伍，凝聚先锋力量。**构筑"金字塔式"先锋梯队，模范引领蔚然成风。一是落实党委委员联系支部制度，党员领导干部积极参加联系支部的活动，指导支部开展工作，推动工作落实到基层党支部。二是遴选"双带头人"担任教职工党支部书记，比例高达100%，开展有组织的教学、科研工作。三是发挥先进模范的示范引领作用，开展本科生党员之星评比活动、研究生党员先锋模范事迹宣讲活动、优秀毕业生党员"成长成才路"访谈会等；每年举办教师节表彰大会，对优秀班级导师、德育导师进行表彰；离退休老党员严传梅不忘初心、深藏功名的事迹被新华社、中央电视台等多家媒体作典型报道，引起强烈反响。

（四）**聚焦四大事业，推动学院发展。**一是打造大专家团队。成立了人才工作领导小组，书记、院长担任组长，统筹组织全院人才工作，现有国字号人才50余人次，师资队伍建设成效显著。二是建设大科研平台。始终面向国家战略需求，加强有组织科研，助力重大项目落地落实，取得了一系列创新

水文系老中青三代师生党支部联合开展主题党日活动

性科技成果。近 5 年新增各类科研项目 1440 余项，牵头主持国家重点研发计划项目 2 项、课题 16 项。三是构筑大思政格局。实施"三航"工程，朋辈导师助新生学业开展"启航"，德育导师为学生全面发展"导航"，思政导师为党团学风建设"引航"；邀请院士专家为本科生新生上开学第一课，涵养家国情怀；将专业实践课程搬到工程现场，激发使命担当。连续两年组织"江河十年新变化，青春献礼二十大"重走习近平总书记足迹实践队，获评全国社会实践优秀团队。四是培养大情怀人才。致力于培养有理想、有能力、有担当的时代新人，涌现出一大批先进典型。近 5 年，1 人获评"中国大学生自强之星"，2 人获评武汉大学"十大珞珈风云学子"，3 人获评武汉大学"榜样珞珈"年度人物，579 人次获省部级及以上学科竞赛、创新创业竞赛等奖项。

【启示】

（一）**推动融合要在工作机制上下功夫**。通过顶层规划，学院建立"院党委—党总支—党支部/班团—寝室/实验室"四级联动机制，"党委会、院党委书记办公会、党总支工作联席会、党支部书记例会、支委会"五会制度，确保业务工作开展到哪里、党建工作就延伸到哪里，实现共同发展。

（二）**推动融合要在方法载体上下功夫**。学院举办全国水利院校党建工作论坛，开展老中青三代师生党支部联合主题党日活动，不断丰富党建活动形

"江河十年新变化，青春献礼二十大"重走习近平总书记足迹实践队

式。找准党建与业务融合的切入点和着力点，把品牌创建作为推动党建与业务深度融合的抓手和平台，打造各具特色的党建品牌，推动学院整体工作蓬勃发展。

（三）**推动融合要在支部建设上下功夫**。学院目前有3个党支部入选全国样板党支部，2个党支部获评省级示范党支部，6个党支部入选校级"样板支部"，涵盖老、中、青三代党员群体，形成了多层次多类别的党建"样板"体系，发挥了示范引领作用。坚持面上铺开和点上开花相结合，形成一些可复制、可借鉴、可推广的工作经验，激发各类党支部的内生动力和创造活力，凝心聚力促高质量发展。

党建"三融三力"工作法引领一流学科建设

周　卉　雷敬炎

遥感信息工程学院党委坚持以习近平新时代中国特色社会主义思想为指导，在办学实践中摸索出"三融三力"工作法，不断增强基层党组织政治功能和组织功能，推进党建与业务工作深度融合，以高质量党建引领事业高质量发展。

【背景】

《中国共产党普通高等学校基层组织工作条例》规定，坚持高校党的建设与人才培养、科学研究、社会服务、文化传承创新、国际交流合作等深度融合。作为第三批"全国党建工作标杆院系"创建单位，遥感信息工程学院党委以一流的党建引领一流学科建设，武汉大学遥感科学与技术学科连续七年排名世界第一，2022年，学院牵头推动"遥感科学与技术"正式作为一级学科列入教育部学科专业目录；2023年学院荣获"湖北省教育工作先进集体"，取得国家级教学成果一等奖等。

【做法】

（一）"融"汇思想，提升政治引领力。持续强化政治引领，坚持和加强党对高校的全面领导，以习近平新时代中国特色社会主义思想铸魂育人。学院党委认真落实"两个议事规则"，充分发挥党总揽全局、协调各方的领导核心作用，通过主题教育、专题培训、中心组学习、民主生活会等，着力加强班子自身建设。党委书记带头宣讲党的理论，2022年院党委书记雷敬炎在湖北省高校院（系）党组织书记示范培训班暨标杆院（系）党组织书记论坛上

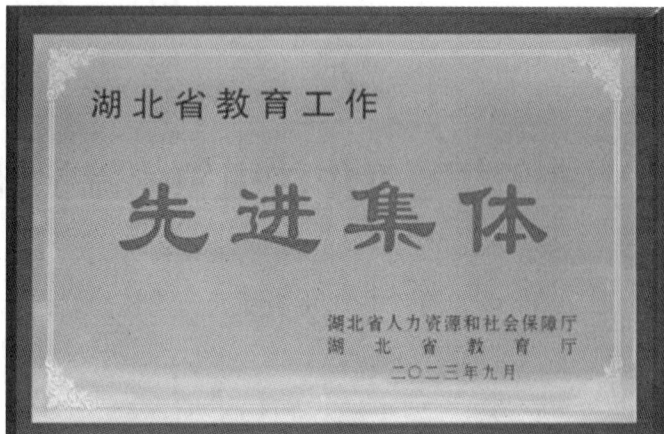

遥感信息工程学院获评湖北省教育工作先进集体

作党建交流主题发言，建设期内共开展 20 余次党建示范创建交流活动，与其他高校基层党委、所在社区党委、地方党工委开展党建结对共建，共建单位武汉理工大学汽车工程学院党委于 2024 年 4 月入选第四批"全国党建工作标杆院系"培育创建单位，党建示范创建与质量创优结出硕果。党委理论学习中心组理论学习年均 20 次以上，班子成员履职能力强、师生认可度高、头雁作用明显，每年总体评价优秀率均在 95% 以上。修订完善各类制度 30 余项，做到各项工作有章可循、依章办事，通过完善学院治理体系，为学院内涵式发展提供坚强的政治保障。

（二）"融"聚力量，提升组织凝聚力。育好头雁，锻造中坚力量。教师党支部"双带头人"工程全覆盖，学生党支部由品学兼优的党员骨干担任支委。教师党支部"绿叶计划""薪火传承""耕耘计划"和"嗨，同志您好"等一系列党建品牌特色更加鲜明。严格规范组织生活，实行"党委委员联系党支部制度""师生党支部结对共建制度"，全面推行支部书记述职评议活动。广泛选树先锋模范。以遥感文化聚力，师生典型引路，李德仁院士获 2023 年度国家最高科学技术奖，张祖勋院士获得全国"杰出教学奖""荆楚好老师"特别奖，张祖勋以个人名义捐资百万设立的"教书育人奖"已举办七届，活动入选武汉大学首届校园文化建设优秀成果；自 2013 年起连续 10 年在学生中开展"遥感十大新星"先进个人和"遥感十佳星座"先进集体评选表彰活动，传承和弘扬"笃志、敦行、和协、拓新"的学院精神和"仰望星空、脚踏实地"的学科文化，学院涌现出了"全国五一劳动奖章"获得者、国家级教学名师、宝钢优秀教师等一大批师生楷模。基层党支部战斗堡垒作用和广大党员先锋模范作用发挥显著，带动学院党的建设不断迈上新台阶。

（三）**"融"于使命，提升党建贡献力**。一是融入国家战略需求。将教师党支部建在学科上、建在"卡脖子"关键核心技术攻关任务上。2017年至今，国字号人才数量增加1.5倍。依托优势学术团队，学院教师获国家科技进步奖一等奖1项、国家科技进步奖二等奖6项、测绘科技进步特等奖6项；学院教师在《自然》《科学》等国际顶尖期刊连续发文；空间信息智能服务入选教育部首个集成攻关大平台；牵头成立智能遥感开源生态联盟，牵头国际OGC首个地理人工智能标准正式立项。学院产出了一系列重大标志性应用研究成果，深度服务数字中国、智能中国、航天中国、乡村振兴等国家战略需求，并多次实现核心技术千万级国内外技术许可转让。二是融入学科发展担当。着眼于国家战略全局需要，主动求变识变应变，学院率先谋划"遥感科学与技术"建设，以遥感科学与技术于2022年正式纳入教育部交叉学科门类下的一级学科为契机，学院先后举办了10余场全国范围学科学术会议，在学科领域的一系列引领性举措极大提升了武汉大学遥感在国内外的声誉和影响力，充分展现了学院以党建引领各项事业蓬勃发展的良好态势。三是融入学生成长成才。将遥感科研报国、造福人民和服务社会与专业知识教育有机融合，强化多学科交叉综合人才培养，学生自研微纳卫星"启明星一号"成功发射并启用，打造了全国首个学生"空间实验室"，该团队获"湖北青年五四奖章"。历年来培养学生连续斩获中国国际"互联网+"大赛金奖、"中国软件杯"一等奖、"挑战杯"全国大学生课外学术科技作品竞赛特等奖等多项含金量极高的荣誉，"面向国家需求的世界一流遥感人才培养体系创新与实践"荣获国家级教学成果奖一等奖。创新党建有效引领了学院育人体系构建。

【**启示**】

（一）**立足制度融合打造党建和业务"共同体"**。高校基层党建工作应以构建高质量党建工作体系为重点，深化开展基层党委议事决策等治理体系建设，督促党建与事业发展重点任务推进落实。

（二）**立足组织融合构建党建和业务"一盘棋"**。聚焦组织建设，以"三会一课"、主题党日为载体，健全"培优"机制，打造党建与事业发展深度融合特色品牌。

（三）**立足教育强国绘就党建和业务"同心圆"**。要以习近平新时代中国特色社会主义思想的世界观和方法论谋划发展，以习近平总书记关于教育、科技、人才的重要论述指导工作，将党建标杆院系创建活力转化为学院高质量发展的实际成效。

加强高水平人才队伍建设，
赋能杂交水稻全国重点实验室高质量发展

熊晓庆　程连珍

2023年是习近平总书记视察武汉大学鄂州水稻试验基地十周年，武汉大学生命科学学院党委牢记习近平总书记提出的"粮食安全要靠自己"的殷殷嘱托，以深入开展学习贯彻习近平新时代中国特色社会主义思想主题教育为契机，围绕"杂交水稻全国重点实验室人才队伍建设存在的问题和解决措施"这一突出问题，自觉对标对表，积极开展整治整改，有力推动了杂交水稻全国重点实验室的建设与发展。

【背景】

2013年7月22日，习近平总书记视察武汉大学鄂州水稻试验基地时讲道："您辛苦了。感谢你们作出的贡献，希望继续努力。科技兴农，粮食安全要靠自己。"十年来，杂交水稻全国重点实验室为保障国家粮食安全作出了重要贡献，但杂交水稻相关学科领域成果产出周期长、人才稀缺，导致人才队伍建设存在一些问题：一是没有真正研究水稻的院士，主任长期未到位，2017年至2022年间物色的三人均未到岗。二是中青年领军型人才断层，1位院士和2位杰青的平均年龄在65岁以上。三是青年人才数量不足，在现有固定研究人员36人中，四小青仅有7人。

【做法】

（一）牢记嘱托，运用党的创新理论推动实验室建设。2023年，为总结杂交水稻全国重点实验室过去十年所取得的成绩，7 月 18 日生命科学学院组织召开"粮食安全要靠自己"杂交水稻十年成果汇报会，邀请 7 名院士为实验室建设"把脉问诊"，谋划未来发展，不断探索新的科研方向，促进传统学科与基因组学/大数据和人工智能等新兴学科交叉融合；努力发展新型育种技术，建立水稻育种新技术新方法方面的团队。

（二）**引育并举，构建总量更加充足、结构更加合理的人才队伍。**为加强人才队伍建设，学院坚持引育并举。2023 年学院成功引进了杂交水稻全国重点实验室主任龚继明教授，2024 年 4 月已到岗。积极引进了 2 名海外优青。不断完善青年人才培养机制，2022 年至 2023 年 5 名青年教师获批农业农村部"神农英才青年"项目。继续推行优秀青年学者学术导师制，邀请国内外相关领域知名学者担任青年学者导师。

2024 年，杂交水稻全国重点实验室引进了国家杰青龚继明教授
担任主任，同年引进两位海外优青

（三）**凝练科研团队，推进有组织科研。**根据我国杂交水稻的研究现状和进展，为进一步打造结构合理的创新型科研团队，推动"有组织的科研"，生命科学学院凝练了六个特色研究方向，组建了 6 个研究团队，分别是：水稻生物逆境适应性研究、水稻非生物逆境适应性研究、水稻种质创新和新品种

选育、杂种优势机理研究、植物生殖发育与杂种优势固定技术、智能不育技术。2023 年 6 月，何光存教授课题组在《自然》发文揭示植物抗虫分子机制。

（四）筑牢理想信念，积极开展党员教育。 结合习近平总书记视察武汉大学鄂州水稻试验基地十周年，2023 年生命科学学院开展了"牢记十年嘱托，奋进科技强国"系列活动，引导师生坚定理想信念，胸怀"国之大者"。举行了"百卅珞珈心向党　砥砺奋进建新功"升旗仪式、"'稻'亦有道"主题师生党课、"稻田中的红色课堂"劳动实践教育、"粮食安全要靠自己"社会实践等一系列活动。2023 年 7 月 1 日，一名国字号人才向党组织提交入党申请书。

【启示】

（一）必须坚持党管人才，强化引领和保障。 要引导各类人才把握"两个大局"、坚持"四个面向""四个服务"，不断攻克"卡脖子"关键核心技术。加强对高层次人才的政治吸纳和政治引领，加强杂交水稻全国重点实验室功能型党支部建设，发挥党员的先锋模范作用。

（二）必须坚持引进和培养并重，不断提高人才队伍水平。 杂交水稻研究涉及从基础理论、技术应用到产业推广，要根据产学研一体化的需要优化队伍结构，坚持引育并举，要更加重视青年教师的培养，尽早把现有青年教师纳入科研团队中，使得青年教师尽快成长。学校各部门要积极配合，加大对杂交水稻全国重点实验室建设的支持力度，鼓励和支持青年教师充分依托重大科研和建设项目、重点学科以及国际学术交流与合作项目开展有组织的科研。

（三）必须不断完善制度建设，激发人才创新活力。 要规定政策、整合力量、营造环境、提供服务，努力做到用事业造就人才、用环境凝聚人才、用机制激励人才，在坚持武汉大学高标准用人要求的同时，要结合学科的特殊性和差异性，针对杂交水稻相关学科领域成果产出周期长、人才稀缺的特点，制定相应的人事政策，在薪资待遇、启动经费、配套设施等方面给予全方位支持。

高质量党建引领一流法学学科建设

李霄鹍　张亚鹏

高校党的建设在整个党的建设中具有特殊地位和作用。武汉大学法学院坚持以习近平新时代中国特色社会主义思想为指导，把党建引领贯穿到学科发展过程中，不断提高学科实力与水平，形成了党建引领学科建设的有益经验。这里以法学院开展"党建+学科"模式为例，详细论证，凝练经验，为各单位提供参考借鉴。

【背景】

2019 年武汉大学第九次党代会召开以来，法学院党委深入落实新时代党的建设总要求和新时代党的组织路线，不断守正创新，在工作中加强党委对学科建设布局的顶层设计，以一流学科和一流人才建设为抓手，学科方向进一步凝练，学科团队进一步加强，法学学科在教育部第五轮学科评估中获评A+，QS 世界一流学科排行榜上升至 50～100 名。高质量党建成为推动学院一流学科建设的重要引擎，党的政治优势、组织优势真正转化为学科发展优势。

【做法】

（一）**聚焦立德树人，突出政治引领功能**。一是做好价值引领，强化思想铸魂。学院持续深化办学、治院能力建设，用习近平新时代中国特色社会主义思想武装全院党员干部和师生。领导班子、辅导员点对点指导教工、学生党支部，强化学院党委对工会、团委、学生会、研究生会等群团组织的领导，成立习近平法治思想学习教育宣讲团，充分激活学生党支部、团支部内生动能；持续深化理想信念教育，组织党员骨干赴上海、南昌等地开展红色实践教育活动。

二是抓好课堂教学，筑牢思政阵地。学院全面实施卓越法律人才 2.0 计划，不断完善人才培养方案与课程体系；充分发挥"两课"教育主渠道功能，力推习近平法治思想最新理论成果"进教材、进课堂、进头脑"工作；建立三级课堂巡视体系，辅导员联合班级导师进课堂、进宿舍，实施班级助理和朋辈导师一对一帮扶计划等，强化人才培养全过程管理，课堂教学巡视与监督相结合，保证教学质量。

三是坚持实践育人，强化顶天立地。学院全面贯彻"三全育人"理念，为学生搭建高水平学术和实践平台；指导学生利用寒暑假赴基层开展普法宣讲、法律援助等实践活动，扎根祖国大地磨砺真本领；顺应教育国际化趋势，积极深入推进国际交流与合作，近年来与 24 所国外高校建立交流合作关系，450 名师生出国学习交流，161 名国外师生来院交流访学。在全院共同努力下，学院获评"武汉大学国际化建设先进单位"，在"互联网+""挑战杯"等学生课外学术科技顶级竞赛中一直保持人文社科领域的领先地位。

（二）坚持党管人才，赋能师资队伍建设。一是严把政治关，发挥党委领航功能。学院党委将师德师风作为人才引进、职称评审、聘期考核、项目申报等的第一标准，坚持"人才推动创新，人才引领发展"的"人才强院"理念，统筹教师、科研、管理等各类人才队伍建设，推动各层次人才有效衔接，贯通人才引、育、用、留"全链条"，将全院教职员工紧密凝聚到学校事业发展主航道上。2018 年以来共选留和引进青年教师 26 名，新增教育部长江学者特聘教授 4 人、长江学者讲席学者 2 人、青年长江学者 7 人、国家"万人计划"青年拔尖人才 2 人、楚天学者特聘教授 2 人、楚天学子 2 人、楚天英才青年拔尖人才计划 2 人、武汉大学人文社科资深教授 3 人、武汉大学人文社科杰青 5 人、优青 8 人。在学院党委的正确领导下，学院荣获武汉大学人才工作先进单位。

二是重视青年教师成长，切实提供发展保障。学院党委创新青年学者培育模式，完成"青年特岗"计划，在院内遴选培育青年教师 2 批次，并已初见成效；定期组织院际青年交叉学科沙龙、青年读书会等学术活动，拓宽青年人才的学术视野；高度重视青年教师教学竞赛，以赛促教，培育一批教学精湛的青年教学能手。

三是贯彻落实"双带头人"工程。学院党委不断完善教师党支部建设标准，注重党员干部考核，选优配强党支部书记，落实执行"双带头人"制度；强化"老带新""教师支部与学生支部结对共建""样板支部培育工程"，不断激发党支部活力，增强党支部战斗力，积极探索形成了符合学院实际、兼顾学科专业特点的"双带头人"工作模式。

2023 年 4 月，学院召开人才工作大会

（三）胸怀"国之大者"，全面服务国家战略和社会急需。一是加强战略性谋划。学院党委把融入国家战略、服务社会急需作为重要使命，推动党建和业务深度融合，探索具有学院特色的"党建+科学研究""党建+服务战略"等工作机制。

二是强化智库和研究基地建设。学院党委抓牢智库建设这个"牛鼻子"，在中国国际法治建设、网络治理体系和治理能力现代化、党内法规制度建设等方面建设一批高端智库平台，发挥国际法治研究院、环境法所、党内法规研究中心和网络治理研究院等机构的人才优势和合作效能。

三是加强有组织科研。学院依托智库平台带动学科建设，瞄准"中国国际法治建设""生态文明建设""网络空间国际治理"等战略理念研究，拓展网络法、大健康法治、党内法规等新的学科领域，培育一批新的学科增长点，法学学科建设取得丰硕成果。先后获得党和国家领导人以及省部级以上领导肯定性批示约 300 项，持续为中国式现代化的法治建设贡献学科智慧。

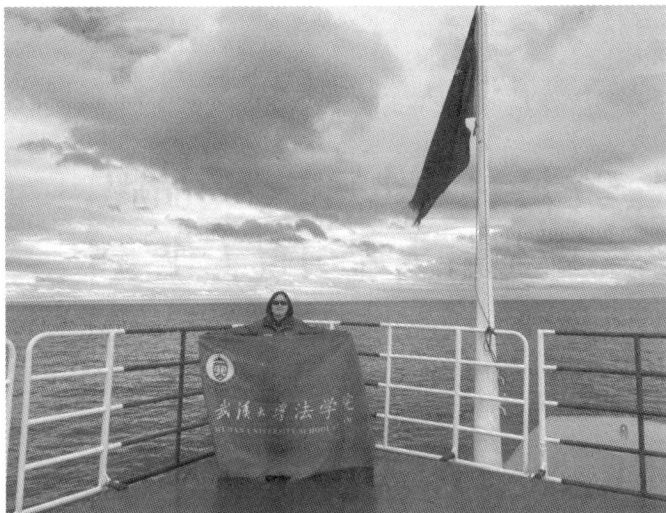

2024 年年初，李雪平教授在奔赴南极开展科学考察途中

【启示】

（一）**坚定办学方向，强化党的领导力。**只有确保党委充分发挥总揽全局、协调各方的作用，持续推进政治忠诚教育并纳入各类教育活动，引领师生不断提高政治判断力、政治领悟力、政治执行力。

（二）**坚持以生为本，提升人才驱动力。**只有牢固树立以学生为本的理念，学生教育管理服务工作才能抓住根本。学院管理者要不断适应新形势需要，增强服务育人意识，为学生成长成才构建良好的软环境。

（三）**强化自身建设，提高政治战斗力。**牢牢把握提高治理能力这一干部队伍建设的重大任务，要坚持严的基调不动摇，严格把好政治关、廉洁关，把提高治理能力作为新时代干部队伍建设的重大任务，推进制度优势更好转化为治理效能。

立足"党建+"系列品牌，
做好人才引育工作

侯显洲　苏　涵　肖湘衡

"济济多士，乃成大业"，武汉大学物理科学与技术学院党委始终牢固树立人才是第一"生产力"、第一"引擎"的理念，坚持实施"人才强院"可持续发展战略，把引进人才、培养人才、用好人才放在重要位置，科学规划、整体部署、重点突破、全面推进。近年来物理科学与技术学院分党委狠抓人才工作，人才队伍建设成效显著。

【背景】

党的十八大以来，以习近平同志为核心的党中央坚持人才是第一资源的理念，全面加强党对人才工作的领导，推动新时代人才工作取得历史性成就、发生历史性变革。武汉大学物理科学与技术学院党委自武汉大学第九次党代会以来，聚焦人才引育工作、深耕人才发展土壤，推动党委全体党员心往一处想、劲往一处使，打通引才、育才、留才全链路，力促党管人才出实效。

【做法】

（一）以党员为抓手，促进"党建+人才"精度凝聚。物理科学与技术学院党委强调通过各级党员骨干积极扩大招才朋友圈，拓展人才资源池。多渠道、多抓手开展引才活动，点对点提升引才精准度。成功举办五届国际交叉学科论坛物理分论坛和两届青年科学家格致论坛，搭建人才学术交流平台，吸引林乾乾、晏宁、柯维俊、华斌等加盟，推动"论坛引才"。张振宇教授引荐袁声军、余睿、张晨栋等加盟，推动"校友引才"。窦贤康院士引荐吴冯成、王胜等加盟，推动"校长引才"。徐红星院士随同窦贤康院士赴美参加恳谈会，力促王植平、刘晓泽加盟，推动"院士引才"。朱宗宏教授以天文学科建设为契机，引进王伟、范锡龙、侯绍齐、游贝、廖恺、丁旭恒、杨涛等加盟，推动"学科引才"。刘正猷教授以声学人工材料团队组建为契机，引荐肖孟、陆久阳、邓伟胤、何海龙、叶莉萍等加盟，推动"专家引才"。深化引、育结合，"引进来"还要"育起来"，邱春印、林乾乾、范锡龙、张顺平、王胜、廖恺、游贝、刘晓泽、程瑞清近年获批国家级青年人才，人才队伍建设进入快车道，实现了跨越式发展。

（二）以入党为契机，推动"党建+科研"深度发展。物理科学与技术学院党委积极吸纳新入职教职工、高层次人才加入中国共产党，从身份上提升他们对于中国共产党的认同，强化科研人才的党性修养，争取实现党建、科研双带头人目标。2022年发展高层次人才王胜教授加入中国共产党，并以青年教师身份作为学院团委副书记（挂职）引领、鼓舞青年；2023年发展青年科研骨干宫俊波加入中国共产党；2024年拟发展高层次人才游贝教授加入中国共产党。高层次、高水平科研人员的加盟使得学院党建工作有了更加强有力的抓手与亮眼之处，从理想信念高度促进科研精进，实现"党建+科研"新发展。

（三）以党支部为阵地，强化"党建+业务"高度融合。物理科学与技术学院党委以党支部为基层党务的战斗堡垒，以党小组为战斗前线，把党支部的工作落实到各实验室、课题组，以实验室、课题组为依托，开展"党建+业务"相关工作，将党建充分融入实验室、课题组，以更好引领科研工作。同时，教师第一党支部定期开展"党建+科研"会议，为促进"党建+业务"集思广益，有效提升物理科学与技术学院党委"党建+业务"融合水平，实现"1+1>2"的最终目的。

【启示】

（一）做好党管人才工作，首要是提升"橄榄枝"的吸引力。想要招徕"金凤凰"，"橄榄枝"的分量够不够，质量好不好至关重要，人才来了以后科研条件怎么样，发展前景怎么样至关重要。物理科学与技术学院党委从自身角度考虑问题、协调落实各方面资源，结合人才专业、技能、特长，适当

学院举办第三届国际交叉学科论坛物理分论坛

压担子、搭梯子、敞路子，培育党建和学术"双带头人"，推荐人才校内学术机构任职和管理机构挂职。协助落实启动费、安家费，指导实验室装修、仪器设备购置，协助解决研究生招生指标，协助解决住房、子女入学等，尽力让人才在最短时间内进入工作状态而无后顾之忧。

（二）做好党管人才工作，关键是激发"金凤凰"的凝聚力。"人心齐，泰山移"，人才来了以后能否"心往一处想，劲往一处使"，直接决定了物理科学与技术学院未来的发展，如果人才全都各自为政、闭门造车，势必难以有大的成就，只有通过党对人才的全盘管理，才能有效激发出人才的科研活力。物理科学与技术学院党委综合考虑科研发展情况，协调各方资源，积极调配生产力，力争将所有科研要素的生产力发挥出来，激发人才的科研凝聚力，创造最大的成果与价值。

（三）做好党管人才工作，根本是激发"梧桐树"的创新力。"打铁必须自身硬"，党能不能管好人才、留住人才，根本在于能不能为科研人才提供适宜他们生长的沃土。物理科学与技术学院党委持续推进学院科研平台、队伍建设，紧密围绕国家重大发展战略，着力打造以国家战略任务为牵引、学科领域研究为主干、转化应用为展翼的科技创新体系，在建设好现有科技创新平台的基础上，积极筹划国家级及省部级平台建设；推行"学科带头人+创新团队"的人才队伍组织模式，进一步推进大团队建设，重点推进刘正猷教授、何军教授、朱宗宏教授等团队梯队建设；深入推进大平台建设；同时按照"不求所有，但求所用，愿有所为"的原则，通过兼职、讲座、退休返聘等方式柔性引进国内外高级专家来院开展顾问指导、合作研究，进一步提升学院国内外影响力，把这棵"梧桐树"栽培好。

引才赋能，提质增效
——写好党管人才的化学篇章

张天抒　　黄卫华　　王中全

化学与分子科学学院党委牢记习近平总书记"要坚持党管人才原则，聚天下英才而用之，加快建设人才强国"的重要指示，围绕党管人才这一重大课题，针对学院高层次人才、青年人才的特点和需求，精准开展政治引领和政治吸纳，引导广大人才爱党报国、敬业奉献，不忘初心、服务人民，有力推动党管人才工作提质增效。

【背景】

党的二十大作出了"实施科教兴国战略，强化现代化建设人才支撑"的重大部署，进一步凸显了人才工作在全面建设社会主义现代化国家中的基础性、战略性支撑作用。2024年政府工作报告明确提出"要坚持教育强国、科技强国、人才强国建设一体统筹推进，创新链产业链资金链人才链一体部署实施，深化教育科技人才综合改革，为现代化建设提供强大动力"。党的二十届三中全会再次强调，必须深入实施科教兴国战略、人才强国战略、创新驱动发展战略，统筹推进教育科技人才体制机制一体改革，健全新型举国体制，提升国家创新体系整体效能，全面推进中国式现代化建设。高校作为高层次人才和优秀青年聚集的地方，是打造高水平人才队伍的重要阵地。学院党委深入学习贯彻习近平总书记关于做好新时代人才工作的重要思想，加强政治引领和政治吸纳，坚持全方位培养引进用好人才，统筹推进人才工作举措落地生效。学院现有教职工162人，含专任教师129人；其中国家级高层次人才 70 人次，包括中国科学院院士 1 人，教育部长江学者特聘教授 6 人，国家杰出青年科学基金获得者 12 人，国家级教学名师 1 人，国家级高层次青年人才 44 人次。学院师资实力雄厚，学术梯队成熟，有效奠定了学院可持续发展的人才方阵，为拔尖创新人才的高质量培养提供了充分保障。

【做法】

（一）**凝心铸魂，筑牢根本。**学院党委始终旗帜鲜明地坚持和加强党对人才的全面领导，把打造过硬的政治素质作为人才队伍建设的基础性工作，以学习贯彻习近平新时代中国特色社会主义思想为工作抓手，引领人才切实增强"四个意识"、坚定"四个自信"、做到"两个维护"，提高其政治判断力、政治领悟力、政治执行力，使其在思想上、政治上、行动上同党中央保持高度一致。全院各个党支部充分利用各类校内外红色资源开展主题党日活动，教育和引导学院人才筑牢信仰之基、补足精神之钙、把稳思想之舵。学院常态化组织新引进人才参加学校新教工入职岗前培训，学院党委书记和院长亲自与新引进人才进行入职前谈话交流，加强思政教育。学院积极组织高层次人才深入学习习近平新时代中国特色社会主义思想、党的二十大精神、社会主义核心价值观，通过赴贵州长征干部学院开展红色研学等活动，坚定党员干部理想信念，增强历史使命感和责任感。学院基层党支部坚持党建引领，定期开展"三会一课"，树立优秀党员教师典型，成为学生为学、为事、为人的示范。以此为基础，物理化学所基层党支部坚持积极探索，立德树人成效显著，获评湖北省高校"双带头人"教师党支部书记工作室。

（二）**源头引水，吸纳人才。**筑巢引凤，聚天下英才而用之，高校是高层次人才和优秀青年聚集的地方，在高层次人才中做好发展党员工作，对加强新时期党对人才的全面引领具有重要意义。学院党委高度重视政治建设，突出党建引领的关键地位，不断加强对优秀人才的政治引领和政治吸纳，进一步提高基础学科领域青年学术带头人的入党积极性，使他们正确认识党、了解党、拥护党，做到思想和业务相促进、双成长。进一步提升对服务青年教师成长的基层党支部建设的工作指导，加大入党积极分子培养力度，提升党员发展质量，将一批德才兼备、具有奉献精神和牺牲精神的优秀青年人才吸纳进党组织，更好地发挥他们的作用，激励和带动更多的青年人才和学生发展进步，更好地落实立德树人根本任务，为党育人，为国育才。近 3 年，学院党委顺利发展 2 位国字号人才教师党员，即王富安教授和翁小成教授。目前学院高层次人才中党员 30 名，党员占比 71.4%。

学院党委引领人才方阵，建设世界一流化学学科

学院党委组织党员骨干到武汉革命博物馆开展现场教学

（三）**党建引领，用好人才**。学院党委充分发挥党总揽全局、协调各方的领导核心作用，完善党管人才体制机制，加大人才发展投入，把党的政治优

势、组织优势转化为人才发展优势。学院党委积极主动推荐优秀青年人才参加学校组织的人才挂职锻炼。刘文博参加了学校第一期、第二期青年学术骨干校内挂职工作，挂职学院副院长。袁荃、周强辉参加了学校第三期青年学术骨干校内挂职工作，分别挂任科学技术发展研究院副院长、发展规划与学科建设办公室副主任。学院党委成立人才引进选聘委员会，委员会由青年教师骨干组成，每年组织开展2次青年教师"大练兵"，组织专家学者通过一对一、多对一方式对青年教师的各类人才项目申报和答辩工作进行全方位指导，最大限度提高人才项目命中率，促进青年人才尽快成长。截至2024年6月，学院已举办2届青年人才培训班，通过全方位锻炼，全面提升青年人才的政治站位、理论素养、业务能力和综合素质等，成效显著，广受好评。

【启示】

功以才成，业由才广。学院党委以实际行动和有效举措为全面建设世界一流化学学科提供坚强人才支撑和智力保证，为全面建成社会主义现代化强国提供武大化学力量。

（一）**牢牢把握党管人才这一根本原则**。党管人才既是爱才的体现，又是我国兴才、聚才的制度保障。通过加强对人才的政治引领，把坚定正确政治方向作为人才培养的重中之重，引领人才队伍学深悟透习近平新时代中国特色社会主义思想，确保党牢牢掌握人才队伍建设领导权，激发其听党话、跟党走的政治热情。

（二）**着力强化人才吸纳引领示范作用**。发挥党的政治优势和组织优势，突出政治引领，因人施策开展政治培养。结合人才成长规律，重点关注青年人才入职、先进分子表彰、业务骨干挂职晋升等节点，早发现、早跟踪、早培养。把党内和党外、国内和国外各方面优秀人才集聚到党和人民的伟大奋斗中来。

（三）**创新深化人才发展体制机制改革**。真正用好用活各类人才，真心爱才、悉心育才、倾心引才、精心用才。通过创新激励机制、改善科研环境、提供优质服务，为人才营造更多发展机遇和更大发展空间，不断提高人才工作的科学化、规范化、制度化水平。通过完善人才工作格局，引导人才成长与学校事业、国家发展同频共振、深度融合。

党建引领新工科建设走深走实

黄佳倩子　孙　萍

"智能制造""智能机器人试验班""机器人工程""智慧能源"四个符合国家重大战略的热门新专业陆续获批；着力打造"专精特新"的新工科人才培养方案；学院实现学生人数从净流出到净流入的转变；动机学子多次在亚广联机器人大赛、全国大学生机器人大赛、"互联网+"等比赛中摘金夺银。五年来，动力与机械学院党委坚持党建领航，"一融双高"，把党建作为推动学院高质量发展的重要引擎，深度融入专业建设和人才培养工作中，师生面貌焕然一新，学院发展呈现良好态势。

【背景】

党的二十大报告指出，教育、科技、人才是全面建设社会主义现代化国家的基础性、战略性支撑。武汉大学党委深入学习贯彻习近平总书记系列重要论述，坚持走好高质量发展之路，加速创建中国特色世界一流大学。在此宏伟征途中，动力与机械学院党委深入思考、提高站位，组织师生答好"一流武大，动机何为"的必答题。动力与机械学院是我国能源动力、机械工程等领域重要的人才培养与科研基地，学院所含的动力、机械等学科在支持国家重大战略、实现"2035 制造强国"目标中发挥着重要作用。然而，多年来学院面临学科门类多、专业分布广、优势不突出、学生流失多的发展问题。动力与机械学院党委认真落实武汉大学《党支部党建与业务深度融合指导方案》等文件精神，以党史学习教育、主题教育、党纪学习教育等为契机，聚焦学院高质量发展，坚持党建与专业建设、人才培养等工作深度融合、相互促进，切实用党建凝心聚力、解疑释惑、攻坚克难、开拓创新，推动专业建设转型发展，人才培养提质增效。

【做法】

（一）**党建引领，凝心聚力，探索发展之路。**动力与机械学院党委通过系列有力举措探索出一条以专业发展和人才培养为重点的发展之路。一是摸家底找问题，组织召开人才培养和学科建设工作研讨会，刘胜院长作了题为《国家重大需求与学科建设》的报告，各系就专业情况及面临的问题进行了梳理，全体与会教师积极建言献策。二是学理论明方向，党委理论学习中心组20 余次学习习近平总书记关于"建设教育强国""制造强国""双碳""新质生产力"等重要论述。三是引行家理清晰，6 次邀请毛明院士等专家来院指导论证，10 余次召开专题研讨会，不断凝练学科和专业发展方向。四是勇实践向外延，5 次赴浙江大学、上海交通大学等兄弟高校调研学习，20 余次赴行业头部企业访问交流。全院上下形成了聚焦主干主流，交叉融合发展，建设特色一流学院的发展共识。

2021 年 11 月，学院党委组织召开学科建设与人才培养工作研讨会

（二）**创新驱动，因时而进，优化专业布局。**动力与机械学院党委以时不我待的使命感和责任感，面向国家重大需求，大力推动专业改革。2021 年新增智能制造工程本科专业。2022 年将材料工程系和机械工程系合并成为新的机械工程系，申请撤销金属材料和材料成型两个本科专业招生，成功申报动

力工程专业学位博士点。2023 年新增智能机器人试验班本科专业，成功申报机械工程专业学位博士点。2024 年成功申报机器人工程、智慧能源与智能制造两个本科专业。系列布局使专业设置更加面向前沿，聚焦国家工业发展主战场，体现出交叉融合的新优势。新专业在高考招生及学生专业分流等过程中广受学生欢迎，学生大类分流和转专业工作从筑底企稳到 2024 年转入人数大于转出人数，学生规模实现首次正增长的历史性转折。

（三）交叉赋能，立足新工科，全面融合育人。动力与机械学院党委始终牢记立德树人根本任务，打造"三好"体系，不断提升新工科人才培养质量。一是打磨好课程，每年组织课程设置研讨会，累计砍掉水课超 20 门，不断打磨金课，开设分子动力学等"卡脖子"技术前沿课程。二是培育好教师，每年组织青年教师开展讲课比赛，以老带新，夯实青年教师授课能力；抓牢辅导员、班主任、专业教师等育人队伍，大力开展专业思想教育。三是组织好实训，积极推进实验课程改革，升级改造了机电排灌楼作为新的实验教学中心，打造新工科实验室亮点，带领学生赴武汉联影、深圳迈瑞、桂林啄木鸟等高新技术头部企业实习实践，开拓视野。5 年来，学院教师接连荣获武汉大学"研究生教育杰出贡献校长奖""杰出教学贡献校长奖""杰出青年（教职工）""我最喜爱的十佳优秀教师"等荣誉，学院学生斩获亚广联机器人大赛最高荣誉 ABU ROBOCON AWARD、全国大学生机器人大赛冠军、全国大学生节能减排大赛一等奖、"互联网+"大赛银奖等国内外多项荣誉，毕业生广受用人单位好评。

【启示】

（一）**坚持党建引领，顶层谋划**。只有深刻认识到党建的重要引领作用，进而找方向、找思路、找办法，把专业建设和人才培养作为核心工程，高位推进、顶层谋划，才能凝聚力量，打造事业发展的优质环境，激发师生奋进的主体活力。

（二）**坚持久久为功，持续发力**。专业建设工作的推进是一场系统性体制变革和制度重塑，需要以"咬定青山不放松"的执着来持续推进专业更新迭代，只有徐徐发力，善作善为，才能不断适应新形势、针对新需求、推出新举措。

（三）**坚持以生为本，立德树人**。只有牢记立德树人根本任务才能保证各项工作始终沿着正确的方向前进。动力与机械学院党委坚持以学生为本，教育引导学生自觉把个人理想融入国家和民族的事业中，重视学生理想信念教育、创新能力培养和就业价值引导，以此为框架夯实各培养环节，真正做到为党育人，为国育才。

坚持党管人才，谱写人才强院新篇章

李德识　柴婧婷

近年来，武汉大学电子信息学院深入学习贯彻习近平总书记在中央人才工作会议上的重要讲话精神，全面贯彻新时代人才工作新理念新战略新举措，在学校高质量人才引育体系、人才发展体系、人才服务体系的保障和大力支持下，坚定实施"以人为本，人才强院"战略，始终将党管人才作为人才工作的基本原则，始终把"尊重人才、爱护人才、培养人才"作为提高学院高质量发展的推进器，学院人才工作取得了卓越成效和历史性突破。

【背景】

习近平总书记在中央人才工作会议上的重要讲话中强调："要坚持党管人才，坚持面向世界科技前沿、面向经济主战场、面向国家重大需求、面向人民生命健康，深入实施新时代人才强国战略，全方位培养、引进、用好人才。"武汉大学电子信息学院在学院党委领导下不断加强人才工作制度化规范化管理、拓宽人才队伍引育渠道、优化人才队伍学科布局、提升人才队伍发展环境，着力构建党建统领、深化改革、协同推进、主动作为的人才工作体系。近5年，学院人才引进数量增长3倍，引进、培养国家级高层次人才共计15人，国字号人才新增数量位居学校前列，荣获首届武汉大学人才工作先进单位。

【做法】

（一）加强党对人才工作的全面领导，构建人才工作新格局。一是深化改革，完善人才工作体制机制。电子信息学院以"高水平师资队伍建设"为主题全面深入开展主题教育调研工作，加强对人才工作的前瞻性思考、全局性谋划、战略性布局、整体性推进。发挥《电子信息学院关于加强人才引进工作的实施意见》《电子信息学院人才队伍发展规划》等政策引领作用，发挥学院人才队伍建设委员会、人才工作领导小组办公室管理服务支撑作用。二是高度重视，加强人才工作政治把关。在人才引进中，把思想政治素质鉴定作为引进人才的前置程序，学院党委通过本人签订承诺书、外调阅档、面谈、个人社交媒体检索、同行专家评价等途径实行政治素质和学术水平"双评议"，全方位加强人才引进政治把关。在人才发展中，把思想政治素质和职业道德素养摆在人才评价的首要位置，贯穿学院人才遴选、项目申报、职称评审、聘期考核全过程。三是党建引领，强化人才队伍使命担当。引导人才在教育科研工作中坚持"四个面向"，把科研方向与国家需求紧密结合起来。发挥学院师德师风建设工作领导小组作用，定期举行针对新进教职工、青年教师的专题调研会和相关主题党日活动，大力宣传师德师风先进人物，树立正确育人导向，提高人才政治判断力、政治领悟力、政治执行力。

学院党委召开主题教育调研成果交流会

（二）**发挥基层党组织战斗堡垒作用，贯彻人才工作新举措**。一是发挥基层党组织对人才的"强磁场作用"，建立学科带头人"一带一"人才工作机制，每位学科带头人根据学科方向有针对性地指导、帮助一位青年教师成长，特别是帮助海外归国人才快速适应国内学术环境。同时建立"一推一"人才工作机制，由基层党组织中的优秀教师推荐海内外英才依托学院申报人才项目和教职，发挥人才之间的"强磁场"效应。二是发挥基层党组织对人才的政治引领和政治吸纳，电子信息学院党委充分重视高层次人才党员发展工作，先后召开多位国家级高层次人才党员发展大会，鼓励青年教师在党组织中进一步坚定共产主义理想信念，发挥党员先锋作用，将政治追求融入国家发展和民族复兴事业中去，响应习近平总书记对高层次人才双培养的要求。三是发挥基层党组织队伍建设、凝心聚力的引领作用。学院党支部活动的开展围绕学科交叉、师资队伍建设中心工作，将支部建立在团队上，使支部建设和学科师资队伍的发展充分融合、相互促进。

召开国家级高层次青年人才党员发展大会

（三）坚持全方位培养引进用好人才，激发释放人才新效能。一是充分激发优秀人才的积极性创造性，不仅注重"引进来"，更着力人才"发展好"，鼓励青年人才"挑大梁"，多名引进和培养的国家级高层次人才担任学院党委副书记、支部书记、挂职副院长等党委和行政班子中的重要职务。二是建设优秀人才团队，形成"拳头之力"。通过有组织的科研、学科方向整合、学科交叉激励等有力举措，大力培养青年人才和优秀团队形成"拳头之力"。学院现有科研团队中90%包含国家级高层次人才，人才引领团队发展，为团队注入创新活力。三是解决人才实际问题，提升人才队伍发展环境。学院不断优化条件，加强大型科研平台建设，发挥人才效益；建设新大楼让人才在更广阔的空间"施展拳脚"；领导班子通过走访慰问、谈心谈话，了解并着力解决人才在科研经费、物理空间、招生指标等方面的需求。为人才安心开展教学科研工作提供有力保障，把对教师的政治引领融入帮助教师解决实际问题当中，增强人才对党组织的信任和归属感。

【启示】

（一）**做好新时代人才工作，必须开创党管人才新局面**。党管人才，是管宏观、管政策、管协调、管服务。要做好新时代人才工作，须党委高度重视，建立党管人才工作统筹规划、协调发展的新管理机制，党委统一领导，各基层党支部发挥战斗堡垒作用，凝心聚力、密切配合，做到既把人才工作统一到党委的领导之下，又充分尊重人才个体发展意愿。

（二）**做好新时代人才工作，必须建立人才发展新格局**。做好新时代人才工作须切实做到以学院、学科发展需求为导向，统筹规划师资的领域方向、人员规模与结构，以积极、开放、有效的人才引进政策，放开视野选人才、不拘一格用人才，在人才如何发挥各自效能上狠下功夫。

（三）**做好新时代人才工作，必须完善人才服务新机制**。做好新时代人才工作须立足实际、突出重点，完善人才服务机制。既要符合"四个面向"，又要围绕人才需求，切实解决人才实际问题，做到政治上信任、工作上支持、生活上关心，坚持营造识才、爱才、敬才、用才的良好环境。

271

党建引领学科，把牢思想之舵，塑造文化之魂

文云冬　张珈利　李紫琦

科技兴国、文化强国。文化是国家与民族的灵魂。武汉大学艺术学院党委以党建引领学科，把牢思想之舵、塑造文化之魂、弘扬红色文化、抓牢阵地载体、创新学习形式、讲好武大人的奋斗故事，以实际行动诠释忠诚与担当，共同书写新时代的文化篇章。

【背景】

艺术学院党委以"立德树人"为目标导向，坚持党建引领，以美育人、以美化人，以美育教育工作为助力，以高质量的党建引领学科发展。推动学校为党育人、为国育才，助力学校构建高质量的教育体系，实现高质量发展。

【做法】

（一）理论学习：抓好平台建设，拓宽党员教育路径。在抓好理论学习平台建设的基础上，深度融合新时代美育教育与红色艺术，拓宽党员教育路径。通过深入挖掘课程思政素材，进行艺术创作与宣传，构建传统媒体与新兴媒体联动、线上线下互动的党建工作大宣传格局。同时，以习近平新时代中国特色社会主义思想、《关于全面加强和改进新时代学校美育工作的意见》为指导，聚焦学院学科发展，通过组织学习习近平总书记给武汉大学参加中国南北极科学考察队师生代表的重要回信精神，开展相关主题党日活动。结合实际情况，延续科学家主题剧目创排的经验，学院党委多次组织骨干教师赴湖北省气象局、武汉文旅集团、东湖影业文化有限公司交流学习。打造有特色的理论教育平台和重实效的实践养成平台双平台模式的党建工作平台，激发

师生爱国情怀和科学探索精神，为党支部发挥自身战斗堡垒作用奠定良好基础。

（二）**影视创作：延伸光影内外，赓续红色血脉**。聚焦学院学科发展，贯彻科学家主题剧目创排精神，利用校园红色资源，赴校史馆、周恩来故居、李达故居、校档案馆、万林博物馆等开展专项调查。深入挖掘、全面保护、妥善管理红色校史、英雄校友事迹等资源实体和文化载体。深入挖掘校园红色资源背后的思想文化内涵，准确把握校园红色资源与党的历史发展的主题主线、主流本质。创作话剧《西望乐山》、电影《朱英国》、民族歌剧《有爱才有家》、宣传教育片《浩浩党史巍巍珞珈》《武大故事》《"珈"国情怀》及武大极地科考主题剧目等原创艺术作品。多维度、多层次打造优秀校园原创文艺作品，讲好武大人的奋斗故事，营造红色艺术资源与党建工作深度融合的良好氛围。

（三）**现场演绎：演绎峥嵘岁月，唱诵革命交响**。艺术学院探索艺术教育与红色文化传承的融合之路，演绎峥嵘岁月。开展了校园系列文化活动，将传达党的精神摆在前面，如庆祝中华人民共和国成立 75 周年系列活动、仲夏艺术节、武汉大学 130 周年校庆晚会、武汉大学大学生艺术节等。通过多种形式的编排和公开演出开展教育工作。排演《大道薪传》《弦歌不辍西迁行》《群贤聚珞珈》《初心如炬》《水稻候鸟》《盈盈一水照华夏》《多彩珞珈人》《四海一家》《追光的星星》等原创节目；演出《永远的焦裕禄》等红色交响乐以及开展红色经典思政课、音乐党课和举行朗诵、红色戏剧表演等活动。学生党支部策划了系列红色剧本演绎活动，学生原创剧《战场外的鲜血》《当声音传来的那一天》《珞珈记忆》等引领观众走进革命时期的历史场景，弘扬革命精神。通过艺术形式激发珞珈精神，以点带面，全面推进红色文化传承。

【启示】

（一）**党建与专业密切结合，提高青年党员参与度**。艺术学院党委立足于专业的独特视角，精选红色影视作品作为党史学习教育的重要资料库，促进专业知识与党性教育的深度融合，实现学术研究与思想政治教育的双向促进。通过文化思想之灵魂推动学习教育入脑入心，扩大覆盖面和影响力，吸引更广泛群体的关注与讨论，为探索新时代高校党建工作新模式提供了有益的借鉴，进一步巩固了基层党组织的战斗堡垒作用。

艺术学院在武汉大学 130 周年校庆晚会上演出原创剧目《大道薪传》

（二）全方位创新教育模式，探寻多元化学习渠道。艺术学院党委积极策划并实施一系列创新举措。通过融合"三会一课"、主题党日、专题讲座及研讨交流等多样化学习形式，充分利用武汉地区丰富的红色教育资源，使红色资源焕发新活力，红色人物事迹广为传颂，红色精神得到大力弘扬。有效提升青年党员的参与度与学习效果，为探索兼具专业性与创新性的党史学习教育模式提供了生动实践。

（三）积极推进跨学科交流，促进思想实践两手抓。艺术学院党委在学科建设中致力于建立跨学科交流平台，广泛邀请历史学、文学、哲学、信息管理等多个学科领域的专家学者参与，开展多层次、宽领域的学术探讨与实践探索。通过形成跨学科的"影像论坛"，有效拓宽了师生的学术视野，引领新时代的思想之舵，促进思维方式的多元化发展。

深化党建引领，推动事业发展

王得志　高功敏

建设教育强国，龙头是高等教育。《关于高等学校加快"双一流"建设的指导意见》指出，"双一流"建设既要坚持中国特色与世界一流、聚焦服务贡献，也要突出自身特色发展。作为争创一流学科主阵地的院系党组织，要切实加强党的领导和党的建设，落实立德树人根本任务，打造学科高峰，服务教育强国战略。本文通过总结公共卫生学院党委"抓党建，促发展"的工作做法和工作启示，积极探寻相关工作规律。

【背景】

2021 年 9 月 27 日，学校发布《关于成立武汉大学公共卫生学院和护理学院的通知》，重新组建公共卫生学院。新的公共卫生学院成立后，始终坚持党建引领，坚持高质量标准和内涵建设，持续推进学院各项事业高质量发展。

【做法】

（一）**加强思想引领，培育卓越文化**。学院党委以习近平新时代中国特色社会主义思想为指导，全面贯彻新时代党的组织路线和党的教育方针，坚持党对教育工作的全面领导。研究部署全院师生思想政治学习，加强意识形态阵地管理，加强师德师风建设和科研诚信建设，制定了《武汉大学公共卫生学院意识形态工作责任制实施细则》和《武汉大学公共卫生学院师德师风建设实施细则》等制度，大力弘扬"教育家精神"和"科学家精神"，培育师生一流质量意识和追求卓越的学院文化，引导学院事业高质量发展。

（二）**加强顶层设计，党建业务融合**。学院党委积极加强党组织政治建

2023 年 6 月，学院召开课程思政建设工作总结和工作推进会

设、组织建设、思想建设、队伍建设、制度建设和党风廉政建设。聚焦新时代党的建设总要求，围绕人才培养、科学研究、社会服务等中心工作加强顶层设计，根据学院实际情况积极谋篇布局，找准学院高质量发展的关键点、着力点、发力点、切入点，对涉及学院发展的重大事项进行政治把关。学院党委在专业建设、学科建设、专博点申请、学科评估等工作中发挥引领作用，推进党建与业务深度融合，充分发挥"抓党建，促发展"的政治功能。

（三）**发挥人才效应，激发创新活力**。学院始终坚持人才强院战略。学院党委积极布局人才引进工作，在引进缪小平院长等学科带头人的过程中发挥了关键作用。同时注重国家级人才和省级人才的内部培养，极大加强了人才队伍建设。在学院党委指导下，重新修订了《研究生招生指标分配制度》，引导研究生招生指标（特别是学硕和学博）向人才和国家级项目倾斜；重新修订了《年终绩效分配制度》和《学科建设贡献奖实施管理办法》等制度，使年终分配与个人对学院高质量发展的贡献相匹配，充分激发师生创新科研活力。

【启示】

（一）**党建引领是学院发展的灵魂**。高质量党建可以充分发挥政治引领作用，确保学院事业发展与国家战略保持一致，为学院发展提供坚实的政治保障；可以提高党组织的凝聚力和战斗力，为学院发展提供组织保障；可以提高师生的政治素质和思想觉悟，为学院发展提供强大的思想动力；还可以为学院发展提供人才支持和制度保证，营造风清气正的学院文化氛围。学院党委充分发挥党建引领作用，党建工作与专业建设、学科建设等具体业务工作深度融合，积极申报并成功获批了公共卫生专业博士点，实现了党建与学院事业发展的相互促进。

（二）**质量标准是人才培养的核心**。坚持人才培养高质量标准，需要学院党委统一全院师生思想，培育师生一流质量意识和追求卓越的学院文化。在学院党委指导下，学院坚持高质量人才培养标准，重新修订了本科人才培养方案和研究生人才培养方案，重新修订了《关于研究生开题的管理办法》《研究生中期考核与分流实施细则》《关于进一步加强博士研究生学位论文全过程质量管理工作实施细则》等制度并严格执行。2023 年，一批本科生被北大、清华、哈佛、剑桥等高校录取，研究生就业率近 100%，人才培养质量显著提高。

（三）**人才驱动是创新发展的引擎**。推动学院高质量发展，人才是不可或缺的支撑力量。近 3 年以来，学院党委除了引进院长缪小平（国家杰青），还内部培育国家优青 1 人和楚天学者等省级人才 8 人，科研创新能力显著增强。在专任教师只有 40 人的情况下，近 2 年学院牵头承担国家重点研发项目（2500 万元）、国家社科重大项目等大项目，获批国家自然科学基金 10 余项，国家社科基金 2 项，教育部人文社科项目 1 项，年均到账科研经费超过 1500 万元，年均发表 SCI 论文超过 120 篇（第一作者和通讯作者），其中在 *Lancet*、*Lancet Reg Health West Pac*、*Nature Communications*、*Gastroenterology*、*Cancer Res*、*Autophagy* 等学科领域顶刊发表论文 20 余篇。在第五轮学科评估实现提档升级（B-）的基础上，2024 年 6 月发布的"软科中国大学专业排名"中武汉大学预防医学专业排名进一步提高，位列第 17（B+）。

（四）**责任使命是社会服务的动力**。公共卫生学院全面务实推进公共卫生服务，向中共中央办公厅、教育部等部门报送咨政报告 20 余份，并获得中央和湖北省领导人批示肯定。缪小平教授作为全国人大代表，忠实依法履职尽责，积极为教育强国和健康中国战略建言献策。学院教师通过接受央视采访、在《人民日报》《光明日报》等重要媒体发文、主持制定《老年人营养改善服务指南》（湖北省地方标准 DB42）等方式，积极开展健康知识和卫生政策宣传，助力健康中国建设。此外，学院还与丹江口市政府合作开展核心水源区生态环境监测，助力南水北调工程；与恩施爱森农业有限公司共建"魔芋食材联合创新中心"，助力扶贫产业和乡村振兴；先后培训盛世康禾集团中高层干部 300 余人，为企业发展提供专业技术扶持。学院创办的英文期刊 *Global Health Research and Policy* 连续 3 年处于 JCR（《期刊引证报告》）Q1 分区。

[第二临床学院（中南医院）党委]

创建支部党建品牌，推动医院高质量发展

刘　争　孙晓娟　都丽婷

党的二十大报告指出，要把保障人民生命健康放在优先发展的战略位置。高校附属医院承担着为人民提供全方位、全周期健康服务的重要职责，是全面推进健康中国建设的重要力量，是党联系人民、服务群众的重要窗口。党支部是党在医院全部工作和战斗力的基础，当前加强党支部建设推动高质量发展已经成为医院面临的重要课题。这里以武汉大学中南医院党支部建设的实践路径为例，凝练医院党支部建设的方式方法和规律模式，以期为同行各单位提供借鉴和参考。

【背景】

在"健康中国战略"新时代背景下，高校附属医院应主动适应高质量发展新要求和党的建设总要求，不断探索党支部工作创新路径，把党支部建设成为坚强战斗堡垒。在实际工作中，高校附属医院党支部建设仍存在党支部规范化建设水平不足、党支部工作与业务工作互融互促不够深入、党支部品牌示范引领作用发挥不够等问题。因此，武汉大学中南医院将品牌建设理念创新引入党支部建设工作，建立了基于"标准—特色—示范"三项建设工程的党支部品牌建设实践路径，三项建设工程相互支撑、相互融合，形成共促高质量发展的合力。

【做法】

（一）标准建设阶段：实施"五好党支部"建设工程，提升党支部标准化规范化建设水平。一是"班子建设好"。大力实施党支部书记"双带头人"

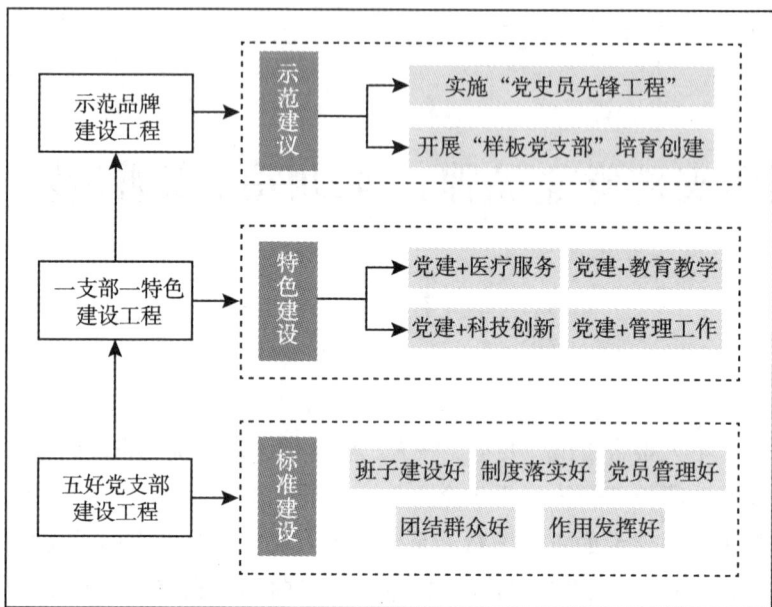

基于三项建设工程的党支部品牌建设实践路径

培育工程，医院党支部书记由科室正副主任、中层正副职或业务骨干担任的比例达到100%，并积极开展多层次党支部委员培训，打造高素质、专业化党务骨干队伍。二是"制度落实好"。落实党支部参与科室重大事项决策制度，对科室重大事项如评先推优、晋级晋职、绩效分配、选人用人等均实行"双签"制。三是"党员管理好"。坚持构建"8个党员院领导+7个党务部门+7个党总支+15个党建工作指导员"全员参与管理工作机制。坚持定期开展党委检查、党总支督查、党支部互查，确保党支部各项工作落实见效。四是"团结群众好"。党支部牵头确立"我为群众办实事"实践项目，开展帮困济贫、职工疗养、走访慰问等活动，解决职工急难愁盼问题。五是"作用发挥好"。在疫情防控和紧急医学救援等工作中，积极发挥党支部凝聚力和战斗力，在救援一线成立临时党支部，让党旗在救援一线高高飘扬。

（二）**特色建设阶段：实施"一支部一特色"建设工程，推进党建与业务深度融合**。一是党建+医疗服务。深入开展"临床+临床"党支部结对共建，搭建多学科融合交流平台，推动多学科融合发展。推进临床党支部与专科联盟单位建立"1+1+N"专科党建联盟，着力构建组织共建、资源共享、业务共创、服务共为的党建联盟工作模式。二是党建+教育教学。选派 15 名年轻管理干部担任学生党建工作指导员，精准服务学生发展需求，推进学生党支部与临床党支部联合开展红医精神传承、科研思维培养、职业生涯规划等主题活动。三是党建+科技创新。科研党支部等积极提供精细化服务，组织临床党支部开展学术交流会，促进多学科交叉融合。结合国家自然科学基金项目申报工作，积极组织开展专家指导会，开设科研日间门诊，助推医院国家自然科学基金项目申报工作取得更多突破。四是党建+管理工作。坚持问题导向，每年有针对性地开展"管理+临床"党支部结对共建 50 余次，精准解决临床实际需求，推进"管理服务进临床"，推动解决了一批影响医院发展的瓶颈问题。

（三）示范建设阶段：实施"示范品牌"建设工程，发挥党支部示范引领作用。一是实施"党员先锋工程"。围绕医疗、教学、科研、管理及社会服务等重点领域，创新设立 6 个党员先锋岗、10 个党员先锋队、15 个党员责任区，形成重要岗位有党员"示范"、重点领域有党员"包干"、重大项目有党员"攻关"的党建工作机制。其中"肝胆相照"党员先锋队，始终关注基层百姓健康，打造"湖北省万人肝病大筛查"公益品牌，助力医院成功创建中部地区首个国家级质控中心——国家人体捐献器官获取与质量控制中心。二是开展"样板党支部"培育创建。积极构建四级"样板党支部"培育创建工作体系，培育创建了 1 个国家级、5 个省级、5 个校级、15 个院级"样板党支部"。其中重症医学科党支部成功入选教育部第三批"全国党建工作样板支部"培育创建单位，并已顺利通过验收。同时，医院检验科党支部荣获"全国先进基层党组织"，医院党支部品牌建设案例连续两年荣获"中国医院管理奖"全国十佳案例，医院党建与业务深度融合实践案例入选国家卫生健康委党校"2023 年度党建引领公立医院高质量发展优秀案例"，"中南党建"创新模式和工作成效获得广泛认可。

【启示】

（一）坚持公益导向，强化党支部政治功能，明确保障人民生命健康的功能定位。党的十八大以来，以习近平同志为核心的党中央坚持把保障人民健康放在优先发展的战略地位，深化以公益性为导向的公立医院改革。公立医院党支部应准确认识公立医院公益性的内涵和基本要求，在努力提高医疗服务质量、改善患者就医体验、提升社会服务水平等方面充分发挥政治引领作用，不断打造人民群众满意的"服务型"基层党组织，为全面推进健康中国建设提供坚强政治保障。

（二）坚持立德树人，强化党支部育人功能，明确培养新时代医学人才的功能定位。党的二十大报告指出：坚持为党育人、为国育才，全面提高人才自主培养质量，着力造就拔尖创新人才。公立医院特别是高校附属医院党支部应坚持以党建引领立德树人根本任务，激发基层党组织育人的战斗堡垒作用，服务学生发展需求，强化教师党支部与学生党支部联动共建，实现支部建设和学生成才的有机融合，落实落细意识形态工作，着力培养新时代全面发展的医学人才。

（三）坚持科技创新，强化党支部组织功能，明确服务国家战略需求的功能定位。党的十八大以来，党中央始终坚持把科技创新作为引领发展的第一动力。公立医院党支部应坚持"党建+科技创新"融合模式，面向世界科技前沿、面向经济主战场、面向国家重大需求、面向人民生命健康，找准党建服务中心大局的结合点、切入点、着力点，充分发挥基层党组织政治优势、组织优势、群众优势和人才优势，为医疗卫生事业高质量发展提供强有力科技支撑。

以高质量党建引领工会工作高质量发展

王　环

2023年10月23日，习近平总书记在中南海同中华全国总工会新一届领导班子成员集体谈话并发表重要讲话。他强调，坚持党对工会的全面领导，任何时候、任何情况下都不能动摇、不能偏离。全国总工会要带头加强自身建设，当标杆、作表率，成为让党放心、让人民满意的模范政治机关。武汉大学工会党支部在创新工会工作高质量发展上，尤其注意以党的政治建设为统领，在工作中深度融合党建和业务工作，围绕如何建设让党放心、让人民群众满意的模范工会组织，逐步形成特色较为鲜明的以高质量党建引领工会工作高质量发展的路径。这里以武汉大学工会党支部创新工会工作高质量发展为例，从中总结经验，找到规律，为各地各单位运用典型经验创新工会工作提供参考借鉴。

【背景】

校工会党支部在学校党委和机关与直属单位党委的正确领导下，始终坚持以深入学习贯彻习近平新时代中国特色社会主义思想为主线，以开展常态化学习教育为抓手，增强"围绕中心抓党建、抓好党建促业务"理念，坚持把党建工作与发挥群团组织桥梁纽带作用、履行工会基本职责和职能有机融合，扎实推进政治、思想、组织、作风和纪律建设，着力提高党建质效，凝聚起广大教职工团结奋进的强大力量，由此为学校新质生产力发展、为实现中华民族伟大复兴的中国梦建功立业。

【做法】

（一）**深化政治引领，强化党支部政治功能。**校工会党支部始终把政治建设摆在首位，把全面贯彻习近平新时代中国特色社会主义思想，与学习贯彻习近平总书记关于工人阶级和工会工作的重要论述结合起来，教育工会党员增强"四个意识"、坚定"四个自信"、做到"两个维护"，在思想上政治上行动上同以习近平同志为核心的党中央保持高度一致。充分发挥工会组织优势，利用工会全委会、二级工会主席会、专题培训班等多种形式开展理论培训，向全校各级工会发放《习近平关于工人阶级和工会工作论述摘编》等学习材料，专题开展学习贯彻习近平总书记给武汉大学参加中国南北极科学考察队师生代表的重要回信精神，突出工作的针对性和时效性。同时把握重要节点，先后举办"学习二十大·奋进新征程"系列体育比赛，"走红色圣地·问峥嵘岁月"青年教职工参观学习等具有鲜明主题的宣传教育实践活动，不断提高教职工政治站位，不断保持和增强工会工作的政治性、先进性、群众性，引导广大教职工紧紧团结在党的周围。

（二）**夯实组织建设，发挥党支部战斗堡垒作用**。校工会党支部始终坚持以党章为根本遵循，严格按照《中国共产党支部工作条例》的要求，提高"三会一课"质量，丰富主题党日活动，组织全体党员赴陕西延安、安徽金寨等红色教育基地学习，组织参观校史馆进行"学校史知校情　汲取奋进力量"主题党日活动等，进一步深化支部党员宗旨意识和奋斗意识。校工会党支部通过设置工会党员先锋岗和党员工作责任区等多种形式，加强党员干部坚持以教职工为中心的服务理念。同时对工会管理服务流程进行再梳理和优化，升级工会网站、教代会提案管理系统、工会会员会籍管理系统，推动工作服务效能和管理水平提升，营造风清气正、忠诚担当、真抓实干的良好风气和工作环境。

（三）**深化党建与业务融合，促进工作高质量发展**。校工会党支部坚持以党建带工建，履行好工会基本职责，发挥桥梁纽带作用，努力为教职工群众做好事办实事解难事。在全面履行教代会职权、推进学校民主管理，弘扬劳模精神劳动精神工匠精神、提升教职工队伍素质，完善综合帮扶格局、推进多元化普惠服务，加强自身建设等方面取得了突出成绩。尤其是在落实民生实事，关心关爱教职工身心健康上，在以往教职工常规体检的基础上推动落实了教职工每年肺部 CT 全覆盖、妇科两癌筛查全覆盖、每三年一周期 50 岁以上在职教职工胃肠镜检查全覆盖等教职工非常规体检工作；同时利用学校优势资源，建设教职工心理健康工作室，开展心理健康咨询和心理健康教育

党支部赴全国爱国主义教育示范基地安徽省金寨县开展主题党日活动

服务，通过"武汉大学工会会员心理健康服务平台"，为教职工提供心理健康咨询服务 400 余次；还组织多场大型文艺会演、开展教职工摄影展、诵读比赛、党史学习教育知识竞赛、红色电影月展映、梅园经典老电影展等活动，举办多届教职工健身运动会，举办系列体育比赛，近万人参与；增加了二级工会和社团的下拨经费，创新"健美瑜珈杯"文体活动综合积分制，支持社团自主开展文体活动；送培训下基层，培育出"素质拓展培训班""精致生活"等活动品牌，吸引近 8 万人次教职工参与；还通过举办青年联谊活动、每周末免费为广大师生放映电影、全年开放教职工活动中心等真正把温暖送到广大教职工身边。

【启示】

（一）**要不断提高政策理论水平。**持续强化党的创新理论武装，不断提高支部党员的政治判断力、政治领悟力、政治执行力，切实把党的二十大精神贯穿到工会工作各方面、全过程，把旗帜鲜明讲政治的要求落实到具体行动上，进一步增强工会全体党员践行"两个维护"的政治自觉、思想自觉和行动自觉，以高质量党建引领工会工作高质量发展。

（二）**要持续推进党支部标准化规范化建设。**抓好党支部建设，努力提高"三会一课"质量，创新学习模式，走出去、广交流，不断提高党员的综合素质，激励党员以积极的热情和饱满的干劲投入工作岗位中去，发挥先锋模范作用。

（三）**要深化党建与业务工作融合。**深刻把握基层党建围绕中心、服务大局的职责定位，牢固树立以党建引领业务工作、以业务工作检验党建成效的理念，把作风训练、技能培训、工作研讨等内容融入"三会一课"和主题党日，进一步深入基层调查研究，提供更加精准、高效的服务，通过高标准的党建工作引领工会工作高质量发展。

勇创"三微"党建，激发红色新动力

邓铭一

发展规划与学科建设办公室负责学校发展战略与学科建设的整体规划及管理。支部现有党员 11 人。党的十九大以来，支部深入推进学习教育常态化制度化机制，营造善于学习、勇于实践的浓厚氛围，探索完善"三微"（即"微课堂""微讲坛""微测试"）支部工作法，打造学习型党支部，为更好地履行"谋划发展、推动改革，服务一流"职责提供了坚实保障。

【背景】

党的十九大以来，以习近平同志为核心的党中央高度重视高等教育发展，习近平总书记多次对高等教育改革发展作出重要指示，强调加快一流大学和一流学科建设，实现高等教育内涵式发展，推进高等教育治理体系和治理能力现代化。这些重要论述为新时代我国高等教育事业发展指明了方向、提供了遵循。在学校发展规划与学科建设办公室的日常工作中，党支部的建设始终是一项重要任务。随着信息技术的迅猛发展和移动设备的普及，传统的教学模式已不能完全满足现代教育的需求，办公室针对党支部"三会一课"和主题党日活动，进行了一系列创新实践，学校发展规划与学科建设办公室积极响应教育信息化的号召，探索开展"三微"活动。显著提升了活动质量，增强了党组织的凝聚力和战斗力。

【做法】

（一）融合创新，"三微"党建以讲促学。"三微"工作法主要是指"微课堂""微讲坛""微测试"。主要根据发展规划与学科建设办公室部门职责和特点,以更好地履行参谋、改革、服务职能为核心,组织支部党员定期轮流开展"三微",以讲促学、以学促干,将严格组织生活的要求同支部党员的学习、实践、总结、创新相结合,着力增强支部成员的政治素养、科学谋划水平、推动落实本领。

(二)**强基固本,时政引领"微课堂"**。建立各办公室"微课堂"学习专栏"小黑板",确保师生能够随时随地参与学习。内容上根据发展规划与学科建设办公室的工作内容,结合时政热点和学科最新动态,定期发布短小精悍的微课堂内容,每月定期更新,也可自愿补充内容,鼓励老师之间进行交流互动,形成良好的学习氛围。同时,及时了解师生的学习情况和反馈,不断优化微课堂的内容和形式。

(三)**凝心铸魂,以学促干"微讲坛"**。"微讲坛"紧扣支部政治建设、思想武装、组织建设、作风建设,紧紧围绕"双一流"建设核心任务,把"微讲坛"主题放到部门工作、学校发展大局中去定位和谋划,分享工作经验和教训,交流新思路、举措和办法,解决新的矛盾和问题,实现党建工作与业务工作深度融合。如:"学习领会党的十九大精神""学习领会习近平总书记系列重要讲话精神""'不忘初心、牢记使命'现场教学""双一流视野下的学校发展战略""重温高等教育'延安模式'""新时代加强学术委员会自身建设的若干思考""改革路上的两个'一公里'——关于校院改革从顶层设计到落实落地的学习与思考""现代工业深度体验""人工智能——武大的选择"等,把主题聚焦在习近平总书记关于高等教育定位、目标和根本任务的重要论述上,聚焦在党的十九大关于"双一流"建设的要求上,聚焦在学校"十四五"规划目标和"双一流"建设方案落实上。同时,根据最新形势和工作进度需要灵活增加学习内容,动态优化课程,如邢颖同志 2024 年 5 月开展了关于"雷军教育基金项目规划及思考"的主题讲坛。课上党员讲、大家议、领导评,挖掘深度、提升高度,有效指导了支部和党员的具体工作。

(四)**精准把脉,以测促建"微测试"**。"微测试"主要目的是检验和提升党员对党建知识的掌握程度,通过测试促进党员学习的积极性和主动性,进一步加强党的建设。测试内容涵盖党的基本理论、党的历史、党的路线方针政策、党规党纪等方面,旨在全面考察党员的党建知识水平。测试形式采取闭卷或开卷形式进行,根据学习进度和需要,可以设置为选择题、填空题、简答题等多种题型,确保测试的针对性和实效性。通过每月的党建知识小测

党支部党员结合历史进程围绕党章中的党纪进行微党课主题讲解

试，党员们能够不断巩固和拓展党建知识，提高自身的政治素质和业务能力。强化党的建设，测试不仅是对党员个人学习成果的检验，也是对党支部组织学习、开展党建工作的一种督促和推动，有助于加强党的思想建设、组织建设和制度建设；促进工作落实，通过测试可以及时发现党员在党建知识方面的薄弱环节，为下一步的学习和工作提供有针对性的指导，进而促进各项工作的落实和推进。

【启示】

（一）开展"三微"党建，创新是提升活动质量的关键。只有不断创新活动形式和内容，才能吸引党员的积极参与，提升活动效果。

（二）开展"三微"党建，理论结合实际是党建活动的目标。将党支部活动与学校发展规划和学科建设紧密结合，既能增强活动的针对性，又能促进中心工作的落实。

（三）开展"三微"党建，制度建设是党建工作的长效保障。建立完善的活动计划和评估机制，是确保活动持续、有效开展的重要基础。

[人文社会科学研究院党支部]

促融通、聚合力，创新党建助发展

段玥君　孙华东

人文社会科学研究院党支部深入学习贯彻习近平新时代中国特色社会主义思想、党的十九大和党的二十大精神，聚焦党建引领高质量发展，推动党支部全体党员奋勇担当，使党支部成为党旗高高飘扬的战斗堡垒，全力推进学校哲学社会科学事业和"双一流"建设高质量发展。

【背景】

《中国共产党普通高等学校基层组织工作条例》坚持高校党的建设与人才培养、科学研究、社会服务、文化传承创新、国际交流合作等深度融合，为高校改革发展稳定、完成党和国家重大战略任务提供思想保证、政治保证、组织保证。党的二十大报告指出，要把基层党组织建设成为有效实现党的领导的坚强战斗堡垒。高校党建与事业发展的深度融合是坚持党对教育事业全面领导的必然要求，是落实高校立德树人根本任务的现实需要，是推进高校治理体系和治理能力现代化的有效抓手。① 2019 年以来，人文社会科学研究院党支部不断创新工作方法，通过坚持"第一议题"制度、建立同行联学机制、探索学科交叉融通路径、走近文科单位和专家学者、打造主题党日活动品牌等举措，不断推进党建与业务工作深度融合。

【做法】

（一）坚持"第一议题"制度，把准高质量发展方向。自学校第九次党

---

① 李俊英，姜泽慧，姜晓运. 党对教育事业全面领导下高校党建与事业发展深度融合路径研究 [J]. 大连干部学刊，2024（5）：52.

代会召开以来，举行党支部大会、支委会、主题党日等支部活动 100 余次，坚持落实"三会一课"制度，将学习习近平总书记重要讲话和重要指示批示精神等内容作为支部活动的"第一议题"，第一时间组织传达学习。以普通党员身份参与支部活动的校党委常务副书记沈壮海同志通过主题宣讲、辅导报告、微党课、总结讲话等多种形式谈体会、提要求、作部署，把准学校人文社科研究工作高质量发展方向。

2023 年 9 月，校党委常务副书记沈壮海同志在党支部主题教育专题组织生活会上主讲"深化习近平新时代中国特色社会主义思想的体系化、学理化研究"微党课

（二）建立与兄弟高校社科管理部门党支部联学机制，拓宽高质量发展思路。先后多次和清华大学文科处与智库中心联合党支部、北京大学社会科学部党支部、中国人民大学科研处党支部等，围绕党的创新理论、科研管理体制机制、高校哲学社会科学新发展阶段面临的机遇与挑战等主题开展深入研讨，并前往辛亥革命博物馆等红色教育基地开展党性学习教育，拓宽工作思路，创新工作方法。

（三）考察科研公共服务条件平台和全国重点实验室，优化高质量发展路径。校党委常务副书记沈壮海同志带领党支部全体党员考察科研公共服务条件平台、水资源工程与调度全国重点实验室，对推进新文科建设，凝练交叉融通方向、建设交叉融通机制、打造交叉融通平台、汇聚交叉研究团队、发布交叉研究项目，开辟新领域新赛道，构建交叉融通、协同共享的多学科汇聚新格局产生重要启发。

（四）**走近文科单位和专家学者，凝聚高质量发展共识**。通过支部联学联建、"我为群众办实事"、主题教育调研、工作座谈、政策宣讲、研讨交流等多种形式，走进外国语言文学学院、新闻与传播学院、历史学院、法学院、马克思主义学院、信息管理学院、国家高端智库、教育部人文社科重点研究基地、教育部哲学社会科学重点实验室、文科期刊、国家社科基金重大项目专家、青年学者团队、科研管理骨干等服务对象，关注研究进展、倾听发展需求、给予工作指导，努力做好服务、办好实事。

2024 年 5 月，党支部全体党员深入新闻与传播学院开展
"走院系　优服务　强党纪　奋进一流建新功"主题党日活动

（五）**打造主题党日活动品牌，提升高质量发展能力**。2023 年 11 月，在"迎百卅校庆，学重要思想"主题党日中首创"社科管理论坛"，并将之作为主题党日一项固定安排，目前已成功举办 6 期。围绕积极承担 130 周年校庆任务、承办省社科界"推动长江经济带高质量发展"主题研讨会、推进有组织科研、组织国家社科基金项目申报、建设人文社科管理系统和介绍学报（哲社版）发展情况等业务工作，分享经验、打破壁垒，提升人文社科管理综合能力。

【启示】

（一）**党建工作与业务工作相辅相成、联系紧密**。习近平总书记在党的二十大报告中指出，要增强党组织政治功能和组织功能。作为高校职能部门，人文社会科学研究院党支部"坚持以政治建设引领机关党建与业务工作，把讲政治贯穿于党建与业务工作全过程，抓牢两项工作的思想制高点"①，主动适应哲学社会科学发展的新趋势新战略新要求，不断强化政治功能和组织功能，充分发挥业务一线基层党组织战斗堡垒作用和广大党员先锋模范作用，进而转化为高质量发展的强大动能。

（二）**抓好党建工作，引领业务工作高质量发展**。人文社会科学研究院肩负推动学校人文社科研究工作有序开展、高效运行、高质量发展的重要职责，是推动学校"双一流"建设的重要纽带。通过党建与业务深度融合，运用系统思维和方法，提高管理效能和服务质量，有力地提升了治理体系和治理能力现代化。2019年以来，学校哲学社会科学核心竞争力和综合实力不断提升，人文社科项目、成果、人才、平台、智库和期刊等工作取得重大进展，多项指标位居全国高校前列，为加快建设中国特色世界一流大学、服务中国式现代化建设作出重要贡献。

（三）**找准结合点、打造品牌，推进党建业务融合**。为充分发挥党建业务融合的品牌效应，经过广泛调研，结合130周年校庆契机创设的"社科管理论坛"，实现了"参与、分享、互鉴、提升"的预期目标，反响良好。"社科管理论坛"将党建与人文社会科学研究院核心业务有机结合，高度契合党建业务融合的发展方向，具有高识别度、高认可度、高推广度。未来党支部将进一步把品牌建设与重点工作相融合，不断提升品牌影响力。

---

① 司杨，马启华.高校机关党建与业务深度融合研究［J］.北京邮电大学学报（社会科学版），2021（3）：102-114.

全面推进定编定岗，激活人力资源强引擎

刘文彬　颜　彦

党的十八大以来，党中央提出一系列新理念新战略新举措，不断开创新时代人才工作新局面。习近平总书记在中央人才工作会议上发表的重要讲话为高校进一步做好人才工作提供了根本遵循和行动指南。人事部党支部以强化理论武装铸魂强基，深入学习贯彻习近平总书记关于教育的重要论述和重要指示批示精神，认真学习贯彻落实习近平总书记给武汉大学参加中国南北极科学考察队师生代表的重要回信精神，并将理论学习成果转化为人才强校的生动实践。

【背景】

强教必先强师，人事部党支部理论学习和业务实践深度融合，将感悟思想伟力转化为优化人事治理的切实行动，始终坚持以更高质量推进新时代人才强校战略，创新人事人才工作体制机制，已成为支部全体成员的共识。支部坚持推进党建与业务深度融合，牵头开展定编定岗工作，推动队伍规模红利向质量红利、人才红利转变，统筹加强师资队伍建设，不断优化人力资源配置，激发教职工队伍活力，为学校高质量发展奠定强有力的人力资源基础。

【做法】

（一）**加强战略谋划，保持战略定力——全面启动定编定岗，人力资源基础筑牢筑实**。编制是学校最宝贵的资源，党支部将理论学习与人事人才业务工作深度融合，多次利用支部活动学习、研讨和剖析定编定岗工作，出台《武汉大学定编定岗工作实施方案》，全面深化人事人才制度和薪酬体系改革，

整体推进全校岗位设置、分类管理、分类评价工作，做到人人有赛道、人人有作为。引导教职工聚焦学校核心事业发展，构建高水平教职工队伍引领高质量发展的战略格局。统筹编内编外岗位管理，全面落实全员聘用，队伍规模结构不断优化。2019 年 1 月至今，事业编制人员总量得到有效控制，教师占比从 51.2% 提升至 55.8%，支持学校教学科研和人才培养更加有力。

（二）胸怀"国之大者"，优化顶层设计——全面推进人才强校战略，育引留用成效显著提升。人才是建设教育强国和一流大学的战略资源。党支部坚持党管人才的原则，着力在"引才、育才、用才"上下功夫，以最高规格、最高敬意、最高诚意礼遇高层次人才，形成人才保障高质量内涵式发展的良好局面。围绕国家战略需求和学校学科布局引育高层次人才，自 2019 年以来国家级人才计划入选者由 392 人次增长至 868 人次，高层次人才数量实现倍增，高层次人才占教师队伍的比重由 10.5% 增长至 23.3%。出台《武汉大学"弘毅学者"人才发展体系实施办法（试行）》，建立起覆盖顶尖人才、学科带头人、优秀青年人才的导向明确、层次清晰、衔接紧密的人才发展体系。近 3 年，国家级领军人才和青年人才总数均位居全国高校前 8。优化人才评价机制。出台《武汉大学人才评价专家委员会章程》，成立人才评价委员会，全面提升教师选聘和晋升的评价标准。

（三）推动改革发展，充分发挥战斗堡垒作用——创新教职工评价体系，提升队伍核心竞争力。本年度党支部在学校党委的坚强领导下，着力优化教师分类评价和分级评审体系。推出系列教师岗位分类管理文件，科学设置分类评价、分类考核、分类晋升的教师分类管理体系。推进教研系列预聘－长聘制改革，加快汇聚世界一流人才。统筹加强教师校内外兼职聘任的规范管理并出台相关文件。职称评价体系不断创新。出台新职称文件，着力破"五唯"，探索"代表性成果"评价制度，科学设计评审机制和程序，提升评审精准性。管理支撑和基础教育队伍质量明显夯实。2019 年以来，择优选拔来自北京大学、清华大学等重点高校的 123 名辅导员加入管理队伍；补充 110 名高水平实验技术人员到学校重要工作岗位，专技人员拥有博士学位比例从 8.4% 上升至 19.2%。引进 10 位省特级教师为学科领军人才，推动学校基础教育学科领军人才规模跻身武汉市中小学第一梯队；选拔 21 位市区级学科带头人为骨干教师，极大提升附属学校师资队伍的学历层次和人员质量。

党支部赴万林艺术博物馆参观武汉大学新时代办学成就展

【启示】

（一）坚持党建引领是把准人事人才工作方向的根本保证。党支部坚持和加强党的全面领导，认真落实党管人才的要求，做好人事人才工作顶层设计。召开全校人才工作大会，落实人才工作"一把手"负责制，书记、校长担任学校人事人才工作领导小组组长，全面领导学校人才工作，不定期研究人才引进、支持等事项，把党管人才的制度优势及时转化为人力资源治理优势。切实将党中央、湖北省委人才工作会议精神及学校党委的指示精神转化为发展动能，转化为高层次人才数量质量的倍增态势、近悦远来的人才生态，以及具有武大特色和国际竞争力的人才制度体系和发展环境。建立工作专班，完善工作机制，落实落细人才安全保护工作。

（二）坚持体制机制创新是队伍建设提质增效的关键因素。党支部以扎实推进定编定岗落实落地为突破，全面深化人事人才制度和薪酬体系改革，整体推进全校岗位设置、分类管理、分类评价工作，引导教职工聚焦学校核心事业发展，构建高水平教职工队伍引领高质量发展的战略格局。教师评价体系先立后破，出台教师岗位分类管理和兼职兼聘系列文件并做好改革试点。出台《武汉大学专业技术人员创新创业工作管理暂行办法》，修订出台《武汉大学教职工退休管理办法》，延退政策上赋予学院更多自主权，精准服务学科发展。

（三）**坚持优化人力资源配置是持续释放改革效能的坚强基石**。党支部优化人员调配机制，力促人岗相适。根据学校定编定岗总体目标，充分利用校内人员流转招聘平台，出台规范校内人员调动的管理文件并加强过程管理，促进人员合理规范转岗流动，达到"人尽其才、才尽其用"。梳理优化教职工荣誉体系，规范职员评聘工作，畅通管理支撑队伍晋升发展通道。充分发挥薪酬激励作用，提升教职工干事创业活力。将附属学校师资队伍建设纳入学校队伍建设总体规划。一体化管理编内编外人员，统筹做好非事业编制人员招聘，提高选聘质量。

构建育人共同体，共促学校高质量发展

邓小梅　李辛欣　陈　纲

近年来，校友事务与发展联络处（以下简称校友处）党支部不断以加强党建提升战斗力，通过建好党支部、选好带头人、发挥典型引领示范作用，围绕部门主责主业促进党建与业务深度融合，着力服务好学校各项中心工作，充分发挥了基层党组织的战斗堡垒作用。因各项工作表现突出，获评"武汉大学作风建设先进单位""武汉大学130周年校庆工作突出贡献集体"等。现将校友处党支部建设主要做法和经验进行提炼总结，为各地各单位运用典型经验开展党支部建设提供参考借鉴。

【背景】

习近平总书记强调："只有把基层党组织建设强、把基层政权巩固好，中国特色社会主义的根基才能稳固。"高校基层党组织承担着为党育人、为国育才的历史使命。面对新时代高校高质量发展新格局，校友处党支部作为高校的基层党组织，推进党建与业务工作深度融合，以高质量党建引领事业高质量发展，始终围绕学校发展中心任务，着力构建"大校友"工作格局，深耕校友资源，凝聚校友力量，构建"校友-母校-社会"育人共同体，服务学校双一流建设和经济社会发展，成效显著。

【做法】

（一）**夯实基层党建，强化作风建设**。校友处党支部充分发挥党支部战斗堡垒作用和党员先锋示范作用，以实干精神锤炼队伍作风。一是深入开展"不忘初心、牢记使命"主题教育、党史学习教育、学习贯彻习近平新时代中国特色社会主义思想主题教育，以锻造坚强组织、建设过硬队伍为着力点，不断强化党的创新理论武装，增强干事创业本领。二是坚持以人民为中心的发展思想，校友处党支部多次通过问卷调查、走访座谈等形式，面向全校各院系部门、师生代表、各地校友，以及高校同行深入开展调查研究，有针对性地补足短板，设置学院校友工作基金工作联络专员，加大做好学院服务工作的力度，有效推进了主题教育与业务的深度融合。三是牢记党规党纪，以严格标准规范制定工作制度，规范工作行为。通过建章立制，规范管理。召开全校工作大会，编写工作手册，加强对各单位基金工作的业务培训。通过编制工作年鉴，建设捐赠项目专题网站，接受捐赠人和社会各界的监督，提高捐赠人满意度和社会公信力。

（二）**搭建有效平台，深耕真情服务**。以情感为纽带，以服务为宗旨，打造校友共话情谊、共谋发展、共享资源的交流平台，校友处党支部在业务工作中用心用情为校友情感需求和发展需求服好务。一是面向新时代新征程，组建校友总会新一届理事会。从地域、行业、学科、年级、兴趣等多维度拓展校友组织网络，推动"校友之家"实体空间在各地校友会落地，支部党员主动联系各地校友党员和群众、积极响应需求，提供服务。开发完善校友信息系统，打造专属武大校友的线上家园。二是保持与广大校友的日常情感联系，党支部通过组织支部共建、党员交流学习等活动推动学校主要领导定期拜访校友，协助分管领导主动参加地方校友活动，每年向校友发送生日祝福、节日问候等。三是策划开展各类特色鲜明的校友活动，130周年校庆期间举办"同传一面旗""同唱一首歌""同抒一片情""同赴一场约"系列校友活动。细致周到做好校友来访、信息咨询、值年返校、资源对接等日常服务。

（三）**弘扬校友精神，凝聚文化共识**。校友处党支部通过表彰先进典型，建立并完善校友荣誉体系，充分发挥校友楷模的示范作用。一是举办杰出校友表彰大会，表彰为国家、社会、母校作出了卓越贡献的校友榜样。召开教育贡献奖颁奖大会，提升捐赠人满意度和获得感。二是聚焦党支部基层治理现代化，打造全方位多维度的立体宣传矩阵，讲好校友故事，凝聚文化共识。以校友总会、基金会、校友处三大网站、两个微信公众号、一报一刊、定期邮件等方式，构筑起立体化的校友公益文化宣传阵地。三是策划开展小额捐赠，培育捐赠习惯和公益文化。持续开展微爱珞珈等小额捐赠项目。

（四）**紧扣发展主线，促进合作共赢**。校友处党支部始终坚持长线思维、

学校 130 周年校庆期间组织全球校友举办"同传一面旗"活动

换位思考和共赢发展理念，在工作中通过整合信息资源、人脉资源、财力物力资源，实现以合作促共赢，以服务求支持，推动形成"校友-母校-社会"育人共同体建设。一是专心、细心、耐心地维护校友和捐赠人关系，加强对潜在捐赠人的挖掘和培育，以党支部间的互动促进学校领导带队走访地方校友会、校友企业和潜在捐赠人常态化。为创业校友事业发展提供支持，培养下一代捐赠人。二是围绕学校发展战略目标，强化组织担当，凸显校友处党支部筹资募资职能，争取捐赠资金投入学校建设发展最急需的领域，发挥捐赠最大效能。超 20 亿元捐赠资金支持学校学科建设、人才队伍建设和人才培养；超 6 亿元捐赠资金用于万林艺术博物馆、雷军科技楼、振华楼、卓尔体育馆、爱平音乐厅等校园环境与基础设施建设。三是统筹、协调、对接校友资源，在学校招生宣传、学生就业、科研合作、人才引进、创业论坛课程等方面争取校友支持，构建校友与母校共荣共兴的命运共同体。四是汇聚共同富裕强大动能，发挥校友处党支部工作特色，协助地方政府参与脱贫攻坚、乡村振兴、招商引才等各类工作，通过各类活动、平台，充分发挥校友资源和政府资源对接的桥梁与纽带作用，助力校友事业发展，促进地方经济社会建设，实现共同价值追求。

【启示】

（一）**聚焦中心工作，促进党业共振发展**。校友处党支部聚焦"立德树人"根本任务和"为党育人"使命，与校友、校友之友和社会各界广泛联系，宽范围、多维度进行联建共建，构建了社会资源全面支持学校发展的"育人共同体"。

（二）**发挥党员示范作用，践行全心全意服务理念**。干部带头以上率下，党员示范勠力同心，凝聚校友处全体员工强大合力，践行全心全意服务理念，切实为学校师生员工办实事、解难事，提升大家获得感、幸福感，使党旗在基层高高飘扬。

[文学院古籍整理和汉语言文字学教师党支部]

深耕冷门绝学，坚持文化创新

赵　昱

2023 年 6 月，习近平总书记在文化传承发展座谈会上发表重要讲话，总结了中华文明具有的五个突出特性——连续性、创新性、统一性、包容性、和平性，强调"在五千多年中华文明深厚基础上开辟和发展中国特色社会主义，把马克思主义基本原理同中国具体实际、同中华优秀传统文化相结合是必由之路""只有立足波澜壮阔的中华五千多年文明史，才能真正理解中国道路的历史必然、文化内涵与独特优势"。近年来，武汉大学文学院古籍整理和汉语言文字学教师党支部在习近平新时代中国特色社会主义思想指引下，立足中华优秀传统文化沃土，守正创新，努力推动教学和科研高质量、内涵式增速发展。

【背景】

武汉大学古籍整理研究所成立于 1984 年。40 年来，古籍整理研究所教师团队始终注重发挥党支部领导作用、切实加强党组织建设。团队成员恪守师德，正学奉献，自成立至今，三代学人扎根冷门绝学领域，艰苦接力，孜孜矻矻，以初心铸就不朽，以匠心缔造华章，先后完成《故训汇纂》《古音汇纂》《中华大典·语言文字典·音韵分典》等精品巨作。2022 年 1 月，古籍整理研究所冷门绝学传承教师团队获评第二批"全国高校黄大年式教师团队"，是武汉大学第二个获此殊荣的教师团队，也是全国高校古籍所中唯一一个、中文相关专业为数不多的黄大年式教师团队。

【做法】

（一）**强化理论武装，坚定专业信念**。突出政治引领这个首要功能，将党的集中、统一领导贯彻到古籍工作的全过程、各方面。组织专题学习中共中央办公厅、国务院办公厅印发的《关于推进新时代古籍工作的意见》，深入理解古籍工作对于赓续中华文脉、弘扬民族精神、增强国家文化软实力、建设社会主义文化强国的重要意义。加大宣传力度，讲好"五老"故事，以人文社科资深教授、古籍整理研究所原所长、老党员宗福邦同志的亲身经历，言传身教感召青年教师、青年大学生继续保持艰苦奋斗的优秀品质。在此基础上，赵昱同志指导学生撰写《以胸中热意，书冷卷繁章》，获得 2023 年湖北省"读懂中国"活动优秀征文。

（二）树立良好示范，贯彻"三全育人"。古籍整理研究所和汉语言文字学教研室作为文学院强基计划（古文字学方向）的主体责任单位，全面参与各年级强基班的思想道德建设和学风班风建设。党支部书记、古籍整理研究所副所长李寒光同志先后组织师生恳谈会、新老学生交流会、学风建设会，为培养强基拓新人才扣好"第一粒扣子"。支部多名党员担任学院班级导师，全面关注本科学生的身心健康和思想动态，帮助学生树立正确的人生观、价值观。赵昱同志担任班级导师的 2020 级汉语言文学三班，多次获得武汉大学先进班集体、武汉大学先进团支部等荣誉称号。李寒光同志担任班级导师的 2021 级汉语言文学一班，获评武汉大学先进团支部。

（三）推进课程思政，创新培养模式。充分发挥教师队伍"主力军"、课程建设"主战场"、课堂教学"主渠道"作用，将课程思政融入课堂教学全过程，以精品意识打造一流课程。李寒光同志、赵昱同志所在的"中国古典文献学"课程团队，组织学生制作仿古线装书，激发学生了解和钻研古籍的热情，增强古籍保护意识。王统尚同志通过对联教学、古文字教学，将爱国情感、生活情趣与绝学传承有机融合。课堂讲授之外，教师们带领强基班学生分批赴长沙、荆州、上海、南京等地游学，观览历史人文遗迹，厚植家国情怀。目前支部成员共主持和参与国家级一流本科课程 3 门、省级一流本科课程 1 门，近 5 年获得全国高校混合式教学设计创新大赛、湖北省第九届教学成果奖等各级各类教学奖项 9 项。

（四）服务国家战略，勇担时代重任。古籍整理研究所长期深耕文字音韵训诂和古代小学典籍等冷门绝学领域，宗福邦同志带领团队成员，甘坐冷板凳，敢啃硬骨头，不慕名利，默默奉献，集体攻关，才有三部巨著的相继出版。他于 2019 年获评"荆楚社科名家"，2022 年荣获"荆楚好老师"特别奖。萧圣中、陈练文、王统尚等同志致力于汉字文化普及工作，与湖北教育电视台合作打造汉字知识普及栏目《汉字解密》，节目的社会反响良好，荣获原国家新闻出版广电总局"迎接十九大优秀少儿节目"一等奖。李寒光、王统尚、赵昱、王玥雯等同志作为湖北省普通话测试员，每年承担武汉大学的普通话宣传、测试工作，助力国家通用语言文字的推广。

党支部组织党员参观纪念武汉大学西迁乐山八十五周年主题书画展

【启示】

（一）**坚持政治引领是事业高质量发展的先决条件**。古籍整理和汉语言文字学教师党支部坚持以党建工作统领教学科研工作，使党支部成为党团结和联系广大师生的桥梁纽带。这启示我们，面向实现中华民族伟大复兴的崇高使命和艰巨任务，只有突出政治教育，才能切实做到将古典文献研究和语言研究与中华优秀传统文化的继承、弘扬相结合，为建设中华民族现代文明贡献力量。

（二）**创新教学模式是事业高质量发展的重要渠道**。古籍整理和汉语言文字学教师党支部成员坚守传统，注重创新，通过更加丰富的形式连接专业与思政、教师与学生、课内与课外。这启示我们，教学科研绝不能闭门造车，故步自封，需要顺应时代潮流，既读万卷书，更行万里路，真正做到把论文写在祖国的大地上。

（三）**服务社会需要是事业高质量发展的持久保障。**古籍整理和汉语言文字学教师党支部自觉践行党的根本宗旨和群众路线，使党支部成为呼应时代需求、团结凝聚师生群众的坚强战斗堡垒。这启示我们，要充分发挥高校基层党支部的学科及专业优势，广泛开展文化服务、技术服务，学以致用，知行合一，促进文化建设和社会发展的和谐统一。

[马克思主义学院马克思主义中国化系教师党支部]

支部师生共研共悟新质生产力

陈慧女　简　繁

　　武汉大学马克思主义中国化系教师党支部（以下简称"支部"）联合研究生党支部，深入开展学习贯彻习近平新时代中国特色社会主义思想主题教育，牢牢把握"学思想、强党性、重实践、建新功"的总要求，把读原文悟原理、去现场做调研、研理论讲理论相结合，深入学习习近平总书记关于发展新质生产力的重要论述，以理论滋养初心、引领使命，使支部党员教师自觉在思想上政治上行动上同以习近平同志为核心的党中央保持高度一致。

【背景】

　　习近平总书记强调："要根据科技发展新趋势，优化高等学校学科设置、人才培养模式，为发展新质生产力、推动高质量发展培养急需人才。"① 高校马克思主义中国化研究专业教师暨思政课教师，以及马克思主义学院学生暨思政课教师、思政工作者等后备人才，应从理论和实践上充分研究和深刻理解发展新质生产力、推动高质量发展的科学内涵和目标要求，并将相关理论观点和实践素材，有机融入马克思主义理论专业教学的内容体系和相关思政课教学、思想政治教育的内容体系中，引领马克思主义学院学生特别是马克思主义中国化研究专业学生深刻认识发展新质生产力的理论逻辑、历史逻辑、实践逻辑，引领广大青年学生自觉做发展新质生产力、推动高质量发展的时代先锋。

---

　　① 习近平. 发展新质生产力是推动高质量发展的内在要求和重要着力点 [J]. 求是，2024（11）.

【做法】

（一）**强化政治理论学习，增进师生对新质生产力的理论认知。**支部专门组织政治理论学习会，由支部委员带领支部党员和学院学生支部党员一道，认真学习习近平总书记在二十届中央政治局第十一次集体学习时的讲话，围绕"为什么要发展新质生产力""什么是新质生产力""如何推动发展新质生产力"等问题进行集中学习研讨，引导支部党员深刻理解发展新质生产力是推动高质量发展的内在要求和重要着力点。同时，支部党员还注重发挥课堂教学主渠道作用，将习近平总书记关于发展新质生产力的重要论述融入思政课和专业课教学中，并结合"小米 SU7 汽车""智慧农业"等科技领域热点话题，引导学生观察思考科学技术、新质生产力与经济社会发展关系的问题，增强新质生产力相关问题教学的针对性和实效性。

（二）**依托地方红色资源，联合开展新质生产力主题党日活动。**为推动师生共同深入学思践悟习近平总书记关于发展新质生产力的重要论述，2024 年 5 月 10 日，支部联合 2023 级硕士研究生第四党支部，共同开展"探索红色武钢，学悟新质生产力"主题党日活动，一同前往教育部工业文化实践基地"武钢一号高炉"进行参观学习。武钢是中华人民共和国成立后兴建的第一个特大型钢铁联合企业，是我国钢铁行业高水平生产力的代表，60 多年来始终矢志不渝地承载着钢铁强国的责任和使命。党员师生前往一号高炉参观调研，重温第一炉铁水喷涌而出的历史性时刻，深刻感悟老一辈钢铁工人们发奋图强、坚韧不拔的生产热情和自力更生、筚路蓝缕的精神意志。在武钢一号高炉前，支部书记带领大家重温入党誓词，向过去那段火红铁流的岁月致敬，坚定赓续红色血脉、磨砺钢铁意志、共同奋进新时代新征程的决心。

（三）**深入开展实践调研，带领师生现场感悟工业新质生产力。**支部联系宝武集团，赴生产一线实地调研，感悟钢铁行业新质生产力。在热轧生产车间，党员师生们震撼于钢坯锻造场景，纷纷感慨生产流程的自动化和高效化，切实体会到了生产工具的进步如何为推动生产力跃上新台阶提供动力。在智慧炼钢操控中心，党员师生们看到实时监控着炼钢各工序车间、同步反馈着生产各流程数据的显示屏，沉浸式感受了 5G 时代"一键炼钢"的先进智能制造水平，更直观地体会到新质生产力的高科技、高效能、高质量三个基本特征。通过了解武钢从曾经烟尘滚滚到现在花园式工厂的转变，党员师生们认

在武钢一号高炉重温入党誓词

识到这是武钢不断强化源头治理、推动工业生产与绿色生态协调发展所取得
的重要成效。

【启示】

（一）以师生共建提升立德树人实效。对于教师党支部而言，支部建设归
根结底要有利于落实立德树人根本任务。2024年5月，习近平总书记对学校
思政课建设作出重要指示，强调新时代新征程上，思政课建设面临新形势新
任务，必须有新气象新作为。通过深入了解学生成长需求、思想困惑和发展
瓶颈，并依托支部活动，对学生有针对性地开展思想政治教育和实践活动，
既能使师生在政治理论和专业知识研学上同频共振，又能使马克思主义中国
化研究专业的研究生实现政治性、专业性的显著提升，还促进了同学之间的
团结合作和互相关爱，营造了和谐融洽的支部氛围。

（二）以学科优势支撑理论深度研学。在对党的创新理论集中学习和实地
调研基础上，支部党员于2024年6月1日邀请来自北京、上海等地的学者在
湖北宜昌召开"新质生产力促进共同富裕"研讨会，多位支部成员共同参与，
并围绕"新质生产力如何赋能共同富裕""新质生产力如何赋能乡村振兴"
等进行学术研讨。在支部党员的引导和帮助下，学生们基于"新质生产力"
相关文献研读和"武钢一号高炉"实践调研经历，在专业课程学习上取得了

优异成绩，在理论宣讲、社会实践等方面取得了丰硕成果，既锻炼了自己的实践能力和社会责任感，也通过各类学术活动展示自己的所学所悟。

（三）以红色实践激昂奋楫笃行意志。钢铁工业践行着以新质生产力推动高质量发展的目标要求，钢铁精神赓续着中华民族和中国共产党的精神血脉。通过赴实体企业生产一线开展富有体验感、参与感的红色实践活动，师生党员更加深刻地理解了新质生产力的理论内涵和实践逻辑，更加切实地体会到了发展新质生产力对我国建设现代产业体系的重要作用，更加明显地提振了奋进新时代新征程的强烈斗志，更加坚定了以千锤百炼的信念意志为高质量发展贡献力量、为中国式现代化挺膺担当的决心。

支部工作创先，推动学科发展

孙建军　高玉婷

武汉大学电气与自动化学院电力电子与电机研究所教师党支部，始终坚持党的领导，通过明确党支部委员的工作职责和角色定位，以"党建+业务"深度融合作为工作抓手，显著增强了基层党组织的政治功能和组织力。支部积极探索党建与业务工作的深度融合路径，凝聚学科力量，推动电力电子与电机学科的快速发展和高质量提升。在支部全体成员努力下，支部获批 2023 年武汉大学第二批"样板党支部"培育创建工作项目。

【背景】

党的十八大以来，党中央高度重视教师队伍建设，并作出了一系列重大决策部署。武汉大学电气与自动化学院电力电子与电机研究所教师党支部在学校和学院党委正确领导下，认真领会积极落实，以深化"教育家精神"为目标，以贯彻落实全国教育大会精神系列活动为载体，加强思想政治引领，夯实和规范组织建设基础，引领支部的 23 名党员教师（其中有 3 名国家级青年人才）发挥榜样"头雁"效应，打造具有战斗力和凝聚力的党员骨干队伍，高质量建设"学习型、创新型"的"规范化"党支部，以高质量党建引领了教学、科研、社会服务等领域业务高质量发展。

【做法】

（一）**党建引领人才培养，落实立德树人根本任务**。一是深化课程思政，践行校训精神。支部注重引导教师党员在教学中自觉践行"自强、弘毅、求是、拓新"的校训精神，充分挖掘课程中的思想政治教育元素。通过推动课程思政实施，支部研究了不同年级、阶段和内容的课程思政教学方法，实现思政教育的全方位覆盖。同时，支部还充分考虑学生的情感、态度和心理需求特点，提炼工程教育卓越人才的素质要求，围绕家国情怀、责任担当、个人素养、科学精神、工程师精神和创新精神等维度开展教学研讨和教案编写，有效支撑了课程思政建设。近年来，支部涌现出多位在教学领域表现突出的教师，共有2位教师获评武汉大学"我心目中的好导师"，1位教师获评宝钢优秀教师奖，2位青年教师获得学院讲课比赛一等奖。二是搭建交流平台，促进学术合作。支部积极搭建与国内电气优势学科院校的交流平台，通过项目合作、联合博士论坛、行业论坛等形式，促进教师与学生之间的学术交流和合作。党员教师充分发挥自身的教学科研优势，带领研究生进行科研探索，鼓励他们参与学科竞赛，培养了一批电力电子与电机领域的拔尖人才。近年来，支部教师指导学生获得全国大学生电子设计竞赛等国家级学科竞赛一等奖20余次，20余名研究生获得武汉大学"十大学术之星"、国家奖学金等荣誉，1名博士研究生获评武汉大学研究生"励志之星"，1名博士研究生获评武汉大学十大珞珈风云学子。三是打造"星火"品牌，凝聚团队力量。围绕创建"星火"品牌活动，支部通过组织关于学科发展历史的专题活动，增强了全体党员教师的认同感、使命感和集体荣誉感。通过精心谋划，支部成功打造了多支"老中青"结合的合作团队，围绕引进和培育高水平、高层次人才的目标不断努力。近三年来，成功引进和培育了多名青年才俊，并分别入选了湖北省"楚天学者"青年人才计划、中国电机工程学会青年人才托举工程、国家自然科学基金优秀青年科学基金项目、国家自然科学基金优秀青年科学基金项目（海外）。

党支部教师积极开展课程思政研讨

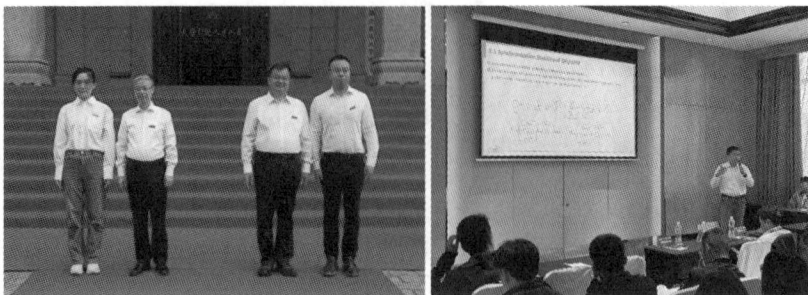

党支部高层次人才教师代表

（二）**党建赋能学科建设，推动产学研深度合作**。一是聚焦科技前沿，把脉学科发展。支部结合集体学习等组织生活形式，开展专业交流活动，组织学科带头人引领团队瞄准本学科国家重大需求与科技前沿进行深入研究和探索。通过聚焦学科建设和发展方向，成功推动了学科的发展，提高了学术影响力和竞争力。近五年来，支部党员教师主持了多个国家级重大科研项目，包括国家自然科学基金-联合基金集成项目、国家重点研发计划课题、国家自然科学基金重点项目等。项目总经费达到数千万元，为推动新型电力系统的发展和提高电能质量和稳定性贡献了武大电气力量。支部还积极鼓励党员教师结合科研成果组织申报学术奖励，并做好方向把关与服务，近五年共获得省部级一等奖 2 项，二等奖 3 项。二是深化产学研合作，服务社会需求。支部充分利用结对共建等形式与国内电力电子头部企业开展科技合作活动。通过产学研合作、科技咨询等社会服务活动形式，成功推动了我国高端电力电子装备的研发、制造和应用工作，并创造了显著的经济社会效益。近年来，支部党员教师共有 2 项专利实现了成果转化，助力了我国多物理场分析软件的国产化进程。

【启示】

支部结合专业特点与实际，积极探索以高质量党建推动业务高质量发展的基本途径和方法，取得了明显成效，积累了相应的经验。

（一）**规范支部工作是打造有战斗力队伍的基础**。以标准化党支部建设为切入点，严格落实"三会一课"党内政治生活制度。支部引领、党员带头，凝聚教师，合力实现党建与业务工作深度融合，迸发强劲的创新动力。

（二）**良好的育人体系是立德树人的关键环节**。电力电子与电机研究所教师党支部积极开展课程思政探索，完善人才培养体系，搭建平台促进学术交流和合作，培养全面发展的社会主义建设者和接班人。

（三）**产学研深度融合发展是学科发展的有效路径**。电力电子与电机研究所教师党支部瞄准国家重大需求，积极开展产学研合作，依托高校科研，充分发挥基层党组织战斗堡垒和党员先锋模范作用，引领教师解决行业"卡脖子"问题，推动学科发展和创新。

心怀"国之大者"，
服务重大传染病防治事业

冯　勇　曾　峥

　　"我们不仅有望提前完成 2030 年消除血吸虫病流行的国家目标，而且开始着手'保护'血吸虫毒种，用于科学研究。"湖北荆州公安县血吸虫防治所钉螺站站长贺正文自豪地表示，在经过几十年的艰苦斗争和综合防治后，这个危害长江中下游地区上千年的"瘟神"即将被消灭。贺正文感谢武汉大学基础医学院多年来对血吸虫病防治事业给予的大力支持，特别是双方在人才培养、科学研究、毒种保藏方面的合作形成了双赢局面。武汉大学基础医学院病原生物学系积极利用学科优势，服务重大传染病防治，这也是病原生物学系党支部党建业务融合，服务重大传染病防治事业的典型案例。

【背景】

　　血吸虫病是因血吸虫寄生于人和哺乳动物体内所引起的一种地方性寄生虫病。血吸虫病在我国由来已久，晋隋以来的医学文献中都有类似血吸虫病的记载。公安县为平原湖区，血吸虫病危害严重。1939—1949 年，全县36000 余人死于血吸虫病。中华人民共和国成立前公安县血吸虫病流行严重，松滋河等流域"十年九灾"。大量血吸虫病人到了晚期，腹大如鼓，丧失劳动力，直至死亡。武汉大学基础医学院人体寄生虫学教研室自 1953 年创立以来，一直致力于血吸虫病防治研究，尤其是血吸虫与钉螺生物学方面的研究，具有广泛的影响力。武汉大学基础医学院人体寄生虫学教研室曾多次举办血防站站长培训班，为中国培养了大批血防人才。这是武汉大学基础医学院病原生物学系利用学科优势，服务重大传染病防治的一个典型案例。

【做法】

（一）**利用学科优势，服务重大传染病防治事业。**为巩固现有血吸虫病防治成果，党和政府投入巨大人力财力，确立了 2030 年在中国消除血吸虫病的决战目标。主要措施之一，就是要实现疫情监测全覆盖，建立县、乡、村三级疫情监测网络，对重点乡镇、重点村、重点水域、重点环境、重点人群全面实施风险检测和评估。武汉大学基础医学院派出董惠芬、赵琴平、周蕊等技术骨干，每月前往公安县血防站、钉螺基地等机构实验室，进行技术指导，确保检测数据高质量达标，为血吸虫病风险检测评估保驾护航。基础医学院也定期派出各专业医学生前往田间地头采样，并进行实验室检测，为血吸虫病疫情监测全覆盖贡献力量。

（二）**聚焦立德树人，发挥党建思政引领作用。**武汉大学与荆州市疾病预防控制中心、公安县疾病预防控制中心血吸虫病预防所、江陵县血吸虫病预防控制所合作共建了临床医学、基础医学、预防医学和口腔医学等专业"武汉大学学生实践教学基地"，开展血吸虫病现场教学、指导大学生开展创新性实验研究与暑期社会实践活动等，共同推动血吸虫病防治研究、人才培养。

医学生田间采样

（三）力扛"国之大者"，找准党建与科研最佳结合点。湖北省有各类野生动物栖息且存在密度大分布广的特点，是多种病原体的自然宿主、储存库和（或）传播媒介，自20世纪以来多次引起湖北省新发、突发传染病流行。侯炜教授长期从事新发突发传染病的病毒感染及病毒遗传变异等相关研究，主动请缨承担"SARS CoV灭活疫苗的猴体试验"国家应急专项。新冠疫情暴发后迅速建立病毒核酸检测体系开展病毒溯源以及病毒传播途径的研究，充分体现了医者的使命感和责任感，用科技助力新型冠状病毒的防控。

疫情期间承担紧急科研攻关、核酸检测任务

（四）开展联学联建，共同推动高质量发展。2022年以来，病原生物学系党支部牵头，与武汉市疾病预防控制中心、中国科学院武汉病毒研究所江夏实验室、武汉大学中南医院大内科、感染科、中国东方航空武汉公司等单位党支部开展支部联学联建活动，是党建业务深度融合创新性尝试，是破解党建与业务工作"两张皮"问题的具体实践，为促进党建业务深度融合，推动学院高质量发展起到了较好的示范作用。立足实际，发挥优势，党建与业务工作统筹谋划、一体推进，构建党建与业务同规划、同部署的"大党建"模式，以高质量学科发展促科研上水平、出效益。

【启示】

（一）**高校基层党支部建设，应创新工作方法**。在坚持传承优良传统的同时，应积极探索适应时代需求的党建新模式、新路径。在遵循党建原则基础上，注重引入现代技术手段和管理理念，提升党建工作效率。鼓励党员干部勇于尝试改革创新，不断完善工作机制和方法。

（二）**高校基层党支部建设，应凸显业务特色**。根据学校学院实际情况，突出教育教学管理、科学研究指导等业务方向进行特色打造。强化党组织在学科建设、教学改革等方面的引领作用，形成突出业务特色。注重培养具备特定专业知识和管理能力的党员干部，推动党建与学校、学院业务发展深度融合。

（三）**高校基层党支部建设，应引领学生成长**。通过开展各类教育活动，加强对学生的思想政治引导，促进其全面发展。深入学习贯彻国家人才政策，为学生成长提供更多机会和平台。加强与学生之间的沟通联系，及时解决他们在学习、生活中的困难和问题，关心他们的成长成才。

（四）**高校基层党支部建设，应服务社会发展**。积极响应国家政策，将党支部工作与学校办学目标、社会需求相结合，促进区域经济社会发展。打造校地合作交流平台，推动产学研深度融合，促进科技成果转化。开展各类社会志愿服务活动，践行社会责任，促进社会和谐稳定发展。

[护理学院教职工党支部]

发挥护理学科优势，助力"健康中国"建设

张　思　张　青

我国是当今世界老年人数最多的国家，党的二十大报告强调要实施积极应对人口老龄化国家战略。2024 年 5 月 11 日，国家卫生健康委召开新闻发布会，介绍"发展护士队伍　优化护理服务"有关情况，表明将继续加大老年护理服务推进力度，进一步扩大老年医疗护理服务试点的覆盖面。护理学院教职工党支部围绕党的二十大"到 2035 年建成健康中国"的宏伟目标，坚持以人民为中心，积极应对人口老龄化，以党建引领汇聚学院资源，发挥学科优势，服务国家战略，坚持党建与业务深度融合，充分发挥教职工党支部的示范引领作用。

【背景】

随着人口老龄化，社会对优质护理的需求持续增加，国家卫生健康委提出要继续加大老年护理服务推进力度。习近平总书记强调，有效应对我国人口老龄化，事关国家发展全局，事关亿万百姓福祉。① 护理学院教职工党支部准确把握新时代护理事业发展的新变化，以群众需求为导向，践行党的初心使命，积极参与湖北省发改委项目"湖北省积极应对人口老龄化中长期规划纲要（2020—2050 年）"的制定，为养老机构老年人个性化照护方案的制订以及医疗资源的分配提供客观依据，大力开展养老护理员培训的实践与探索，提升护理服务能力，同时采用团体辅导和体验式教学等方法提升护理学生人文关怀及共情能力，为积极有效应对人口老龄化提供坚强保证。相关经

---

① 包路芳. 积极有效应对人口老龄化［EB/OL］. 学习强国，2024-03-27.

验做法多次被长江日报、武汉晚报等媒体宣传报道。

【做法】

（一）**党建引领，推动党建业务融合发展**。护理学院教职工党支部在学院党委的指导下，充分发挥专业特色，结合教师专业特长，通过特色主题党日活动加强教师思想引领，为推动学院高质量发展提供坚强有力的组织保障。如2022年10月赴科研公共服务条件平台开展"聚焦二十大　坚定跟党走"主题党日活动等；深入开展学习贯彻近平新时代中国特色社会主义思想主题教育，2023年5月赴武汉泰康楚园康复医院调研，加强校企合作、强化资源共享；2024年4月开展"以新质生产力推动高质量发展"主题党日活动，重点学习习近平总书记关于发展新质生产力的重要论述，明确要以健康中国战略，助力健康老年化为导向，依托数字化和智慧化，做好医疗健康服务，构建多学科交叉创新机制，开展有组织的科研，加强科教融合、产研结合，创新引领护理学科发展。

（二）**资源共享，发挥专业优势服务社会**。针对人口老龄化问题，护理学院教职工党支部探索创新党建融合思路，以科普讲座、社区服务为基础，开展各类特色活动，与武昌区社会福利院党支部结对共建，推动党建工作融入业务、融入基层、融入人心。如2023年9月与湖北省护理学会男护士工作委员会、武汉市护理学会男护士委员会在吉年养老公司及民航里吉年颐悦中心联合举办常见急救技术科普专题讲座；2024年6月针对老年人跌倒防护问题，开展以"多学科联合老年人跌倒防控实践与国社科申报分享"为主题的珞珈护理讲坛；与武昌区社会福利院长期合作，定期开展健康讲座、养老护理员培训等活动，2024年5月9日与对方党支部开展结对共建活动，就实习基地、志愿服务、知识讲座、能力培训等方面进行深入探讨，并就结对共建备忘录达成一致意见。

（三）**服务联办，构建协同联动育人体系**。护理学院教职工党支部立足学院专业特色，积极推行学院党委"党建引领+志愿服务"理念，联合学生党支部开展各类特色活动，进一步激发师生党支部活力。联合"天使之翼"志愿服务队，整合教职工党支部、实验室、学生组织力量，开展健康义诊、健康讲座、急救培训、个案管理四大特色活动进社区，坚持长期、定期开展活动。如2023年3月前往水果湖街东湖路社区开展"传承雷锋精神，情系老人健康"志愿服务活动等；2024 年 5 月与武昌区社会福利院党支部联合举办"老年照护惠民生，珞珈护理献爱心"志愿服务活动等；2024 年 8 月在武汉市江汉区常青、燕马、三民和满春街等社区对失能老人进行探访，志愿者在指导老师的带领下入户一对一访谈 200 余户，从日常照护、健康管理、康复指导等方面为居民及家庭提供适宜健康服务。

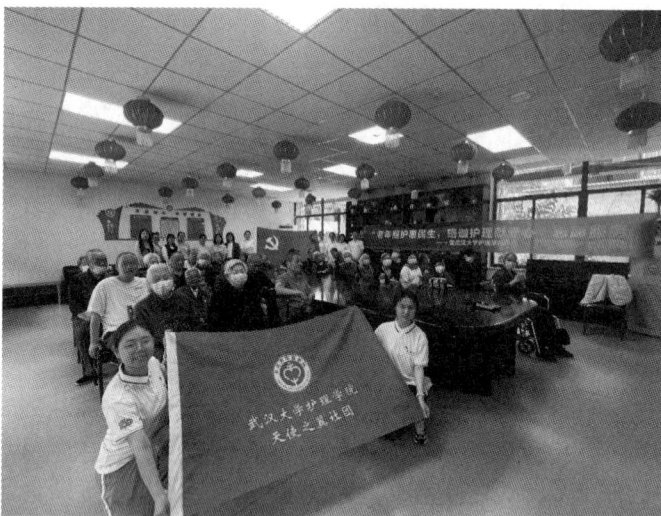

党支部联合学生第一党支部、"天使之翼"志愿服务队开展
志愿服务活动

【启示】

（一）**坚守初心使命、服务国家战略，是推进党建业务融合的出发点。**护理学院教职工党支部在开展各类活动过程中，始终坚持党建业务深度融合，围绕全生命周期健康理念，在人才培养、科学研究和社会服务等方面下功夫，教育引导党员提高政治站位，树牢大局意识，服务中心工作，坚守政治使命。

（二）**立足专业特色、发挥学科优势，是推进党建业务融合的着力点。**护理学院教职工党支部在开展各类活动过程中，坚持"专业的人干专业的事"的理念，聚焦专业特色，发挥特长优势，立足老年人特点，精细谋划设计，精准"为老"服务，把提升针对性、实效性作为工作导向，力求实效最大化。

（三）**创新人才培养、培育时代新人，是推进党建业务融合的落脚点。**护理学院教职工党支部在开展各类活动过程中，践行"三全育人"理念，师生党支部共建聚力，依托"天使之翼"特色志愿服务品牌，整合各方资源力量，引导学生在活动中树立服务奉献意识，提升服务能力，练就过硬本领，用国家的大事业磨砺青年人的真本领。

深刻践行"平战结合"，
推进党建科研双轮驱动

唐炉亮　涂志刚

2020 年 3 月 16 日，习近平总书记在《求是》杂志发文指出，要完善平战结合的疫病防控和公共卫生科研攻关体系。武汉大学测绘遥感信息工程国家重点实验室教师第三党支部在基层科研工作中深刻践行"平战结合"的指导方针，形成了"平和时期主研，危机时期可战"的鲜明特点，探索了"平战结合"的工作体系、管理体系，把对党的拥护与忠诚体现在了凝心聚力推动祖国教育、科技事业伟大崛起的实际行动中。本文从"平战结合"的视角切入，以"平时"和"战时"状态下的教工力量为对象，为发展新时代"平战结合"思想提供参考。

【背景】

中国共产党历来高度重视"提前谋划，有备无患"的平战结合工作，不断发展和完善"平战结合"的思想。2020 年，中国经历了"新冠疫情"这一重大公共安全事件。2020 年习近平总书记多次指出，要完善平战结合的疫病防控和公共卫生科研攻关体系。要研究建立科研攻关等方面的指挥、行动、保障体系，平时准备好应急行动指南，紧急情况下迅速启动。结合新冠疫情时期的切身体验与习近平总书记重要讲话精神，武汉大学测绘遥感信息工程国家重点实验室教师第三党支部对"平战结合"在国家公共安全和科学研究方面的引领性作用进行了深刻的探索实践。

【做法】

（一）**形成了"党建科研双轮驱动，战时无畏冲锋，平时静心科研"的指导方针**。教师第三党支部带领3S集成教研室全体老师，秉承党建科研双轮驱动的原则，平时踔厉奋发科研，战时凝心聚力应急。在新冠肺炎疫情暴发的三年期间，全体老师积极参加抗疫突击队，争做先锋，以"愚公移山"的精神勇挑重担，坚定信念，沉着应对，不负重托，共克时艰，圆满完成新冠疫情的多次"大考"，共20余人次先后获得各类表彰，充分发挥了党员先锋模范作用。

（二）**执行了"国字号人才齐上阵，突击队保供拧成绳"的行动方案**。测绘遥感信息工程国家重点实验室承担了武汉大学信息学部2舍、3舍、18舍共计3000余名学生的全面保障任务，教师第三党支部积极响应学校和实验室党委的号召与部署，全部4位国字号人才和3位老师共计7人参加了实验室突击队。长江学者、国家杰青和万人计划科技领军人才杨必胜教授亲自挂帅担任3舍突击队长；万人计划科技领军人才唐炉亮教授、青年拔尖人才陈碧宇教授、青年拔尖人才董震教授、博士后朱宁宁、周剑和梁福逊博士协同实验室抗疫突击队，不惧疫情风险，每日坚持不懈地为广大在校师生送餐，采集核酸，搬发物资，力抗新冠疫情，守护共同"珈"园。

（三）**践行了"科技立则民族立，科技强则国家强"的科研使命**。新冠病毒的肆虐，让广大科研工作者深刻体会到"人类在自然灾害面前的渺小、人类在科研道路上的落后"。结合习近平总书记"人类同疾病较量最有力的武器就是科学技术，人类战胜大灾大疫离不开科学发展和技术创新"重要论述，教师第三党支部全体教师铆足力量，深挖平战结合的思想精髓，向科技高峰不断攀登。近年来主持国家重点研发计划项目3项，国家自然科学重点/联合基金项目4项；牵头获教育部科技进步奖一等奖、二等奖，湖北省自然科学奖一等奖、二等奖，测绘科技进步奖特等奖、一等奖等多项科技奖励；培养了国家级人才4人和省级人才4人。

（四）**学习了"工匠精神"，未雨绸缪谋划国家重点实验室重组**。国家重点实验室是国家战略科技力量的重要组成部分，重组实验室是党中央作出的重大决策部署。国家重点实验室要深化改革，重塑体系，需要由学科导向转向问题导向、任务导向、目标导向，严格按照"非建不可、非我莫属、成果

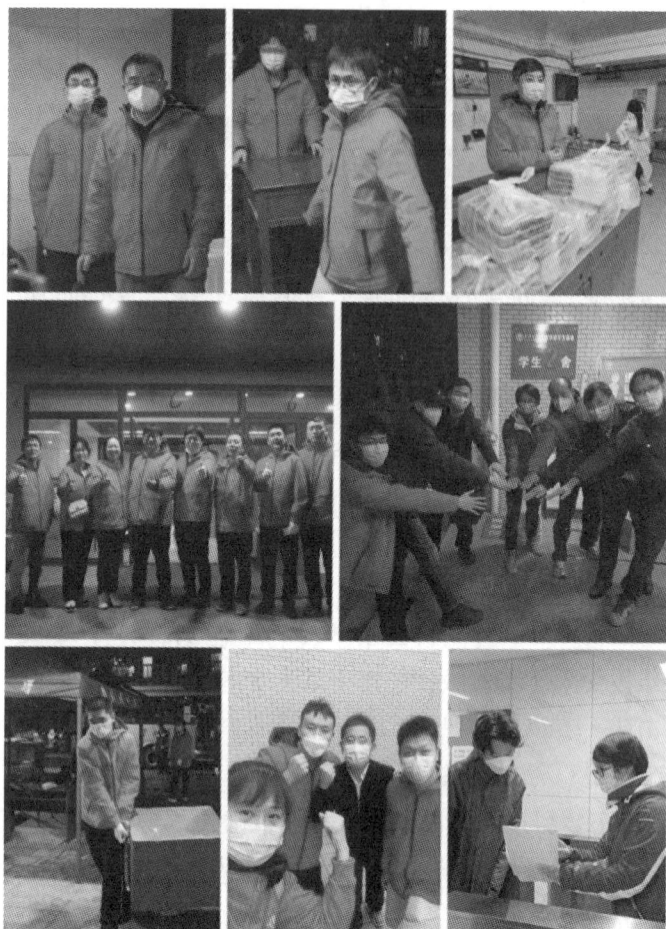

3S集成教研室教师参加实验室突击队时的志愿服务现场

可期"的建设思路凝练研究任务，充分激发创新活力，持续产出大成果，解决行业痛点问题，助力国家科技建设。2022年6月10日下午，测绘遥感信息工程国家重点实验室教师第三党支部与教师第五党支部、3S集成研究室与导航定位研究室、3S工会小组与导航工会小组，在星湖楼三楼学术报告厅联合举行了研讨会，从实验室定位、目标、使命等方面对实验室未来发展进行了总结，希望实验室全体师生学习工匠精神，结合国家需求，开拓新思路，布局新方向，谋划大发展。

【启示】

（一）**坚持把"平战结合"融入科研工作的精神建设之中**。"平时踔厉奋发科研，战时凝心聚力应急"应成为每个科研工作者平日的精神向导。和平年代的科研工作者，往往忽略了潜在的危险，忧患意识淡薄。更有甚者只愿享受和平发展的红利，不愿为国家、民族做半点牺牲。要杜绝以上现象，就要将"平战结合"与科研工作的精神建设深度融合，形成"不忘初心、牢记使命，时刻准备着为党和人民牺牲一切"的精神动力。

（二）**坚持把"平战结合"融入国家级、省级拔尖创新型人才建设体系之中**。"坚持为党育人、为国育才，全面提高人才自主培养质量，着力造就拔尖创新人才，聚天下英才而用之"，是当前关键历史时期建设教育强国、科技强国的引领性方针。为实现这一大政方针，就要将"平战结合"与创新型领军人才的培养紧密结合，激发人才成长过程中的国家安全意识，锻炼人才的家国情怀。

（三）**坚持把"平战结合"融入日常科研体系之中**。科研工作者的发展离不开国家、民族、单位的支持与帮助。科研工作者每个成果的取得都将成为推动国家科技发展的助力。因此，作为一线科研工作者，更要坚持"平战结合"的思想，保持忧患意识，以永不停歇的脚步，不断挑战科研难题，为"科技强国"的建设贡献个人力量。

（四）**坚持把"平战结合"融入国家重大科技发展战略之中**。高校是国家战略科技力量的重要组成部分，高校有组织科研是高校科技创新实现建制化、体系化服务于国家和区域战略需求的重要形式。党的十八大以来，在以习近平同志为核心的党中央坚强领导下，高校作为基础研究主力军和重大科技突破策源地，创新能力快速提升、重大成果持续涌现、体制机制改革纵深推进，为创新型国家建设作出了重要贡献。测绘遥感信息工程国家重点实验室作为国家重要基础性科研攻关平台，一定要立足新发展阶段、贯彻新发展理念、构建新发展格局，坚持战略引领，将思政工作与"平战结合"深度融合，强化有组织科研，实现国家级科研平台管理与运行体系"质"的提升。

第四编

发挥基层党组织战斗堡垒作用

聚焦"三力"，推进作风建设走深走实

伍健婷　谭玉敏

习近平总书记强调，"党的作风就是党的形象，关系人心向背，关系党的生死存亡"。武汉大学正处在加快建成中国特色世界一流大学的关键时期。机关部门、直属单位作为落实党中央部署和学校政策的"最先一公里"，加强工作作风建设是提升学校管理服务水平的关键因素。机关与直属单位党委（以下简称"机关党委"）坚持目标导向和问题导向，久久为功狠抓作风建设，推进走在前列的政治机关、执行有力的效能型机关、师生满意的服务型机关、团结向上的活力机关建设取得更大成效，为推进学校治理体系和治理能力现代化、推动学校高质量发展提供了坚实保障。

【背景】

自学校第九次党代会召开以来，机关党委按照建设"走在前、作表率"的模范机关总要求，聚焦围绕中心、建设队伍、服务群众三项核心任务，聚焦提升引领力、服务力和推动力，以解决管理服务工作中存在的重点、难点和师生的需求点为落脚点，通过一系列举措引领推动机关部门和广大机关党员干部职工的作风严起来、实起来、强起来，使服务师生、担当作为的意识显著增强、能力不断提升、实效更加凸显，有力提升了管理服务质效。

【做法】

（一）**强思想，筑牢务实担当的根基。** 一是筑牢思想之基。机关党委坚持用习近平新时代中国特色社会主义思想凝心铸魂，抓严抓实"不忘初心、牢记使命"主题教育、党史学习教育、学习贯彻习近平新时代中国特色社会主义思想主题教育和党纪学习教育，构建多层次党员培训教育体系、组建机关青年讲师团，完善学习—贯彻机制；把集中式作风建设与常态化作风建设相结合，召开作风建设推进会、交流会，举办 8 期作风建设论坛。与纪委、监察专员办联合评选表彰作风建设先进单位和服务标兵；率先开展"在推进中国式现代化中作出武大贡献，机关何为"大讨论等活动解放思想；组织各党总支（党支部）开展主题党日活动探讨总结机关单位的文化理念，营造奋进一流、追求卓越的良好氛围。二是筑牢能力之基。积极开展大培训、大调研，举办各类培训班 18 期、机关干部论坛 32 期、青年讲师团示范宣讲 30 余次，形成了专家辅导、集中研讨、实践研学、共建联学、朋辈促学等丰富的学习载体；组织开展"对标一流：差距·方向·路径"机关工作调研大赛，提升广大机关党员干部的政治能力与业务能力。

组织开展"为推进中国式现代化作出武大贡献，机关何为"
机关青年干部大讨论

（二）**强服务，搭好实干为民的平台。**一是搭建"你呼我应、有呼必应"双向奔赴平台。机关党委在用好"武汉大学管理与服务工作作风测评系统"的同时，与党政办、信息中心等部门推动建立和优化"珞珈直通车"。2022年4月"珞珈直通车"开通，入选当年学校十大新闻。机关部门依托该平台及时解决师生反映事项 16000 余件，被师生评价为解决诉求的"民心车"，得到教育部领导多次好评。二是打造"管理服务走进院系"等服务品牌。当好师生的"连心桥"，统筹推进"我为群众办实事"、党员领导干部"下基层察民情解民忧暖民心"实践活动，为师生办实事 1000 余件；打造"管理服务走进院系"服务平台，主动解决院系师生反映的急难愁盼问题 30 余件，推动形成了部门主动走进一线宣讲政策、提供服务的常态化工作机制。在各党总支（党支部）设立党员先锋岗和党员责任区，组织党员干部成立机关党员突击队和党员下沉社区工作队，先后多次组织 5000 多人次完成疫情防控、抗击冰雪灾害等 10 多项专项任务，在关键时刻彰显责任担当。

（三）**强机制，提升管理服务的质效。**一是不断完善监督考核机制。为推进"门好进、脸好看、事好办"成为新作风，机关党委认真贯彻执行学校作风建设"1+3"文件，以督查等多种方式促进首问负责、一次性告知、限时办结等工作制度落实；推动学校将每年 4 月设立为"作风建设月"，策划并开展机关"作风建设月"系列活动；结合学校重点工作强化政治监督与日常监督；推动将作风测评结果纳入机关单位领导班子及主要负责人年度考核指标体系，不断完善工作作风监督考核机制。二是不断优化协同联动机制。聚焦师生跑路多、办事流程多、部门协同弱的难点和痛点，当好"立交桥"。主动将信息化建设作为强化作风建设的新抓手，以"一网通办""师生最多跑一趟"为目标，与党政办、信息中心等部门协同，逐一深入机关各部门推动管理服务流程优化和信息化，2023 年管理服务事项、网上办事大厅流程较 2019 年增加了 6 倍和 16 倍，分别达到 1017 项、265 项，跨部门流程达 30 余项，师生办事更加便捷，部门数据共享不足、师生重复填报等问题得到根本改善。主动将"强化部门协同"列为主题教育专项整治内容，实施"协同聚力"行动，推动建立协同联动机制；联合多部门制定协同推进"三全育人"工作清单并不断更新，助推完善"三全育人"常态化机制，被教育部思政网报道。

【启示】

（一）**要强化政治意识，聚焦提升引领力。**抓好作风建设首先要提高站位、内化于心。机关党委牢牢把握政治机关是机关与直属单位的第一属性和鲜明本色，引导各党支部把机关工作放到党和国家事业发展全局、学校事业发展全局中谋划推动，推进党建与业务深度融合，以高质量党建引领高质量发展，走在前、作表率，不断增强干事创业的责任感和使命感，勇担当、善作为。

（二）**要坚守人民立场，聚焦提升服务力。**作风建设要见之于行。要紧紧

举办机关与直属单位管理与服务师生工作流程优化大赛

抓住师生最关心最直接最现实的利益问题，主动从平台搭建、工作机制上落实以师生为本、为师生服务、问需问计于师生的理念，将求真务实的工作作风切实转化为广大师生的满意度和幸福感，凝聚起推动学校发展的强大力量。

（三）要坚持系统观念，聚焦提升推动力。作风建设要显之于效。要用统筹的方法聚合力、提效能，把优作风与优机制相结合、与信息化赋能相结合，不断提升管理服务工作的科学化、精准度和实效性，不断增强执行力与协同力，使作风建设成效切实转化为学校治理能力提升和治理体系现代化的推动力，努力保障学校高质量发展。

杨红梅工作室：铸牢中华民族共同体意识的生动实践

尤传明　杨红梅　潘琴燕

习近平总书记在主持中共中央政治局第九次集体学习时强调，铸牢中华民族共同体意识，就是要引导各族人民牢固树立休戚与共、荣辱与共、生死与共、命运与共的共同体理念。中华民族共同体意识是国家统一之基、民族团结之本、精神力量之魂。武汉大学杨红梅工作室以铸牢中华民族共同体意识为主旨，通过开展红色教育、文化交流、社会实践、技能培训、文体活动和日常关怀，广泛凝聚起武汉大学、华中科技大学、华中师范大学等高校藏族学子，不断拓宽少数民族在汉大学生第二课堂，以润物细无声的方式在藏族大学生们的心中铸牢中华民族共同体意识。

【背景】

武汉作为中部地区藏族大学生的重要培养基地，近年来吸引了越来越多的藏族学子前来求学。为了更好地服务来汉求学的藏族学子，帮助辖区少数民族学生适应本地语言及文化环境，助力少数民族学生成长成才，积极营造共建、共治、共享的社会治理格局，武汉大学联合武昌区民宗局、珞珈山街道党工委联合打造了武汉大学文理学部社区铸牢中华民族共同体意识杨红梅工作室（以下简称工作室）。杨红梅与其父亲杨昌林教授一家两代人40年如一日关爱在汉藏族学生的事迹广为流传，得到了学生们的普遍认可。工作室以此为基础，以助力在汉少数民族学生成长教育，铸牢中华民族共同体意识为主旨，深入贯彻落实习近平总书记关于铸牢中华民族共同体意识的重要论述，为实现中华民族伟大复兴培育更多优秀少数民族人才的实践教育阵地。

【做法】

（一）**开展红色教育、加强政治引领**。工作室运用武汉大学校内外丰富的红色教育资源，利用假期组织藏族大学生们到辛亥革命博物馆、周恩来故居等红色教育基地参观学习。在西藏百万农奴解放纪念日前夕，组织学生代表召开了主题为"铭记历史感党恩　开创未来跟党走"的座谈会，观看了由杨红梅母亲德吉阿妈和杨阿爸故事改编的情景剧《雪域之花》。此外，通过聆听老教授们援藏的感人事迹，引导学生们感党恩、听党话、跟党走，紧密团结在党中央周围。

召开"铭记历史感党恩　开创未来跟党走"座谈会

（二）**加强文化交流、增进民族团结**。一是为增进学生们与不同民族文化的交流互动，工作室积极组织不同民族的文化活动：如在文理学部社区开展了古典宋茶与酥油茶的邂逅活动；在端午节期间举办"粽享石榴情、共绘同心圆"活动；在农历新年期间，组织留汉的大学生们开展为居民打年货、写春联、帮扶孤寡老人的志愿服务等。二是加深对民族文化的了解和认同：工作室以同学们喜闻乐见的方式，组织大家观看《雪域少年》湖北首映礼和

"感恩无私援助、共圆伟大梦想"山南市赴湖北答谢演出等文艺演出，让同学们在欣赏优秀作品的同时，加深对民族文化的认同感。三是不断丰富学生文化体育生活：通过组织藏文朗诵比赛，举办大学生德吉杯足球和篮球比赛等文体活动，极大地丰富了在汉藏族学生们的课余文化生活，在增进文化交流互动的同时，促进学生德智体全面发展。

组织观看《雪域少年》湖北首映礼

（三）**丰富社会实践、助力学生成长**。工作室注重引导藏族大学生们在社会实践中磨砺本领、锤炼品格，积极投身社会服务。一是开展社会调研增强社会责任感：学生们利用假期回到西藏开展"包虫病防治知识宣传和易地搬迁"等调研项目，深入了解当地群众需求，为推动社会发展贡献智慧和力量。二是开展支教等活动反哺家乡：工作室指导成立的功能性团支部团员们利用暑假回到西藏地区开展支教、"手拉手"夏令营和阅读推广活动，鼓励学子们用自己所学的知识本领反馈社会、服务家乡人民。三是助力技能培养提高就业本领：为帮助学生们就业，工作室联合湖北省建藏援藏协会举办了武汉高校藏族大学毕业生公务员考试培训，为藏族学生提供就业指导。

（四）**注重日常呵护，用心用情感化**。工作室负责人杨红梅是藏族学子们心中的"知心大姐"，特别注重对在汉藏族大学生的日常关怀和帮助。对考入武汉高校的藏族新生，在他们来武汉报到时，无论刮风下雨，抑或酷热难耐，杨红梅都会带上生活必需品，到火车站迎接他们，让初来乍到的藏族学生一下火车就感到安全和温暖。寒假期间，由于路途遥远，或为了勤工助学，学

开展"反哺家乡　书香远播"专题社会实践

生们选择留在学校，杨红梅不仅让在西藏工作的弟弟邮寄回奶渣、青稞酒、牦牛肉干、甜茶粉等藏族美食，还亲自打好酥油茶，做几桌藏族学生们爱吃的饭菜，让远离亲人的藏族学子在武汉也能感受到家的温暖与温馨。每当得知有学生住院，杨红梅就像对待自己的亲人一样，及时带上慰问品去医院看望。杨老师的关爱不仅让广大学子们切实感受到家的温暖，也进一步增强了他们的民族自豪感和归属感。

工作室始终秉承"共建红石榴、共绘同心圆"的理念，凝聚起学校、社区、省援藏协会等多方力量，协同为武汉高校藏族等少数民族学生的教育培养作出积极贡献，始终坚持把铸牢中华民族共同体意识贯穿到各项工作中，不断引导各族人民牢固树立休戚与共、荣辱与共、生死与共、命运与共的共同体理念，增进青年学生对伟大祖国、中华民族、中华文化、中国共产党、中国特色社会主义的认同，为中华民族伟大复兴贡献力量的热情，更好地服务于中国特色社会主义现代化建设的伟大事业。

【启示】

习近平总书记强调，在开展铸牢中华民族共同体意识宣传教育工作中，要善讲中华民族的故事，使中华民族共同体这一概念可感可触、可亲可及，在"润物细无声"中不断增强各族群众的认同感，不断巩固中华民族共同体

开展"民族大团结　喜迎藏历年"活动

思想基础。工作室在推动铸牢中华民族共同体意识工作中，以在加强政治引领、推动文化交流、助力学生成长等方面所做的各项工作集细流以成河，以日常的温情和交流互动汇聚成了藏族学子心中的涓涓细流和浓浓暖意，紧紧地将在汉求学的藏族学生们联系在一起，以文化熏陶和社会实践不断增进民族自豪感、归属感以及参与社会建设的责任感，达到了"润物细无声"的成效，值得推广和借鉴。

[离退休工作处党支部]

创新载体激活力，研学赋能促发展

李良俊　舒　悦　刘　峰　韩　咲

近年来，离退休工作处党支部深入学习贯彻习近平新时代中国特色社会主义思想特别是习近平总书记关于老干部工作的重要论述，以加强党建为先导，以提高离退休老同志幸福感、归属感和获得感为目标，围绕中心服务大局，积极探索党建工作与业务工作深度结合，主动担当、积极作为，充分发挥党支部战斗堡垒和党员先锋模范作用。

【背景】

党的二十大报告指出："坚定不移全面从严治党，深入推进新时代党的建设新的伟大工程。"离退工作处党支部全面贯彻新时代党的建设总要求，把党的二十大精神贯穿到各项工作中，激励党员发挥先锋模范作用。认真贯彻落实中共中央办公厅《关于加强新时代离退休干部党的建设工作的意见》，构建工作大格局，营造尊老敬老爱老助老浓厚氛围。打造"研学赋能"工作坊和"青年党员读书会"活动品牌，2022年4月以来，共开展21次"研学赋能"和4次"青年党员读书会"活动，党支部战斗堡垒作用得到增强，支部党员特别是青年党员的能力素质进一步提高，在服务保障广大离退休老同志方面的工作热情被充分发挥，进一步加强了离退休工作。武汉大学离退休工作处被评为"全国敬老文明号""全国老干部工作先进集体"。

【做法】

（一）创新学习载体，不断提升党员队伍综合素养。一是紧跟任务学。将"研学赋能"工作坊、"青年党员读书会"与各级各类学习教育活动相结合，先后组织开展党史学习教育、二十大精神学习、习近平新时代中国特色社会主义思想学习等，读学《习近平的七年知青岁月》等，增强理论素养。二是结合时事学。围绕时政热点，组织有针对性的学习活动。2022 年 6 月，习近平总书记考察武汉，研学赋能工作坊举行专题学习，将习近平总书记关于科技自立自强的重要论述化为推进学校"双一流"建设的动力源泉。2024 年我国台湾地区选举后，研学赋能工作坊邀请专家作题为"时代对话：历史与当代问题探索——解析我国东线安全与台湾问题"的学术报告，让与会人员了解台湾海峡对我国东线安全的影响，明确如何在复杂国际形势下努力实现中华民族伟大复兴，推进祖国统一大业。三是联系工作学。全体党员学习习近平总书记关于尊老敬老的重要论述、党中央关于老龄工作的重要政策文件，积极组织调研活动，形成《武汉大学离退休教职工党的建设工作调研报告》《武汉大学特殊困难老同志的精准服务调研报告》《武汉大学畅谈"话传统、谈复兴、聚力量"调研报告》等调研成果。

（二）**创新交流载体，不断促进党建业务融合**。党支部开展形式多样的交流活动，拓展党员队伍能力边界，促进党建业务深度融合。一是党支部党员"切磋式"交流。通过"研学赋能"工作坊、"青年党员读书会"案例分享交流对孤寡老人的帮扶措施和服务理念、开展"跨越数字鸿沟"的见解、加强离退休党支部建设的思考等，党员之间相互切磋，既举一反三推广成功的经验，又揭短亮丑吸取失败的教训，提升党员队伍开口能言、提笔能写、遇事能办的核心能力。二是请进来"授课式"交流。支部以"研学赋能"工作坊和"青年党员读书会"为平台，共邀请专家学者授课 7 次，主题包含新闻写作、党史校史学习、手机短视频拍摄、团体心理辅导、"弘扬科学家精神"报告、时事热点问题、《百年党史中的纪律建设》读书分享等，极大拓宽了党员队伍的视野和精神境界。三是走出去"取经式"交流。先后组织参观湖北省保密教育实训平台、武汉大学新时代办学成就展，赴中南医院参加急救技能培训等，进一步提升各项能力，促进业务工作高质量完成。

（三）**创新实践载体，不断助推离退休工作提质增效**。党支部以提升为老服务质量为根本，以发挥老同志优势作用为重点，积极搭建平台载体，引导老同志积极参与学校中心工作，主动融入社会发展大局。一是在老有所养上筑底线，不断增强老同志安全感。党支部积极深入各单位开展调研，制作重点帮扶的老同志"一人一卡"信息，确保他们能够享受到个性化的关怀和帮

2023 年 4 月，"研学赋能"工作坊赴中南医院
开展拯救心脏急救技能培训

2023 年 5 月，青年党员读书会正式启动

助。二是在老有所学上求实效，不断增强老同志幸福感。不断丰富老年大学
（老年科技大学）教学资源，增设老同志喜爱的课程，定期为离退休教职工党

支部、老年协会负责人举办校情通报会，向老同志们通报学校的发展情况及在新时代的办学成就。每年组织老寿星集体祝寿会、离退休教职工文艺会演、诗词创作朗诵会、书画摄影手工艺作品展等系列活动，丰富精神文化生活。三是在老有所为上谋发展，不断增强老同志获得感。创建"一室二同四行动"珞珈银龄活动品牌，引导更多老同志围绕科技、经济、社会等方面为地方和企业提供政策建议和决策咨询，推动老有所为工作不断向前发展。

【启示】

（一）**深化党员教育是推动党的创新理论发展的重要手段。**离退休工作处党支部既坚持理论学习制度，集中培训等传统教育载体，又加强传播手段和话语方式创新，强化政治学习和业务能力的有效衔接，推动党的创新理论在实践中发展更有力度、更有深度。

（二）**强化正向引领是激励担当作为的重要保证。**围绕习近平总书记重要回信精神，通过"研学赋能"工作坊、青年党员读书会、党小组间研讨、创新主题党日等多种支部活动，激励引导广大党员牢记"要用国家的大事业磨砺青年人的真本领"，切实增强组织活动的实效性。

（三）**优化为老服务举措是提升党建质效的重要途径。**围绕党建与业务深度融合，提高为老服务管理的能力和水平，打造一支政治坚定、作风优良、业务精通的过硬队伍。继续有针对性地深入一线，倾听各二级单位和老同志的意见建议，主动对接老同志需求，提升服务水平。

[国际交流部党支部]

以信息化赋能国际交流合作服务提质增效

许 漪 周 烨 陈晓玲

2019 年 7 月 9 日，习近平总书记在中央和国家机关党的建设工作会议上作出"聚焦宗旨意识、人民立场、使命担当""要带头弘扬党的光荣传统和优良作风，让群众切身感受到新变化新气象"等重要指示，为高校机关落实新时代党的建设总要求、创新开展党建工作、提升党建工作质量提供了根本遵循。在此背景下，国际交流部党支部将开展党员教育、狠抓作风建设作为主要抓手，以服务师生为宗旨，以信息化建设为依托，让全校师生近 5 年切身感受到在办理教职工因公出访审批、学生出国（境）交流学习申请等方面流程的显著优化和服务的大幅升级。这里以国际交流部党支部加强作风建设，提升管理服务效能为例，供各单位参考借鉴。

【背景】

习近平总书记在党的第十九次全国代表大会上的报告中指出，要"增强改革创新本领""善于运用互联网技术和信息化手段开展工作""牢牢把握工作主动权"。武汉大学将 2020 年定为"治理提升年"，大力推动机关和直属单位作风建设和管理服务效能提升。国际交流部党支部踊跃争先，以实现"让数据多跑路，师生零跑趟"为目标，全面梳理师生反映强烈、办事流程复杂烦琐、关乎师生切身利益的事项，利用信息化手段将线下办事流程以 100% 覆盖率搬至线上，实现传统纸质办公转变为短时高效的数字化办公的飞跃，成为全国开发外事管理系统的标杆单位，吸引复旦大学、中国人民大学等国内 50 余所高校的外事部门来校调研学习。

【做法】

（一）**升级因公临时出国（境）服务**。针对教职工对"数字生活""一键办理""零跑腿"的迫切需要，国际交流部党支部充分利用党员干部"一下三民""我为群众办实事"等实践活动，带队调研走访公卫学院、弘毅学堂等院系及基层单位百余次，深入一线广泛征集升级因公临时出国（境）申请和审批流程的意见建议。具体做法：一是做好信息化顶层设计。成功开发武汉大学"教职工因公临时出国（境）综合服务管理系统 2.0"，实现申报年度计划、填报出访申请、多部门协同审批、自助打印等一条龙 100% 全线上办理。二是重视手机端便民属性。主动开发因公临时出国（境）审批服务手机端 APP，让申请人和审批人实现 24 小时掌上进度跟踪和实时审批。三是打通服务闭环"最后一公里"。购置 7 台外事自助服务打印终端机对接系统，可打印差旅请款和报销所需的出国（境）任务批件和各类申请表格。自此，教职工最快仅需 2 小时即可完成出国（境）申请校内审批手续，线下多趟跑的历史彻底终结。系统上线至今，累计在线使用次数 10.5 万次，服务教职工约 9500人次。

（二）**开发学生出国（境）信息化平台**。针对学生和学院反映强烈的学生出国（境）线下审批流程复杂、数据统计困难、信息不共享等痛点难点问题，国际交流部党支部书记带头主讲"重读《反对自由主义》加强部门作风建设"党课，对部门职工提出了"坚持更高标准、坚持更严作风、坚持更细管理"的倡议，带领青年党员主动对接学生群体、本科生院、研究生院等部门，召开头脑风暴式磋商和意见征集会议，设计和开发"武汉大学学生出国（境）交流学习信息化管理服务平台"和配套的微信小程序与 APP，该平台为学生提供全流程线上办理和"一站式"派出，学生足不出户即可实现出国（境）交流学习项目的线上报名和出国（境）申请的线上审批，同时，该平台可提供最新动态数据，例如全年出国（境）学生人数及各学历阶段占比、热门目的地国家和高校、热门项目类型等，为各部门和学院积极开拓与世界顶尖高校的学生交流项目和推进国际化拔尖人才培养提供精准数据支撑。

（三）**上线学生海外适应力测试系统**。新冠疫情暴发后，结合教育部"平安留学"工作部署的指示精神以及"以学生安全为本"的主旨理念，国际交流部党支部主动谋划、创新工作举措，上线"武汉大学学生海外适应力测试系统"，以脑认知游戏为主，配合量表数据，运用脑科学和大数据算法对学生的爱国主义、抗压学习能力、文化认同能力、文化适应能力、专业适应能力等进行线上问卷测试和综合评估打分，有效提升学生行前教育的精准化、数字化、智能化水平，为相关部门和指导老师做好学生行前风险提示、研判心理状况和及时给予帮助提供了更多参考依据。

2021 年 12 月，举行"武汉大学学生出国（境）交流学习信息化管理服务平台"上线仪式暨操作培训会

【启示】

（一）**以师生需求为本是推进职能部门作风建设的冲锋号。**国际交流部党支部围绕师生切身利益，主动正面回应师生对信息化建设的渴求，借助信息化手段创新开发了一系列线上和掌上多功能一体化操作平台，让"数据多跑路，师生零跑腿"成为现实，受到师生广泛肯定和欢迎。这启示我们，要以人为本，紧跟时代步伐，科学利用信息化办公快速便捷高效的优势，把对师生群众的关心关爱切实转化为转变工作作风、提高师生办事效率、提升师生幸福感的原动力。

（二）**多部门的协同联动是解决一些老大难问题的压舱石。**国际交流部党支部不惧困难、积极作为、主动牵头联络，通过与财务部、组织部、人事部等部门的协同办公实现了教职工因公出访手续 100% 全线上审批，依靠与人才培养单位、本科生院、研究生院等单位的联动合作实现了学生出国（境）交流学习申请 100% 全线上办理。这启示我们，一些困难的解决途径不是靠一家单位的单打独斗，而是多家单位在建立联动协作机制的前提下共同完成，基层党组织要发挥好"头雁效应"，做起而行之的实干派。

（三）加强"数智武大"建设是提升管理服务效能的支撑点。借助平台数据库，相关职能部门以及学院无须进行任何数据对接即可精准实时掌握教职工和学生出国（境）情况，并对数据进行动态分析，科学布局国际科研合作和国际化人才培养。这启示我们，要以数智化作为学校"双一流"建设的战略支点和发展抓手，打破部门间、学院间、师生间的物理空间壁垒，让数据"活"起来，实现信息畅通、数据共享、智能分析、协同合作等功能，通过智能化手段赋能管理服务效能的提升。

实施"四力提升"工程，
打造"四型"机关支部

梅 芸

实验室与设备管理处党支部全面贯彻落实新时代党的建设总要求和新时代党的组织路线，聚焦管理服务效能提升，推进党建与业务深度融合，通过实施党支部政治引领力、组织凝聚力、党员行动力、支撑保障力——"四力提升"工程，努力创建学习型、专业型、服务型、创新型"四型"机关党支部，以高质量党建引领事业高质量发展。

【背景】

实验室与设备管理处党支部始终将政治建设摆在首位，不断增强推动党建与业务融合的思想自觉和行动自觉，坚持将党建与业务工作"同谋划、同部署、同推进"，以党建为学校实验室建设与设备管理工作提供方向引领、思想基础、组织保障和队伍支撑。

【做法】

（一）聚焦加强党的全面领导，创建学习型党支部，提升政治引领力。一是抓好政治理论学习，通过领导班子读书班、集中理论学习、专家辅导报告、党课等多种形式，推进理论学习全员覆盖。二是结合部门职责，有针对性地安排学习内容，及时跟进学习习近平总书记关于教育、科技、人才和国家安全等方面的重要论述和指示批示精神，以科学思想指导实践，保证业务工作不偏航。三是结合短板弱项开展培训，邀请专家作新闻、公文写作、新媒体运营等专题报告，组织业务流程优化和信息化建设交流会，同步提升理论与业务水平。

（二）**聚焦能力建设，创建专业型党支部，提升组织凝聚力**。一是以设备管理先锋岗和实验室安全责任区为引领，引导党员干在实处、走在前列。设备管理方面，根据各单位报废需求，指定专人及时上门完成废旧设备回收，为教学科研让出宝贵空间；实验室安全管理方面，采取实验废弃物回收线上申请、预约上门、扫码转移闭环管理，降低风险隐患，得到院系师生好评和环保部门肯定，并被中国环境、长江日报等官方媒体报道。二是打造专业化管理队伍，选派职工参加高校实验室与设备管理培训班、研讨会，组织业务骨干到国内一流高校调研学习先进的管理理念，全面提升管理能力。三是围绕业务工作，开展特色主题党日活动，让党员在实践中领悟党的路线、方针、政策，贯彻新发展理念。例如，联合科研公共服务条件平台党支部赴赤壁开展"共建聚合力　携手促发展"活动，发挥学校科教资源优势，服务地方科技经济发展；联合图书馆、经济与管理学院、计算机学院等单位开展"携手助力　乡村振兴"活动，为恩施市教育局捐赠一批电脑、打印机，到中小学做科普讲座，落实教育帮扶政策。

党支部联合科研公共服务条件平台党支部开展主题党日活动

（三）**聚焦师生满意度，创建服务型党支部，提升党员行动力。**党支部将习近平总书记在反映福建宁德坚持 35 年践行"四下基层"促发展见实效的有关材料上的重要批示精神作为服务师生的法宝，深入院系寻智计、做工作、解民忧。通过实际行动，不断完善"管理服务走进院系"的长效机制。一是深入基层政策宣讲，常态化开展实验室安全知识、仪器设备管理、大型仪器设备开放共享等政策宣讲，全面增强师生安全意识，落实规范化管理要求。二是深入院系调查研究，围绕实验技术队伍建设、实验室安全和大型仪器设备共享等重点难点，组织师生代表座谈访谈，充分听取意见建议，现场沟通解决方案。三是深入基层信访接待，利用实验室安全检查、实验室建设和虚拟仿真课程建设指导等机会，与师生面对面交流，回应解答疑难困惑。四是深入基层现场办公，主动服务科学家、教育家团队，到南极中心、梁子湖湖泊生态系统国家野外科学观测研究站等现场办公，指定专人做好对接服务。

（四）**聚焦高质量发展，创建创新型党支部，提升支撑保障力。**一是创新工作思路和手段，提升管理效能。2022 年、2023 年两次对设备处网站进行优化改版，方便师生实时查询政策信息、业务指南，一键直达办事程序；2022 年建立了实验室安全信息系统，对危险源全生命周期进行分级分类精准化管理；2023 年全面升级"武汉大学大型仪器设备开放共享网络平台"，构建查询、预约、使用、结算、统计等全流程一站式服务体系。二是为创新人才培养提供一流保障。利用贴息贷款、修购资金，引进现代教学科研设备，持续改善实验室硬件条件；充分利用信息技术开发实验资源，加强虚拟仿真一流课程建设投入、孵化培育和跟踪指导，2023 年新增 7 门国家级虚拟仿真实验教学一流课程，总数跃居全国高校第一；新增 8 门省级一流课程，位居全省高校第一。三是充分发挥科研公共服务条件平台支撑作用。科研公共服务条件平台以师生需求为导向，提供高水平、专业化分析测试技术服务，支撑多篇 CNS 正刊以及一大批顶刊论文发表。5 年来，大型仪器设备对教学科研的支撑作用日益明显，学校多次在科技部大型仪器设备效益评价中获评"良好"和 85 万元资金奖励。

【启示】

（一）**要坚持在思想认识上推进党建与业务深度融合。**高校机关党支部要强化思想认识，树立"抓好党建就是最大政绩"的理念，找准党建与业务融合的结合点，坚持党建工作和业务工作目标同向、部署同步、工作同力，形成围绕中心抓党建、抓好党建促业务的良好局面。

（二）**要坚持在能力提升上推进党建与业务深度融合**。高校机关的党员干部，既要在政治上过硬，又要有过硬的能力本领。要坚持读原著、学原文、悟原理，也要从谋划重点工作出发加强学习，在能力提升上把政治理论和业务水平统一起来，以理论上的清醒保持政治上的坚定，以政治上的坚定推动业务工作的开展。

（三）**要坚持在作风建设上推进党建与业务深度融合**。高校机关党支部要充分认识自身职责使命，牢固树立"以人民为中心"的发展思想，以师生需求为出发点，以提升师生满意度为落脚点，打造一支专业素质过硬、人员结构合理、服务热情周到、态度积极向上、作风优良正派的高素质管理服务队伍，为学校"双一流"建设助力。

（四）**要坚持在工作实践中推进党建与业务深度融合**。加强学习型、专业型、服务型、创新型"四型"机关支部建设，要在实践中教育引导党员胸怀"国之大者"，坚持"把困难留给自己，把方便让给师生"的宗旨，践行"优质、高效、便捷"的服务承诺，聚焦高质量创新人才培养和高水平科技自立自强，为加快推进一流大学建设和中国式现代化进程贡献武大机关党员的力量。

坚持多措并举画好服务师生最大同心圆

刘　扬　黄　啸　向　立

近年来，保卫部党总支以习近平新时代中国特色社会主义思想为指导，全面贯彻党的二十大精神，深入学习贯彻习近平总书记关于教育的重要论述，聚焦落实立德树人根本任务，以"用心、用情、用爱"三项措施，围绕解决好师生急难愁盼问题，在校园安全服务保障上持续用力，汇聚服务师生的强大力量。

【背景】

面对师生对美好校园生活的向往与高品质校园安全的期待，保卫部党总支立足岗位职责、师生所需，强化党建与保卫工作融合，坚持"管理就是服务、管理就是提醒、管理就是教育"的工作理念，集中民智、凝聚民心、改善民生，以办好年度民生实事为抓手，解决师生关切的重点、难点和堵点问题，多措并举画好服务师生最大同心圆，不断提升师生实实在在的获得感、安全感。

【做法】

（一）把好方向，理清思路，在统筹部署上用"心"。近年来，随着时代发展，顺应师生对高品质校园安全的期待，是保卫部应尽职责。保卫部党总支坚持以服务师生为导向，充分发挥党组织"轴心"作用，将党建工作与业务工作紧密结合，通过党建工作引领推动业务工作，并用业务工作实绩来检验党建工作成效，实现党建工作与业务工作同向聚合、深度融合。保卫部作为师生反映诉求多、服务要求高、涉及面广的部门之一，保卫部党总支坚持

"管理就是服务、管理就是提醒、管理就是教育"的工作理念,设立"党员先锋岗""党员责任区"以及开展"我的岗位我负责,我的工作请放心"大讨论大实践活动,引导党员做好本职工作,在联系服务师生、推进"三全育人"以及完成重大安保任务方面发挥示范带动作用。2023年以来,累计开展服务师生专题党支部活动10余次,保卫部领导班子带队持续开展"走进院系"活动,切实让管理服务主动走进师生、服务师生、保障师生。

在万林艺术博物馆开展主题党日活动

(二)集思广益,多措并举,在创新服务上用"情"。师生的安全诉求在哪里,保卫工作就跟进到哪里。2022年,针对师生反映外卖存放环境问题,积极联系外卖品牌商家设置外卖智能取餐柜,在学生取餐集中的信息学部南二门等九处安装"外卖智能取餐柜",解决好配送服务的"最后一百米"。教育部高校思政网重点推荐了学校安装"外卖智能取餐柜"服务学生的举措。依托"智慧交通管理平台"对违停超速车辆加强管理,机动车在校园道路行驶超过限定时速10%,将对车主予以短信提示提醒,超过限定时速20%以上不到50%,且1个月被抓拍3次的,才对其违规行为予以相应处罚,在"智慧珞珈"平台专门设置交规考试栏目,通过交通学习考试可以消除违规行为1次,切实用心用情做好教育提示。坚持开展"交通护学岗",采用信息化手段增设3个路段的高清测速卡口系统、16个路段的违停球机,进一步提高校园交通管理效能。搭建保卫部与公安警种联动平台,协调落实"一校三警种驻校"机制,明确珞珈山派出所6名公安民警驻校办公。加强"五级情报"信息网络建设,组建400余人的校园常规巡逻力量开展"日巡夜查"和"凌晨行动",不断把师生对高品质校园安全的向往变为现实。顺利推动《武汉大学电动自行车管理暂行办法(试行)》出台,确保管理有章可循。清理1600余辆废旧非机动车,协调4家共享电动车运营公司回收电动车100余辆,改扩建非机动车停车区域2000余平方米、机动车停车位200余个,校园停车环境得到了进一步改善。针对珞珈门外环境脏乱差现象,经多方努力沟通,洪山区政府斥资100余万元对珞珈门沿线道路进行了翻修、公交车站进行了迁移、广场围栏进行了拆除。同时,协调交管部门对茶港门外的围栏进行拆除,允许车辆从洪山侧路直行经茶港门进校。2023年持续开设安全教育前置课程,将课程纳入学校迎新系统,新生学习覆盖率及及格率均达到100%。新生电动自行车骑行训练营活动冲上热搜,被高校同行推广和网民点赞。全体保卫人员365天在岗在位,校园"110"联动指挥中心全年24小时值守,开展"深夜护学"行动,为师生筑牢坚实安全屏障。

(三)创新方法,结合宣教,在教育提醒上用"爱"。保卫部党总支主动适应新形势新要求,开设"平安珞珈"微信公众号,截至目前,平安珞珈关注用户10万+,发布原创推文500余篇,总阅读量达80万,WCI指数整体传播力、篇均传播力、头条传播力、峰值传播力在校内组织机构微信公众号中排名靠前。充分运用"珞珈直通车"数据赋能,抓住反映集中问题,精准施策,强化整改。开展"走进保卫部"活动120余次,面对面听取师生意见和建议,不断提升师生对保卫工作认知。通过开展反恐、国家安全、消防、治安、交通安全、电信网络诈骗防范、禁毒宣传等"平安珞珈"安全建设系列活动,师生安全意识不断增强。联合武昌区国家安全委员会以及校团委开展"全民国家安全教育日——走进武汉大学"系列主题教育活动,发放宣传册5000余册,以喜闻乐见的形式让国家安全知识深入人心。

【启示】

(一)**强化党建引领,提高站位搞服务**。作为给师生提供安全保障服务最直接的部门之一,保卫部党总支坚持抓党建与抓业务相结合,做到两手抓两手硬。通过召开部长办公会等,专题部署服务师生有关工作,围绕师生学习工作需要，及时回应师生关切的校园安全问题，切实把全体保卫人员的头脑武装起来、思想统一起来，增强服务师生的主动性、敏锐性、自觉性。

（二）**围绕中心履职，带着情感搞服务**。作为服务保障师生安全最前沿的一支队伍，保卫部党总支强化示范引领，在服务保障师生时，始终晓之以理动之以情，带着情感做师生工作，以保卫人员的真心真诚换回师生对安全保卫工作的理解与支持，实现管理服务"双向奔赴"。

（三）**强化管理创新，丰富举措搞服务**。鉴于师生对校园安保个性化需求多，保卫部党总支更新工作理念，通过开展"警校联动""保卫工作进院系"和"走进保卫部"等活动，不断创新服务师生举措，倾力构建全时空守护平安、零距离服务师生工作机制，打造共建共治共享的校园管理新格局，努力实现校园安全管理和服务师生"平安不出事，服务不缺位"。

心中有"数"，服务有"智"

张文涛　张晓妍　杨　成

近年来，信息中心党支部树牢以师生为中心的发展理念，以党建为引领，建强支部堡垒，着力加强能力建设和作风建设，坚持应用导向，强化系统思维，注重统筹协调，加快推进信息技术与教学科研、人才培养、学科建设、管理服务深度融合，积极践行数智教育，以信息化智慧化支撑学校治理体系和治理能力现代化，努力做到心中有"数"、服务有"智"。

【背景】

党的二十大以来，以习近平同志为核心的党中央时刻保持解决大党独有难题的清醒和坚定，坚持不懈推进中央八项规定精神贯彻落实，驰而不息推进党的作风建设，推动百年大党在自我革命中不断焕发蓬勃生机。2023 年，信息中心发布《关于进一步加强和改进工作作风的实施细则》（武大网信函〔2023〕4 号），着力加强和改进工作作风。2024 年 4 月开展党纪学习教育以来，信息中心党支部以学习贯彻《中国共产党纪律处分条例》为重点，在学纪、知纪、明纪、守纪的基础上，加强作风建设，严守纪律规矩，着力强化能力建设，努力学习和践行数智教育理念。在党建引领下，不断提升学校治理的数字化、智慧化服务水平。

【做法】

（一）**强化责任担当，网络设施和业务系统"分片包干"**。信息与系统部安排专人分类对接业务系统，定点联系相应业务部门，促进技术人员与业务人员深度融合。网络通讯部安排专人定点对接学生宿舍、行政办公区域、学院教学办公楼等,实现分片包干、快速响应。相关信息主动公开。注重单位内部无缝对接,加强内设机构之间的协同配合,积极营造多通气、多提醒、多补台、多补位的发展氛围,增强工作的整体合力。加强与其他部门沟通协调,强化系统思维,以"主动往前跨一步"的工作方式,积极争取各部门的理解和支持,形成全校"一盘棋"的信息化工作格局。

(二)细化工作举措,各类信息化服务"不辞琐碎"。一是智慧校园新基建,做大一张网(校园网)、做强一朵云(珞珈云)、做优一张卡(校园卡)、做专一平台(智算中心)。二是发挥数据要素作用,加强数据融合共享、推进业务应用"一网协同"、推进师生服务"一网通办"、推进校务治理"一网统管"、优化信息系统供给模式等。三是赋能学院治理提升,采用"1+N+X"模式,搭建一体化学院综合服务管理平台,"1"表示校级的统一底座,集约建设;"N"表示 N 类核心应用,覆盖教学科研、财务资产等共性需求;"X"表示个性化服务,打通共享校院两级数据,助力提升学院管理效率和服务质量。四是切实提升信息化公共服务能力,如:针对校园室外无线网调优、网络报修服务模块迁移升级、网费欠费提醒功能增补、融合门户建设、协同办公平台升级、房产管理平台改造、学生个人收入综合展示、邮件收发体验优化、可信凭证场景拓展、融合支付平台升级、校巴定位增强、NFC 校园卡功能、校园卡离线支付应急等,都制定具体办法和应对措施,服务师生"无小事"。

(三)深化数智改革,提升服务效能"智用双全"。一是打造"珞珈在线"智慧教学中心平台品牌。构建一体化网络教学平台框架,推进线上教学和混合式教学,支持国家精品课程建设,实现校内优质资源与教育部支持的在线开放课程平台共建共享。二是建设数智课程一站式门户、数智实验教学平台,结合武汉大学学科特色优势,推进数智人才培养落地实施。协同推进本、研教务系统建设。升级重构本科教务、研究生教务系统,打通教室、教师、学生、课程、成绩等数据。同时,开通本研课程互选和成绩认定功能,助力拔尖人才培养。三是构建学生工作大数据平台。推进学生管理全过程信息化,全面聚合从入学到毕业相关应用及数据、在校各类数据生成活跃度和风险指数,及时向学生管理部门提醒与预警。建立隐性经济困难学生数据模型，为关爱帮扶提供精准支持。四是打造"用好一份餐"应用。完善数据的覆盖度和准确度，上线新版就餐指数，为全校师生准实时提供各食堂即时就餐情况，便于合理选择或避开高峰期。

党支部在武汉革命博物馆开展主题党日活动

【启示】

（一）**党建引领是前提。**多年来的工作实践表明，党建引领是干好一切工作的重要前提和基础。信息中心党支部在机关党委的带领和协调下，明确工作目标、狠抓任务落实、形成工作合力，取得了良好成效。高标准、高质量推进和完成信息化各项工作，必须坚决落实党中央决策部署，强化组织领导、发挥组织优势，不断促进党建与业务深度融合。

（二）**党员干部是关键。**在信息化工作中，充分发挥党员干部这个关键少数群体的作用，是工作取得成效的关键。这些年，通过抓铁有痕持之不懈的组织建设，党员干部基本是业务骨干。党支部通过对党员干部有力度、有深度、有温度的团结和凝聚，做到干事创业"聚起来"、心无旁骛"干起来"。

（三）**服务效能是重点。**优化服务、提升效能是高校信息化高质量发展的必然要求，对高校治理体系和治理能力现代化具有重要意义。为支撑武汉大学率先在全国推行数智教育、打造智慧校园基座,党支部牢牢把握提升信息化服务效能这个基础和重点,坚持在提升信息化服务效能上下功夫,为数智教育得到更好的推行和普及不断努力。

打造"以学铸魂，以文育人"党建品牌

李英华　李　洋

"中华优秀传统文化是中华文明的智慧结晶和精华所在，是中华民族的根和魂，是我们在世界文化激荡中站稳脚跟的根基。"激活其生命力，使之融入高校基层党组织建设全过程是推动中华优秀传统文化创造性转化、创新性发展的题中应有之义。我们关注到，近年来历史学院考古系教师党支部充分发挥考古学专业特色优势，在创建"以学铸魂，以文育人"党建品牌实践中，培育形成了体现高校教师党支部书记"双带头人"优势的典型案例。这里以"以学铸魂，以文育人"党建品牌创建为例，总结经验，探索创新，为各地各单位运用典型经验开展特色党建品牌创建提供参考借鉴。

【背景】

习近平总书记对学校思政课建设作出重要指示，强调"以中华优秀传统文化、革命文化和社会主义先进文化为力量根基"，明确了文化赋能高校落实立德树人根本任务的鲜明导向。历史学院考古系教师党支部现有党员23人。现任党支部书记李英华教授兼历史学院副院长、系主任，是中组部"万人计划"青年拔尖人才。"以学铸魂，以文育人"党建品牌的构想诞生于"双带头人"党支部书记工作室培育期间，是党支部积极探索党建与业务"双融双促"新格局的一次创新实践。通过一系列举措和安排，党支部建设取得了显著成效，2023年先后入选湖北省高校"双带头人"教师党支部书记工作室、武汉大学第二批"样板支部"培育创建单位。

【做法】

(一)**"铸魂"是根基**。"双带头人"李英华任支部书记以来扎实推进支部制度化、规范化、标准化建设，结合专业特色提出创建"以学铸魂，以文育人"党建品牌。组织重点学习的内容包括 2020 年习近平总书记在中共中央政治局第 23 次集体学习时的讲话，2021 年习近平总书记致仰韶文化发现和中国现代考古学诞生 100 周年的贺信，文化遗产保护传承座谈会精神和习近平总书记给武汉大学参加中国南北极科学考察队师生代表的回信。2024 年学习《中国共产党纪律处分条例》，将理论学习与队伍建设、学科建设、教学科研、文化服务相结合，坚守中华文化立场，传承中华文化基因。通过党支部建设和宣传，青年教师积极向党组织靠拢。近 4 年有 3 位青年教师入党，其中李洋在 2020 年疫情中"火线入党"的事迹被《光明日报》头版报道。支部成员单思伟 2023 年荣获"襄阳楷模"荣誉称号。

（二）"创新"是核心。注重把握好党建"创新"这一核心，以激发党支部活力为引擎，着力打造"以学铸魂，以文育人"党建品牌。与校内外近 10 个党支部结对共建，以党建交流带动业务发展。从 2022 年至今，先后与党委巡视办党支部、工程学院宇航科学与技术研究院党支部、马克思主义学院马克思主义中国化系教师党支部、中国史教师党支部、省人民医院消化内一科党支部、历史学院考古学博士党支部、校医院综合外科党支部举行共建活动，形式丰富多样，包括联合开展习近平新时代中国特色社会主义思想和习近平总书记给武汉大学参加中国南北极科学考察队师生代表的回信精神的学习，参观宇航院卫星实验室、襄阳凤凰咀考古实习基地、盘龙城考古遗址公园等。同时积极深化文明交流互鉴，2022—2023 年，获批科技部外专引智项目，推动师生常态化开展国际交流，2024 年举办"考古学理论和实践的现状与趋势国际学术研讨会"和盘龙城国际田野考古暑期学校，产生重要影响。

（三）"育人"是重点。高度重视本科生思想政治教育工作，大量本科生积极向党组织靠拢，近 5 年考古专业本科生入党比例达 30%。同时涌现出了一大批具备高尚思想品德和浓厚家国情怀的优秀学子，如桂祎明、王梦缘同学在抗击新冠疫情中贡献力量。依托田野考古实习基地建立临时党支部，将思政育人落实到田野，言传身教，润物无声。在长达一个学期的田野考古实践中，师生同吃同住同劳动，教师用正确的世界观、人生观、价值观引导学生，教学关系良好。考古系教师党支部每年赴基地组织党建活动，校院领导定期去基地考察、看望，校党委副书记、纪委书记万清祥在工地上为学生讲党课，让学生深受鼓励和教育。2021 年入选教育部国家文物局考古学国家急

党支部与党委巡视办党支部赴盘龙城开展联学共建活动

需高层次人才培养专项高校、湖北省优势特色学科群。2022 年获评湖北省优秀基层教学组织、国家"双万计划"一流本科专业、湖北省优秀基层教学组织。2019—2023 年师生获国家级竞赛奖 2 项、省级竞赛金奖 2 项，2023 年入选 2 门湖北省本科一流课程、获武汉大学本科教学成果奖一等奖，2024 年获批湖北省教改项目、余西云教授获宝钢优秀教师奖等。

（四）"文化"是特色。考古系教师党支部发挥学科优势，积极参与国家和社会服务，李英华、邹秋实作为重要成员参与湖北"郧县人"头骨化石的发掘与数字化记录工作，并开展深度科学研究，为文化遗产的创造性转化、创新性发展作出了贡献；2019 年，张昌平受邀作为专家随公安部、国家文物局前往日本，追回流失在外多年的国家一级文物曾伯克父青铜组器。李洋作为教育部第九批援疆干部对口支援塔里木大学，协助受援学院创立文博考古专业，组织承办兵团文博业务培训班。宋海超助力长征国家文化公园建设，承担了长征国家文化公园湖北英山园区整体展示内容编制和战斗（壕）遗址调查清理等工作。张群、邹秋实为退役军人事务部烈士纪念设施保护中心讲解人骨特征及鉴定知识、遥感测绘及三维建模技术，筹划设立退役军人事务部烈士纪念设施研究中心，利用科技手段助力烈士遗骸搜寻鉴定和英烈精神弘扬工作。

校党委副书记、纪委书记、国家监委驻武汉大学监察专员万清祥
在襄阳凤凰咀遗址考古实习基地为学生讲党课

【启示】

（一）**高校党建品牌创建应彰显学科特色**。以党建品牌创建为契机，充分发挥党组织政治核心、战斗堡垒作用，坚持党建工作与中心工作思路同心、目标同向、工作同步，把高质量党建工作优势不断转化为学科快速发展动能。

（二）**高校党建品牌创建应勇担文化使命**。高校作为文化传承创新的重要阵地，必须深刻感悟习近平文化思想凝心铸魂、领航掌舵的实践伟力，勇担新时代文化使命，引导学生树立坚定的理想信念，永远听党话、跟党走，矢志奉献国家和人民。

（三）**高校党建品牌创建应发挥"头雁效应"**。实践证明，党支部书记作为基层党支部建设的"领头雁"，是党建品牌创建的第一责任人，在党建品牌创建过程中发挥着不可替代的作用，"头雁领航"创建品牌，"群雁齐飞"擦亮名片。

[法学院民商法教研室教师党支部]

薪火相传映法典，笃行致远谱新篇

李承亮

2020年5月28日，十三届全国人大三次会议审议通过了《中华人民共和国民法典》，这是新中国成立以来第一部以"法典"命名的法律，是新时代我国社会主义法治建设的重大成果。在此背景下，武汉大学法学院民商法教研室教师党支部积极响应党中央号召，将民法典的普及、研究与实施纳入重点工作日程，通过创新民法典宣传方式、推动民法典法治实践、深化民法典理论研究，努力探索新时代高校教师党支部在法治宣传教育中的新模式、新路径，为各单位扎实做好民法典学习宣传贯彻工作提供参考借鉴。

【背景】

法治兴则国兴，法治强则国强。2020年5月29日，习近平总书记在主持中共中央政治局第二十次集体学习时强调，民法典在中国特色社会主义法律体系中具有重要地位，是一部固根本、稳预期、利长远的基础性法律。以民法典的颁布和实施为契机，武汉大学法学院民商法教研室教师党支部积极响应党中央的号召，紧跟时代步伐，主动作为，以实际行动践行习近平法治思想，为推动民法典在基层的落地生根、助力法治中国建设贡献了珞珈智慧与力量。

【做法】

（一）广接地气，民法典宣传深入法治社会。习近平总书记指出，民法典要实施好，就必须让民法典走到群众身边、走进群众心里。为此，党支部采取一系列创新举措，确保民法典宣传工作既有深度又具广度，成为守护人民群众权益的坚固防线。一是立足社区，打造法治文化传播网。与社区街道合作开展"民法典小讲堂"系列讲座，与武汉大学法制办携手在万林博物馆小广场举办以"民法典与美好生活同行"为主题的普法宣传活动，推动民法典走进千家万户。二是创新形式，拓宽宣传渠道。支部积极探索新型宣传模式，组织实施"武汉大学民法典大讲坛"系列活动，线上线下同时开展系列公益讲座，邀请十余位法学大家齐聚珞珈，全方位解读民法典。三是聚焦重点需求，强化针对性宣传。在校园开展"荆楚普法云课堂进校园"系列课程，激发学生的法治兴趣；在企业围绕"民营企业法律风险防范与权利维护"进行主题授课，助力民营经济健康发展；在家乡践行"带着民法典回家乡"活动，将法治的种子播撒到家乡的土壤中。

党支部参与举办以"民法典与美好生活同行"为主题的普法宣传活动

（二）以学促行，民法典精神融入法治实践。习近平总书记强调，各级党和国家机关要带头宣传、推进、保障民法典实施，加强检查和监督，确保民法典得到全面有效执行。以此为导向，武汉大学法学院民商法教研室教师党支部致力于打造服务法治建设的特色品牌。一是举办高端论坛与法治研讨，引领法治思想潮流。党支部积极搭建高端学术交流平台，培育了"民法典大讲坛""伟博法律大讲堂"等系列讲座品牌，形成了"珞珈民商法讲坛""破产法珞珈论坛"等多元化平台，覆盖了"青年私法学术坊"及"中国法学会案例法学研究会"等前沿论坛，构建了立体化、全方位的民法典学术交流网络。二是为法治政府建设提供智库支持，积极参与司法实践。支部成员通过深入政府机关宣讲，提升其运用民法典处理行政事务的能力，其中，孟勤国同志为湖北省委办公厅作民法典辅导报告，罗昆同志为湖北省政府党组中心组做专题讲座。此外，支部成员积极参与民法典司法解释意见征求工作，推动法律解释精准化。

（三）**专长引领，民法典研究深化法治内涵**。习近平总书记指出，民法典颁布实施，并不意味着一劳永逸解决了民事法治建设的所有问题，仍然有许多问题需要在实践中检验、探索，还需要不断配套、补充、细化。武汉大学法学院民商法教研室教师党支部充分发挥专业优势，有效推动了法治内涵的丰富和发展。一是坚持理论研究与创新，丰富民法典学术成果。组织举办中国法学会民法学研究会第九次会员大会暨2023年年会，为民法典实施过程中的热点难点问题搭建交流平台。二是推动落实党建与业务工作深度融合，坚持正确的政治方向。将习近平总书记给武汉大学参加中国南北极科学考察队师生代表的重要回信精神融入日常工作，激励党员教师勇担科研育人重任。三是强化法学教育与人才培养，筑牢法治根基。李承亮同志的民法鉴定式案例分析创新课程获批启动，武亦文同志的"法语法学、德语法学人才培养"获批国际化人才培养重点专项，为法治中国培养了一大批高素质法律人才。

参与2023年全国民法年会筹办工作

【启示】

（一）**党建引领铸魂，法治实践赋力**。党支部积极构建党建与业务深度融合的新机制，将法治教育与党的建设同步规划、同步部署、同步实施、同步检查，确保党建引领贯穿法治教学、科研和社会服务全过程，使党的先进性成为推动法治实践的内在动力。支部工作紧密围绕国家发展战略和社会法治需求，将理论研究转化为服务大局的法治解决方案，助力经济社会发展，彰显法治实践的现实效力。

（二）**创新驱动宣传，精准对接民生**。在信息爆炸的时代背景下，支部利用网络平台、移动应用、社交媒体等新兴技术手段，打破了传统法治宣传的时间与空间限制，使民法典等法律知识以更加便捷、灵活的方式触达民众。通过深入分析不同社会群体的法律需求，紧跟社会热点和民生焦点，支部党员有针对性地开展"靶向"服务，精准对接不同群体的法治需求，实现了法治教育的即时化、个性化。

（三）**专长构筑高地，研究服务大局**。支部利用武汉大学法学院在民商法领域的深厚学术底蕴，积极与国内外顶尖高校和研究机构建立合作关系，通过举办高水平学术论坛、研讨会等，构建起民商法研究的高端交流平台。支部依托专业优势，不仅在民法典研究上攀登高峰，更将研究成果反哺教学与社会服务，展现了法学研究在服务法治建设大局中的独特价值和深远意义，为法治中国建设贡献了宝贵的智力支持。

聚焦三个"党建+",
打造立德树人的坚强堡垒

黄　颖　石庆功　何梦婷

教师党支部是高校最基本、最重要的基层党组织类型,是高校党组织的神经末梢。高校教师党员的核心工作是学生培养与科学研究,教师党支部要以党建为抓手,以党建引领教学,以党建提升科研,通过多维党建与业务融合,激发教师党支部战斗堡垒作用。信息管理学院图书馆学系教师党支部始终坚持以思想建设为统领,以提质聚力为目标,充分发挥学科专业优势,聚焦三个"党建+",推进党建与业务互融共进,探索出联合党日活动、党团密切协作等创新性做法,打造立德树人的坚强堡垒。

【背景】

高校教师党支部是教育、管理、监督和服务教师党员的基本单位,是把党的路线方针政策落实到高校基层的战斗堡垒,是党团结和联系广大教师的桥梁纽带。加强新形势下高校教师党支部建设,对于落实全面从严治党要求,全面贯彻党的教育方针,培养中国特色社会主义合格建设者和可靠接班人,具有重大而迫切的战略意义。信息管理学院图书馆学系教师党支部经过多年试点,逐步探索出"党建+思想引领""党建+学生培养""党建+教学科研"的支部运行模式,推进党建工作与业务工作的融合共进,在新的征程上踔厉奋发、笃行不怠,继续书写新时代的绚丽华章。

【做法】

(一)"党建+思想引领",交流共进提升理论素质。图书馆学系教师党支部多次与校党委组织部、党校党支部，校图书馆以及学院其他党支部联合开展主题党日活动，在党日活动中提升思想引领质量。联合主题党日活动一般分为两个环节，第一个环节进行理论学习，以提升党员理论素质为主；第二个环节进行专题辅导或主题讲座等，以提升党员业务素质为主，在交流学习中实现党支部在党建工作和业务工作上的提质增效。在理论学习环节，每周四下午定时定点共同学习党中央和习近平总书记的最新指示与讲话，深刻领悟重要讲话精神，进一步铸牢教师党员信仰的铜墙铁壁。在专题辅导环节，邀请专家学者就当前国家重大需求和学科领域前沿问题开展专题研讨，例如围绕"数字文化发展研究思考""数据主权国际博弈与研究需求"等主题进行专题辅导报告，提升了与会教师党员的业务素养。

2024 年 6 月，图书馆学系教师党支部、行政教职工党支部与校党委
组织部、党校党支部联合开展主题党日活动

（二）"党建+学生培养"，密切协作发挥教育职能。图书馆学系教师党支部注重党建与立德树人紧密结合，积极探索党建带团建等做法，既要求在第二课堂做好学生的思想引领工作，又要求专任教师在第一课堂中融入思想政治教育。支部始终重视加强教师党员的教育管理工作，全体党员全部为本科生授课，主讲的"信息组织原理与利用""信息检索""信息描述"等课程入选国家级一流课程。支部涌现出一批潜心教书育人的先锋党员，多位教师先

后荣获武汉大学"杰出教学贡献校长奖""我心目中的好导师""十佳优秀教师"等表彰。教师党员通过积极参与专业导论课、专业分流主题班会、培养方案联合论证会、师生见面会、"师生一对一"等形式，致力于为学生排忧解难，助力学生成长成才。支部积极与本硕博学生党支部联合开展活动，建立"教师-学生"党支部对接制度，通过开展党支部共建暨专业认知实习活动等逐步形成"组织联建、队伍帮带、育人协同、载体同创、资源共享、发展双赢"的党建工作格局。

（三）"党建+教学科研"，积极推动提升业务工作。作为国内图书馆学专业的第一科研梯队，图书馆学系教师党支部始终坚持牢记学科使命，主办第一届与第二届全国图书馆学博士生论坛等学术会议，举办"文华讲堂——图书馆学前沿进展"研究生暑期学校，积极培育后进，落实立德树人根本任务。全体支部以一流党建引领一流学术，承担国家社会科学基金重大项目、教育部哲学社科研究重大课题攻关项目等重要国家级项目，为文化和旅游部等国家部委相关政策制定提供重要学术支撑。教师党员立足自身专业特长，以社会需求为导向，不忘学者担当，在人民网等主流媒体刊发《提升全民数字素养与技能：新时代图书馆的新担当》等文章，提交《优化疫情事件中的信息披露机制》等多份资政报告，完成的《全球企业创新指数》等诸多研究成果被有关国家部委参阅，牢记习近平总书记"接续砥砺奋斗，练就过硬本领，勇攀科学高峰"的嘱托，努力为实现高水平科技自立自强、实现中华民族伟大复兴贡献武大信管力量。

【启示】

（一）坚持思想引领，推进支部发展建设提质增效。高校教师党支部要严格落实"三会一课"制度、民主生活会和组织生活会制度、谈心谈话制度、民主评议党员制度和请示报告制度等，保证任何党员都不游离于党的组织之外，更不能凌驾于党的组织之上。每个党员无论职务高低，都要参加党的组织生活。党组织要严格执行组织生活制度，确保党的组织生活经常、认真、严肃。

（二）优化组织形式，拓展主题党日特色实践活动。高校教师党支部要通过个人自学、集中研讨、支部共建，深入革命旧址、革命纪念馆、烈士陵园等红色资源，与支部专业研究相结合开展实践活动等形式，不断丰富支部的组织生活，在重点工作中锤炼党性，发挥先锋模范作用。不断加大基层党组织与业务部门的联系与合作力度，与业务部门要定期做好沟通与联系，让党建与支部业务工作密切结合，共同展开对重大问题的研究，使党建和业务工作同步开展。

（三）**密切党团协作，切实提升专业学生综合素质。**随着世情、国情、党情的发展变化，高校教师党支部要主动应对，积极探究党团联动机制，注重与团委、学生会等密切协作，注重与有关学生党支部密切协作，充分发挥教师党支部的教育职能，联合学生开展多项活动，引导学生加强专业理论学习，坚持以学生为中心，把人才培养作为出发点和落脚点，为党育人，为国育才。

着力打造"党建+"工程，
培育新时代科研先锋

赵晨曦　刘　铮

2019 年 7 月 9 日，中央和国家机关党的建设工作会议在北京召开。中共中央总书记、国家主席、中央军委主席习近平出席会议并发表重要讲话。习近平总书记强调："要处理好党建和业务的关系，坚持党建工作和业务工作一起谋划、一起部署、一起落实、一起检查。"① 这里以生命科学学院研究生第二党支部深入实施"党建+"工程为例，探寻高校学生党支部如何进一步增强基层党组织政治功能和组织功能，将党建与业务工作深度融合，以高质量党建促进研究生成长成才。

【背景】

"粮食安全是'国之大者'""在粮食安全这个问题上不能有丝毫麻痹大意，不能认为进入工业化，吃饭问题就可有可无，也不要指望依靠国际市场来解决"。2022 年 3 月 6 日，习近平总书记在看望参加全国政协十三届五次会议的农业界、社会福利和社会保障界委员并参加联组会时，就抓好粮食生产、确保粮食安全作出深刻阐述。② 生命科学学院研究生第二党支部始终以保障国家粮食安全为建设目标，坚持不懈用习近平新时代中国特色社会主义思想凝心铸魂，加强思想政治引领，将党建工作与事业发展深度融合，深入实施

---

① 全面提高中央和国家机关党的建设质量　建设让党中央放心让人民群众满意的模范机关 [N]. 人民日报，2019-07-10（1）.
② 李浩燃. 粮食安全是"国之大者" [N]. 人民日报，2022-03-15（4）.

"党建+思政""党建+科研""党建+实践""党建+育人"四大工程，推动国家粮食安全重大决策部署的贯彻落实，把高校基层党组织进一步建设成为有效实现党的领导的坚强战斗堡垒。

【做法】

（一）**党建与思政教育结合，落实立德树人成效**。支部以党建为龙头，加强思想政治教育。研究生导师作为党建领航人，在水稻育种基地里为学生讲党课，为同学们讲述育种人艰苦奋斗、不怕困难的精神，强化了"育种先育才、种稻先传道"的理念。研究生导师聚焦实验室学术道德和学术规范建设，教育学生严守学术研究的底线、杜绝学术不端行为。支部以朱英国院士为榜样，举办"一粒种子，一生奋斗"主题党日活动、组织排练情景剧《为天下苍生饥寒终生奋斗》、观看电影《朱英国》、举行缅怀朱英国院士扫墓献花仪式等，将朱英国院士矢志报国、心怀天下的赤子情怀，不畏艰苦、勇于攀登的科研精神，为人师表、甘为人梯的师德风范，淡泊名利、无私奉献的高尚情操植入学生心灵。支部打造微信公众号红色平台，把网络新媒体与思想理论学习高度融合，增强理想信念教育的时代感和吸引力。

（二）**党建与科研结合，提升学生创新能力**。立足新时代新征程，党建和科研"互融互促"，通过抓党建促科研，党员贡献率逐步提高，支部科研成果进一步夯实，科研素质进一步提升。支部"不忘立德树人初心，牢记强农兴农使命"，开展"一粒种子的故事"等特色科研活动，建立"一周一文献""博士科研分享会"交流平台，聚焦科技创新，攻克"卡脖子"技术难题，推动科研工作。支部定期组织党员面对面谈心会，围绕专业知识、科研课题、技术瓶颈等方面开展交流，积极开展帮扶活动。两年来，支部党员共发表SCI论文28篇，4人获研究生国家奖学金，20人获专项奖学金、学业奖学金，1人获校优秀共产党员称号。党员积极参与国际合作研究，助力红莲型杂交水稻在"一带一路"沿线国家和地区的推广和应用。

（三）**党建与实践结合，助力学生能力发展**。支部把实践活动作为党建的重要内容，发挥专业特长，开展大手牵小手"双减"科普志愿行动，遴选志愿者担任武汉大学第一附属小学课外科普老师，围绕水稻知识做科普，开展粮食安全讲座，宣传"光盘行动"，推进了大中小学思政一体化建设，入选武汉大学研究生党建"活力创新工程"精品项目并在全校推广，被《中国青年报》以《梦想，从这里起航》为题报道。支部自2013年起启动"烛光温暖计划"，接力温暖学院退休教师的晚年生活，定期上门拜访，提供温暖志愿服务。同时，聘请离退休老党员教师担任支部顾问，指导支部开展活动，对支部党员进行思想引导。支部党员现已把实践作为自己的必修课，积极参加校内外实践活动，如樱花季志愿服务、遗传学大会志愿服务等，在服务社会的同时，提升个人综合素质，助力个人发展。

党支部成员在武汉大学第一附属小学讲授科普知识

（四）**党建与育人结合，培育时代新人**。支部发挥目标导向功能，找准研究生党员定位，通过感悟优秀科学家精神伟力，营造实字当头、干字为先的"争先进、赶先进、当先进"氛围；支部发挥凝心聚力功能，通过"支部达人秀"等经验交流分享会，强化团队精神，营造"党员影响党员、党员教育党员、党员带动党员"的优良风气；支部邀请生命科学学院优秀退休党员教授担任支部顾问，为支部成员做如何做好一名研究生专题讲座，助力研究生成长。2年来，支部有5名毕业生选上选调生，邀请他们回校参加"支部达人秀"之选调生经验交流会、"讲经验、强信念、筑梦想"主题交流会等，引导青年党员牢记习近平总书记"生逢盛世，肩负重任"的殷殷嘱托，立志服务祖国基层，让青春在党和人民需要的地方绽放绚丽之花。

【启示】

（一）**实施"党建+"工程，深化教育融合，铸牢育人之魂**。将思政教育与科研训练深度融合，创新教育方式方法，激发研究生的创新活力，真正做到铸魂育人，以党建促科研，同时党建工作也在科研实践中得到丰富和发展。

（二）**实施"党建+"工程，强化实践锻炼，提升综合素质。**将党建与实践紧密结合，有效提升了党员综合素质和社会责任感。志愿服务、科普教育等实践活动不仅让支部党员增长了才干，还增强了服务社会的意识和能力，用实际行动践行党的宗旨和初心。

（三）**实施"党建+"工程，树立时代标杆，引领青年成长。**将党建与育人深度融合，通过发挥先进典型的示范引领作用，激励党员队伍不断追求卓越、勇于担当。邀请优秀科学家和退休教授做专题讲座、举办经验交流会的方式是"党建+育人"工程的一次成功探索，有效助力研究生队伍树立崇高理想和远大目标。

师生党支部"手牵手"共建活动

赵英林

师生党支部"手牵手"结对共建，是师生融合交流的有效方式，是提升基层党建质量，共创优良教风、学风和发挥离退休教师余热的有效平台。通过结对共建，互相促进，同一个学科，同一个系 3 个党支部高扬党旗，老、中、青三代共谱华章，相继荣获党建领域省部级重大表彰，形成了珞珈山下特有的红色水文现象。三个支部决心继续发挥示范支部的引领作用，为新时代的党建工作注入"水文力量"。

【背景】

为进一步加强党支部组织建设，强化党支部的政治功能，充分发挥党支部的战斗堡垒作用和党员的先锋模范作用，根据《省委组织部省委老干部局关于开展离退休干部"手牵手"活动的通知》及武汉大学离退休工作处《关于开展离退休教职工"手牵手"活动的通知》精神，水文水资源系离退休教师党支部与水文水资源系研究生第一党支部建立了师生党支部共建关系，开展了一系列共建活动。

【做法】

（一）**加强政治引领**。水文水资源系有离退休教职工 24 人，其中党员 12 人。离退休教职工中，有多名教授、博导和担任过党内职务和行政职务的老教师、老党员。充分发挥这些老教授的政治优势、威望优势、经验优势、专业优势，在学院党建工作、人才培养、"双一流"建设等方面，发挥余热，做出新贡献。落实立德树人根本任务，坚守为党育人为国育才使命。党支部可通过研究生新生入学教育、入党对象培养、发展党员支部大会、主题班会等形式，发挥老党员的作用，对青年学生进行政治引领、立德树人。教育引导青年学生不断增强"四个意识"、坚定"四个自信"、做到"两个维护"，规划好人生，走好成才之路。

（二）**发挥余热传帮带**。紧紧围绕学业创新，党支部可深入研究生论文选题、论文撰写、论文发表、论文答辩等环节进行引导和解难释疑。共同举办小型课题研讨会、专题报告会、学术交流会。通过共同组织革命圣地参观、春秋游、文艺、体育等活动，密切师生关系，寓教于乐。发扬敬老、爱老、助老美德，组织共建学生党支部志愿者、吴天祥小组与老同志结成帮扶对象，定期或不定期到有需要的老师家里帮助做卫生、购物、交流谈心、教手机使用等。

（三）**开展特色活动**。通过共同组织"三会一课"、党史学习教育、主题党日、红色基因传承、重温入党誓词等活动，引导学生党员增强政治意识、大局意识、核心意识、看齐意识，自觉在思想上政治上行动上同党中央保持高度一致。特别要紧紧围绕党和国家的重大纪念日和党的重要会议这一主题主线，认真谋划特色活动、品牌活动。

2021年，水文水资源系离退休教师党支部和水文水资源系研究生第一党支部联合举办了"传承红色基因、弘扬革命精神"新县鄂豫皖苏区首府参观学习活动。师生怀着无比崇敬和激动的心情，追寻红色足迹，重温红色记忆，聆听红色故事，学习红色精神，重温革命历史，缅怀革命先烈的丰功伟绩和崇高风范。大家纷纷表示，红色基因是我党宝贵的精神财富，是鼓舞我们沿着先辈的足迹继续前进的强大动力，身处和平年代，我们要自觉传承革命基因，牢记革命历史，进一步坚定共产主义理想信念，坚守共产党人的精神追求，不断增强共产党员的使命感和责任感，为实现伟大的中国梦而奋斗。

在党百年华诞之际，水利水电学院水文水资源系离退休教师党支部、教师党支部、研究生第一党支部联合开展了"感悟百年路 红心永向党"——水文水资源系师生三代共庆中国共产党成立100周年活动。在党史知识有奖竞答环节，师生纷纷举手抢答，参与热情高涨，角逐激烈，不时出现多人抢答的场面。宋星原教授一曲《没有共产党就没有新中国》，引起与会师生的共鸣，独唱变成了大合唱，表达了广大党员爱党爱国的真挚感情。赵英林教授带来诗歌朗诵：《感悟百年路，红心永向党》，通过诗歌带领大家回顾了中国

师生党员在新县鄂豫皖苏区首府革命博物馆参观学习和重温入党誓词

共产党百年奋斗历程和丰功伟业，证明了中国共产党是伟大的党、光荣的党、正确的党，是一个全心全意为人民服务的党，是一个得到全中国人民衷心爱戴和拥护的党。老党员吴贻名教授被现场的氛围感染，向大家朗诵了一首他观看电视剧《向警予》有感而作的诗，老先生情绪激昂，一字一句迸发出生命不息、奋斗不止的无限豪情。

水文水资源系师生三代共庆中国共产党百年华诞

【启示】

（一）躬耕教育，发挥余热有愿望。离退休教师、党员，是党的宝贵财富。他们退休之后，大部分同志身体尚好，不甘寂寞，有着老有所为、发挥余热的强烈愿望。经统计,水文水资源系离退休教师党支部党员同志退而不休,继续发挥余热,获得奖项和荣誉 18 项、作为专家被聘用 22 人次、公开发表论文 45 篇。

(二)**传承智慧,助力育人有力量**。离退休教师、党员,从教 30 甚至 40 余年,有着政治、专业、经验、阅历、威望等方面的优势,有能力在立德树人、业务指导等方面发挥余热。支部 12 位党员,50 年以上党龄的就有 6 人,还有中华人民共和国成立初期入党的老同志,且全部是教授,指导硕士、博士研究生的经验丰富。

(三)**党建引领,牵手共建有温度**。青年学生在成长成才过程中"五老"的作用不可或缺。老同志是行走的教科书,是学校文化和精神的传承者,离退休教师党支部和研究生党支部手牵手共建,工作就可做得更细、更深入。

(四)**薪火相传,关心帮扶有效果**。学生从老党员身上学到了许多宝贵品质、精神信念和人生阅历,在成才路上多了一些引导、多了一份助推力;离退休教师被年轻人朝气蓬勃、不断创新的精神面貌感染,心态变得年轻,有成就感。通过手牵手共建,密切了学生和离退休教师的关系,达到共同学习、共同提高、共同发展的目的。

党建引领筑堡垒，"电"亮研途建新功

孟　威　邹春航

习近平总书记在党的二十大报告中指出"全党要把青年工作作为战略性工作来抓"①。这一重要论断为新时代青年工作的开展提供了根本遵循。电气与自动化学院党委深刻认识青年工作的重要意义，围绕落实立德树人根本任务，将抓好青年党员教育的政治责任牢牢抓在手上、扛在肩上，持续推进学习贯彻习近平新时代中国特色社会主义思想往深里走、往心里走、往实里走。2021年以来，通过夯实工作基础、解决青年诉求、党建科创融合等多项举措，切实增强高校党员教育的针对性实效性，逐渐培育出校样板党支部——研究生第四党支部。

【背景】

研究生群体的教育工作事关高校培养什么样的人、为谁培养人的根本问题，直接关系到国家的科技、人才融合发展成效，影响着党和民族的前途和未来。为进一步打造具有战斗力和凝聚力的党员骨干队伍，高质量建设"学习型、创新型、服务型"的"规范化"党支部，学院成立于2021年的研究生第四党支部，自支部成立以来，坚持以习近平新时代中国特色社会主义思想为指导，以推动"党建+科创"深度融合为抓手，不断加强思想政治引领，夯实组织建设基础，发挥榜样"头雁"效应。支部申报并结项研究生"活力创新工程"项目1项，获评校先进基层党组织、连续3年获评院优秀党支部，

---

① 习近平. 高举中国特色社会主义伟大旗帜　为全面建设社会主义现代化国家而团结奋斗——在中国共产党第二十次全国代表大会上的报告 [J]. 求是，2022 (21)：1.

夺得校研究生党支部风采大赛二等奖、网络人气奖、最佳风采奖、谈伟大精神谱系风采展示一等奖、院篮球赛冠军、院红歌比赛一等奖等集体奖项9项。党支部成员累计在包括 Nature 正刊在内的高水平期刊上发表论文150余篇，参加各类竞赛获奖90余项，获院级及以上表彰130余人次，多名党员事迹被《人民日报》《中国青年报》等主流媒体报道。

【做法】

（一）**思想引领全域推进，夯实工作基础**。研究生第四党支部注重加强思想引领，夯实理论基础。一是围绕推进党史党纪学习教育常态化长效化，通过集中学习和个人自学，党课辅导与专题研讨，理论学习和实践锻炼"三结合"等方式丰富"三会一课"的形式和内涵，把党的基本组织生活方式打造为党员教育管理的基石，真正把党的思想政治建设抓在日常、严在经常；二是结合专业特色将党史瞬间、国家发展成就、学科故事以及支部日常组织生活相融合打造特色情景剧《青年何为》，充分展现党支部的战斗堡垒形象和党员青年的先锋模范风采。支部成员还将专业特色融入党课教育，打造的《有电自远方来》等系列微党课收录至教育部全国高校思想政治工作网，面向校内外开展理论宣讲30余场、受众10万余人；三是主动发挥跨院、跨校的辐射效应，积极拓展"联合党建"工作机制，激发"1+1>2"的思政建设新活力，联合多所高校开展主题教育，通过骨干领学、座谈讨论等方式开展学习近100次，督导党员认真记录学习笔记、撰写心得体会，累计自学超1200学时，引导党支部成员在主题教育中赓续红色血脉，涵养政治定力。

（二）**密切联系党员青年，解决青年诉求**。研究生第四党支部始终坚持"以青年为中心"，致力于密切联系党员青年，深入了解并有效解决青年诉求，为青年成长成才提供有力支持。一是针对学生学业压力等问题，组织开展"快乐科研"学业舒压、"春日暖阳"学生团辅、"研途无限"就业指导等心理健康节活动。针对学生科研交流等问题，支部党员整合学术科技活动、信息、平台，打造学院品牌活动。举办跨学科学术论坛、博士生论坛等学术科技讲座20余次，为研究生们提供学科交流平台，拓展科研交叉思维，浓郁学术科技氛围；二是基于学科特色，在全校范围内牵头开展活力创新工程项目，通过故事分享、学习打卡、志愿服务以及定向越野等方式，引导青年了解"双碳"目标，为建设美丽中国贡献青年力量。同时，积极在支部内外开展

党支部参加武汉大学研究生党支部风采大赛

"精准助学"主题结对共建活动，发展线上、线下结合模式，发挥研究生党员的先锋模范作用。

党支部赴东西湖区愿景小学开展"穿越时空的电波"
用电安全志愿服务活动

（三）**党建科创深度融合，助力质量提升**。研究生第四党支部以学院"科研育人"基地为契机，坚持将党建引领和科研创新深度融合，聚焦国家能源领域的可持续发展和"卡脖子"技术的解决。一是推动支部党员积极深耕智能电网难点、痛点，面向国家重大战略累计发表高水平论文150余篇，累计参与科研项目50余项。其中，党支部党员万旭昊聚焦机器学习加速的多场多尺度模拟在双碳时代电力工程中的应用开展研究，在建设全球能源互联网的宏观背景下讨论了气体绝缘介质的实际应用情况，相关研究成果发表于 Nature、Cell Patterns 等高水平期刊，总引用500余次；二是广泛动员参与各类科创赛事，参赛率达到100%，获奖90余项；三是重视培养多元化人才，鼓励成员在校、院、地等平台服务锻炼。支部书记苏大智作为国台办选派大陆高校学生代表应马英九基金会邀请赴台湾参访交流，9天8夜中先后走访台湾政治大学、文化大学等地，参加座谈交流，展现青年风采，为两岸关系的和平发展注入了青春活力，也是两岸关系走深走实、两岸同胞走近走亲的生动写照。

【启示】

（一）**运用党的先进理论武装头脑，以立德树人为根本遵循**。习近平总书记在党的二十大报告中寄语广大青年："当代中国青年生逢其时，施展才干的舞台无比广阔，实现梦想的前景无比光明。"① 学院研究生第四党支部在支部建设过程中扎实推进全面从严治党在支部的实践。在培育为基、建设为重、典型为引、整体推进的方针下，不断推动支部党建工作向更高水平的科学化、规范化迈进。

（二）**将党建与科研主业深度融合，积极创新管理措施**。学院研究生第四党支部通过党建促进科研、重点帮扶关怀、理论实践结合、融媒体平台运用等众多创新管理措施，细化支部工作，充分发挥支部战斗堡垒作用，引领支部成员努力做到"不忘初心，青春建功"，立志科研报国，成就大国工匠！

---

① 习近平. 高举中国特色社会主义伟大旗帜　为全面建设社会主义现代化国家而团结奋斗——在中国共产党第二十次全国代表大会上的报告［J］. 求是，2022（21）：1.

以党建引领，构建
学生公寓"党建+"育人品牌

史诗阳

习近平总书记强调："要加强高校党的基层组织建设，创新体制机制，改进工作方式，提高党的基层组织做思想政治工作能力。"电子信息学院党委始终坚持立德树人根本任务，以党的建设为引领，将学生公寓作为重要的育人阵地，积极在基层党建工作模式上创新，深入开展"党建进公寓"工作，在学生公寓打通学生党建和思政教育的"最后一公里"。

【背景】

电子信息学院本科生第一党支部以信息学部学生九舍为主体，建立一个党员责任区，打造两支党员先锋队，扩大学生党员履职上岗覆盖面，把先锋岗、责任区建到宿舍、建在普通同学身边，引导青年党员坚定信念跟党走、勤奋学习做表率、磨炼意志勇担当，切实发挥党员的先锋模范作用，探索形成"以学生成长为中心"的学生公寓"党建+"育人品牌。

【做法】

（一）**拓展育人力量，推进学生公寓制度管理精细化**。以信息学部学生九舍为阵地，选拔政治过硬、责任过硬、能力过硬、作风过硬的学生党员、入党积极分子参与党员责任区、党员先锋岗创建工作，实现学生党建和思想政治工作在学生公寓的全覆盖，搭建学生党员与入党积极分子实践锻炼与教育管理的新平台。在责任区范围内开展了"1+1+1"党员帮扶活动，即一名学生党员指导一名入党积极分子，负责一间学生宿舍，帮扶一名学业困难学生，协助开展好班级学业困难、心理困难学生帮扶工作。支部对应联系 12 个本科生团支部，与所联系团支部学生骨干、入党积极分子一起在日常工作中广泛收集同学们个人发展的需求与建议，及时了解同学们的思想状况与学习进展，定期与发展对象、心理关注对象、学业预警对象沟通，将党的先进思想、组织的关心关爱、学习经验精准传递给每位同学，建立健全了有困难找支部、有问题找党员的帮扶机制。

（二）**推动阵地建设，推进学生公寓思政引领长效化。**规范落实党员示范寝室考核制度，评选先进党员示范寝室，实现党员宿舍的网格化教育和管理。在楼栋内公示党员示范寝室，结合寝室文化建设、学习成绩、卫生等对党员先进性进行综合考评，责任落实到人。以学生党员活动室为建设平台，打造宿舍园区学生成长服务平台——"烽火"平台，加强学生党员活动室自主管理、自主运营，拓宽服务功能，按照建设党建图书角、党建制度上墙、党员形象栏上墙等要求，将思政教育延伸到宿舍区域。进一步丰富公寓党建文化墙内容，建设以党史、党的十九大、二十大精神为基本内容的文化展区，开展"党史音频故事录制"活动，每位党员录制党史小故事音频，让党史故事广播进宿舍，营造浓厚的党建宣传氛围，让广大学生在潜移默化中了解、支持、参与党建工作，提高党支部凝聚力。

（三）**紧扣成长需求，促进学生公寓学风建设常态化。**开展"党旗领着团旗走，志愿服务齐向前""党团共建，双融双促学业交流会""致青春、跟党走，新生入党启蒙教育"等活动，支部党员骨干每年深入基层团支部开展理论宣讲、入党启蒙教育、生涯规划教育活动 20 余场，进一步加强党团联动，激励广大青年学生积极向党组织靠拢，不懈奋斗。组建朋辈导师团队，定期走访对接寝室，在期中考试、期末考试前在学生党员活动室开展集中学习辅导，形成团结互助的良好学风，打造互助友爱的学习型生活区。同时支部优秀党员与学业导师、学术导师一起深入学生寝室，开展新生适应性教育指导、专业竞赛指导及高年级学生就业指导服务，为推进学院优良学风建设和就业指导工作起到了积极作用。

（四）**开展志愿活动，推进学生公寓服务群众人性化。**坚持开展"我为师生办实事"实践活动，定期开展反诈宣传、安全教育等主题党日活动，为新生、毕业生搬运行李，真正让学生党建工作有温度、接地气、见实效。在疫情防控期间，支部党员积极参与党员志愿服务队工作，在寝室一线积极为同学们进行防疫宣传，组织学生进行核酸检测、发放生活物资和消毒用品等，让党旗在抗疫一线高高飘扬。将劳动教育与思政教育深度融合，每年在"五一"劳动节前夕、毕业季组织开展劳动教育主题党日活动，强化党员劳动意识，积极带动广大同学自觉投身到文明寝室建设的行动中。

电子信息学院开展"作表率、树旗帜、强担当"党员寝室挂牌活动

【启示】

（一）**聚焦立德树人，做好示范引领**。支部始终坚持将学生公寓作为重要的育人阵地，扎实推进党建进公寓工作，积极搭建思想引领、榜样带动、学风促进、生活服务等平台，将党建引领贯穿"大一入学适应、大二学业帮扶、大三生涯规划、大四就业指导"全过程。在寝室日常学习生活中，学生党员"亮身份"、党员宿舍"挂牌子"，在激励广大学生党员加强自身建设、发挥先锋模范作用的同时，让广大学生学有标杆，强化学生公寓"党建+"育人实效。

（二）**聚焦思想建设，打造宣传阵地**。支部积极发挥学生公寓党建阵地政治功能，学生党员、入党积极分子积极参与"寝室—班级—年级—学院"学生组织管理工作，四级联动，充分发挥优秀学生典型的示范引领作用。将党建阵地建在学生公寓，打造学生党员活动室"主阵地"、公寓廊道文化"大阵地"、党员示范寝室"小阵地"，将党的声音第一时间传播给每一位同学，让党的旗帜在基层阵地高高飘扬。

（三）**整合育人资源，构建长效机制**。以学生成长为中心的学生公寓"党建+"育人模式，有利于全面统筹学院教育教学各环节、人才培养各方面的育人资源和育人力量。学生支部与教工支部积极联动，形成党员教师、学业导师联系学生寝室等良好工作机制，立足学生公寓开展思想政治、内务卫生、学业预警、课外科研、职业规划等教育引导工作，建立"一站式"育人长效机制。

[测绘学院中国南极测绘研究中心研究生党支部]

坚持榜样感召，助力南极精神社会传播

陆廷国

2023年12月，习近平总书记在给武汉大学参加中国南北极科学考察队师生代表的回信中指出："武汉大学师生坚持参加南北极科学考察，充分发挥了学科优势……为我国极地科学考察事业作出了积极贡献。"我们注意到，近年来武汉大学南极科考队伍不仅在科研领域取得了丰硕成果，更在社会中树立了榜样的力量。围绕南极精神的内涵与外延，测绘学院中国南极测绘研究中心研究生党支部不断探索如何将这种精神融入党建工作中，始终将学习和弘扬南极精神作为增强党员干部责任感与使命感的重要抓手，全面推进南极精神的社会传播。本文以南极精神的传播与应用为切入点，分析其在校园及社会层面的影响和实践经验，为各党支部在党建工作中进一步加强精神指引，发挥榜样引领作用提供参考借鉴。

【背景】

科学成就离不开精神支撑，支部依托极地科研特色，创新支部建设方法，充分发挥武汉大学40载在南极科考事业"打满全场"的优势，将南极科考与"爱国、求实、创新、拼搏"的南极精神融入思政教育，继承优良传统，赓续红色血脉。以党建促德育，激励成员将南极精神内化于心、外化于行，落实到学习生活的实践中，成为南极精神的传播者、传承者、践行者。

【做法】

（一）充分挖掘身边故事。为响应习近平总书记极地建设指示，支部积极投入参与建设极地展览馆，支部党员前后历经6个月采访30余位老中青南极科考人员，挖掘"南极测绘之父"鄂栋臣教授、人类历史上首次登顶南极冰盖最高点 Dome A 的张胜凯教授等南极科考感人故事，引领支部成员从身边典型身上汲取精神力量的同时，也为南极精神传播积累了大量素材。

（二）**打造校园文化品牌**。支部在中心指导下，参与举办大型原创展——《向南！向南！武大人在南极！》，以生动的方式传达极地科普知识，打造了一个特色鲜明的校园文化品牌。此外，支部还推荐优秀党员加入武汉大学博士生宣讲团、青年讲师团，面向校内及附属中、小学，以宣讲的方式传承弘扬南极精神，通过各个平台生动讲述武汉大学南极科考的故事。

参与举办武汉大学万林艺术博物馆展览——《向南！向南！武大人在南极！》

（三）**拓展社会服务功能**。支部充分发挥学科特色，组织举办科普报告和品牌讲座沙龙，吸引广大青年学子和社会大众关注中国南极事业，充分发挥党支部战斗堡垒作用。此外，支部还组织党员骨干在全国各地开展极地科普和党建宣讲活动，近年来，支部累计举办了近200场极地考察科普报告，建设"穿越极地"展览馆、AR实景体验馆，共计接待了2000余名大、中、小学生。

第四十次南极科考队员耿通在党日活动上做科普汇报

【启示】

（一）**榜样引领，激发奋进动力。**支部通过深入挖掘和传播南极科考人员的感人故事，充分发挥榜样的示范作用，激励支部成员汲取精神力量。通过组织专题学习、开展主题活动等多种形式，支部成员从这些鲜活的事迹中深刻体会到南极精神的内涵，将南极精神内化于心、外化于行，成为科研创新的推动者和践行者。在采访和记录过程中，支部成员不仅学到了宝贵的科研经验，更从老一辈科学家不畏艰难、不计得失的奋斗历程中，感受到了坚定的理想信念和无私奉献的精神，这种精神力量将成为激励支部成员不断进取、勇攀高峰的重要动力。

（二）**品牌建设，增强文化认同。**支部通过举办极地展览和宣讲活动，成功打造特色鲜明的校园文化品牌，进一步提升了学生和社会大众对南极科考的认知和热情。通过在万林艺术博物馆举办原创展览，支部将极地科普知识生动地展示给广大师生，激发了大家对极地科研的浓厚兴趣和参与热情。通过推荐优秀党员加入武汉大学博士生宣讲团、青年讲师团，以宣讲的方式传承和弘扬南极精神，引领广大学生不断坚定科研报国的信念、厚植为国为民的家国情怀。这种品牌建设不仅增强了党支部的凝聚力，还扩大了南极精神的社会影响力，使更多的人了解并认同南极精神。

（三）**社会服务，彰显责任担当**。支部积极拓展社会服务功能，通过科普报告、讲座沙龙和宣讲活动，将南极精神传播到更广泛的群体中。这不仅是对南极精神的弘扬，也是党支部社会责任感的体现。党支部充分发挥学科特色，组织举办了一系列高质量的科普报告和品牌讲座，吸引了广大青年学子和社会大众的关注和参与。同时，宣讲队以自己的亲身经历和感悟，结合精彩的图片和视频，生动展示了南极的自然风光，介绍了科学探索、国际合作和中国贡献等方面的情况，同时也传播了党的理想信念、奋斗精神和科考队员的爱国情怀。党支部在新的时代背景下充分发挥了党支部战斗堡垒作用，彰显了新时代青年党员的责任和担当。

围绕中心促发展，服务师生作表率

杨　鹏

党的十九大明确指出，党支部要担负好直接教育党员、管理党员、监督党员和组织群众、宣传群众、凝聚群众、服务群众的职责，引导广大党员发挥先锋模范作用。药学院机关与实验中心党支部坚持"围绕中心促发展、服务师生作表率"，将党建工作延伸到教学、科研、学生成长成才等方面的管理服务中，把党的宗旨贯彻到服务师生、管理育人的全过程。这里以药学院机关与实验中心党支部围绕服务师生，为学院高质量发展提供支撑保障为例，解剖麻雀、探寻规律，为各高校管理服务型党支部发挥基层党组织作用提供参考案例。

【背景】

药学院机关与实验中心党支部现有党员 18 人，包括学院党委书记、副书记、行政副院长以及党政办公室、教学科研管理办公室和药学实验教学中心等成员。支部坚持"党建引领促发展"的工作思路，积极贯彻落实全国高校思想政治工作会议精神，落实立德树人根本任务，严格规范组织生活、创新学习教育方式、开展支部结对共建，不断推进党建工作与管理服务育人中心工作深度融合。在学院党支部书记年度述职评议考核中连续获得"优秀"等次，支部党员在学校作风建设、学生工作、保密工作、工会工作、治安综合治理和消防工作、实验室安全等工作中荣获表彰 7 人，院级表彰 2 人。2020年获学校第二批"支部好案例、书记好党课、党员好故事"1 项、党建工作研究项目 1 项，2023 年入选校级"样板党支部"培育单位。

【做法】

（一）固根基——**优化班子结构，完善工作机制，保障支部战斗力**。本固则枝荣，根深则叶茂。机关与实验中心党支部从建设一个作风过硬的好班子入手，优化班子成员结构，组建结构合理、优势互补的支部委员会，坚持强化理论学习与提升管理服务能力紧密结合的工作机制，积极参加各类培训，不断提升政治理论水平和党建工作能力。支委会坚持定期召开会议，研究部署、统筹推进支部党建和业务工作。

（二）重原则——**加强学习引领，注重党性教育，强化责任担当**。机关与实验中心党支部始终坚持"三会一课"制度标准化、主题党日特色化、组织生活会和民主评议党员规范化，不断完善支部建设长效工作机制，强化支部的政治引领和服务群众功能。定期开展理论学习、书记讲党课、参观革命教育基地、重温入党誓词，观看红色影片、警示教育宣传片等一系列党性教育活动，树牢理想信念，强化宗旨意识，提升政治素养，不断提高党员运用党的创新理论指导实践、推动工作和为师生服务的能力。

党支部参观鄂豫皖苏区首府革命博物馆

（三）聚问题——**围绕中心工作，服务师生员工，追求工作实效**。机关与实验中心党支部坚持以问题为导向，以师生为中心，把服务教学科研中心工作、服务师生迫切需求作为支部党建工作的出发点和落脚点，在党政办和实验教学中心设立 2 个党员先锋岗，围绕强队伍、精管理、善服务，不断提升管理服务的专业化水平和工作效能。

结合专业特色举办实验室安全知识讲座和消防安全演练，强化师生安全意识，学院连续获评学校实验室安全先进单位、治安综合治理和消防工作先进集体。

克服办学空间分散、仪器设备不集中、使用不便等困难，全力推进大型仪器共享管理系统建设，得到师生们的一致好评。学院被评为学校 2023 年度大型仪器设备管理与效益优秀单位，并获得"优秀机组"称号 4 个。

在人才培养、队伍建设、科研管理、学科建设等工作中主动担当，积极贡献。近 3 年引育国字号人才 15 人，国字号人才达专任教师的 30%，学院获批"武汉大学人才工作先进集体"。

（四）有作为——深入"三全育人"，落实立德树人，营造良好氛围。机关与实验中心党支部始终把促进学生成长成才作为一切工作的出发点，积极引导全院教职员工牢固树立"三全育人"理念，聚焦学生思想价值引领，将爱党、爱国、为民思想贯穿教书育人全过程，形成以思想引领为轴，课堂教学、科学实验、产业实习、社会实践、校园文化活动等五个维度同步交互的协同育人机制，建立了管理干部、实验技术人员协同专业教师、学工队伍共同参与学生管理的联动工作机制。

为夯实德育和心理育人队伍，学院党委书记率先垂范担任德育班主任，深入学生一线，将管理育人、服务育人和思政育人紧密结合，与专业教师形成双导双带互动、党建和业务协同发力的大思政格局，不断优化以"全员涵养和精准滴灌"为目标的拔尖人才培养生态系统，持续提升人才培养质量。支部书记和组织委员分别担任本科生班主任，入选学校 2023 年优秀本科生班级导师工作案例 1 个。辅导员指导研究生党支部获学校党支部风采大赛一等奖 1 项、优秀奖 2 项，1 名研究生获"中国大学生自强之星"奖学金。

【启示】

（一）党支部要突出政治功能，抓好党员学习教育。机关与实验中心党支部始终坚持教育党员有力、管理党员有力、监督党员有力，组织师生有力、宣传师生有力、凝聚师生有力、服务师生有力的理念，突出党支部政治功能，深化政治理论学习，提升理论素养，强化责任意识，创新工作渠道，抓实工作内容，不断增强政治领导力、思想引领力、群众组织力，逐渐打造出一支经验丰富、努力向上、具有较强战斗力和凝聚力的集体，涌现出一批在管理服务育人方面的优秀代表。

（二）**党建要与业务深度结合，把握围绕中心、服务大局**。机关与实验中心党支部始终坚守服务育人初心，坚持当好服务师生的贴心人的思想理念，围绕学院中心工作，积极推进党建工作与管理服务育人工作深度融合、双轮驱动，坚持"围绕中心促发展、服务师生做表率"，将党建工作落实到服务教育改革、服务科技创新、服务师生的各个环节，把党的宗旨贯彻到服务师生、管理育人的全过程。这启示我们，基层党建工作必须坚持能力强、素质高、专业化的建设目标，着眼服务中心工作，用事业高质量发展成效检验党建工作质量，用党建"催化剂"助推学院事业向好向快发展。

"党员应急岗"——护佑母婴生命的坚强堡垒

刘　谦　范翠芳

　　武汉大学人民医院产科党支部现有正式党员 24 名，入党积极分子 2 名；支部党员中医生 7 人，护士 17 人；支委会由 4 人组成。秉承"科学、友善、良知"的院训，贯彻为一切病人服务的中心思想，在院党委的全面领导下，产科党支部以"样板党支部"建设为抓手，聚焦打造"党员应急岗"，推进支部党建工作和产科业务工作深度融合，让党旗飘扬在临床一线，让党员成为母婴的"守护神"。

【背景】

　　产科是医院高风险的科室之一，胎盘早剥、羊水栓塞、脐带脱垂、产后失血性休克等急危重症给产妇和胎儿的生命安全带来严重威胁。同时，武汉大学人民医院产科是湖北省急危重症转诊中心，接收省内乃至周围省份的急危重症孕产妇。产科具有内科、外科、新生儿科、精神科、重症医学科等多个学科的特点，起病急、病情进展快，需要紧急处置，为解决产科患者中急重症多、病情变化快、安全风险大的问题，产科党支部充分发挥党员的先锋模范作用，成立了由党员技术骨干组成的"党员应急岗"，"党员应急岗"成员吃苦在前、攻坚在前、担当在前、冲锋在前，把急危重症孕产妇当自己的亲人，让"党员应急岗"成为护佑母婴生命的坚强堡垒。

【做法】

　　（一）人民至上生命至上，牢记党员初心使命。"党员应急岗"充分发挥党支部的战斗堡垒作用，在支部书记刘谦和科主任范翠芳教授的带领下团结支部全体党员和科室职工，积极投身学科建设和专科能力提升，围绕"党员应急岗"的建设要求，党支部完善了科学、快速、有效的应急反应流程和机制，积极组织支部党员开展业务能力培训，扎实开展针对不同病种的"党员应急岗"演练，切实提高应急岗的快速反应和急重症抢救的能力。"党员应急岗"补齐了临床工作中的短板，加大了对急危重症孕产妇的保障力度。在党员应急岗的及时启动和有效介入下，乌干达籍在汉三胞胎孕妇渡过多重难关，实现了顺利分娩，得到了同行同业人员的高度好评和社会的高度赞赏。新冠疫情期间，应急岗同志主动亮明身份，让党旗飘扬在抗疫一线，让党徽在病床前熠熠生辉，坚持人民至上统筹疫情防控与孕产妇救治，在产科急危重症救治战线上持续发力；坚持生命至上，党员骨干担当作为在隔离手术间多次为暂无核酸检测结果的产妇进行剖宫产或顺产接生；在常态化疫情防控阶段，"党员应急岗"全体党员积极协助科主任，梳理孕产妇应急救治流程，尽快恢复临床工作，为患者在疫情下就医提供尽可能的方便。

（二）**双向融合双向促进，推进健康中国战略**。党支部组织生活是党内生活的重要内容，也是团结带领支部党员深入学习宣传贯彻党的理论和各项方针政策的重要平台，更是支部成员推进党建与业务工作双向融合双向促进的重要载体。随着 2020 年中国生育低谷的到来，孕产妇就诊及住院分娩人数锐减，产科党支部顺应形势、主动作为，积极推动工作模式转型，拓宽孕产妇就诊渠道，组织全体党员在工作之余积极投身党员下沉社区工作，开展"孕期保健社区行"主题党日活动，把便捷就医送进社区，同时以铭牌电话的形式将"党员应急岗"的联系方式留在社区，为畅通社区孕产妇急诊入院开辟了新的通道。在建党一百周年的党史学习教育中，开展"沿着红色足迹前进"主题党日活动，利用红色资源使支部党员不忘初心、牢记使命，厚植医学为民的情怀。2023 年 6 月，党支部在参观钟祥大洪山革命纪念馆的同时，联合钟祥市妇幼医院进行产前筛查-产前诊断专家会诊，贯彻落实国家卫生健康委部署的"323"工程，开展出生缺陷防治攻坚行动，以实际行动把优化生育政策，促进人口长期均衡发展等健康中国战略落实落地。

（三）**发挥先锋模范作用，带动学科全面发展**。在新冠疫情期间，产科党支部党员产科主任范翠芳教授在组织科室职工全力投身抗疫之外，还积极参与中华围产医学杂志专家组《妊娠期与产褥期新型冠状病毒感染专家建议》的编写，由其撰写的《妊娠合并新型冠状病毒感染 9 例临床分析》发表在

党支部开展"沿着红色足迹前进"主题党日活动

《中华围产医学杂志》；产科党支部刘谦书记撰写的《新冠肺炎孕妇在非定点医院的分娩期应对策略》发表在《武汉大学学报（医学版）》，两位支部先锋模范以科研成果助力抗疫，带动了学科全面发展。产科陈春丽护士长坚守在核酸采样抗疫一线，因"疫情不退我不退"的突出表现荣获"湖北省五一劳动奖章"。党支部中先进事迹和优秀典型持续涌现，产生强大的精神感召力，给予科室非党员同志极大的鼓舞，他们纷纷向党支部提交入党申请书，支部党员发展工作呈现一派生机勃勃的景象。

【启示】

（一）立足岗位，提升核心业务能力，切实担负起党赋予的神圣使命。"党员应急岗"成立以来，持续推动科室核心业务能力提升，多次在命悬一线的危急时刻把患者从"鬼门关"拉回来。"学习强国"平台、荆楚网等媒体以"产科里的红色跑者"为标题报道产科党支部创建"党员应急岗"以高质量党建护佑人民生命健康的感人事迹。武汉大学人民医院产科党支部部分先进经验和典型事迹在湖北省基层产科医师培训中分享，荣获中共湖北省教工委和武汉大学党委授予的"先进基层党支部"称号。经验启示我们，要一切为病人着想，一切从病人的角度出发，立足岗位提升危急重症孕产妇救治能力，确保母婴安全切实担负起党和人民赋予的神圣使命。

（二）**不断创新，在服务中心工作上促融合，以党建引领高质量发展。**"党员应急岗"充分发挥党支部的战斗堡垒作用，团结带领党员和职工积极投身学科建设和专科能力提升，推动党建和业务深度融合。这启示我们，样板党支部的创建要不断创新，在服务中心工作上促融合，以党建引领高质量发展，在医疗水平提升、人才培养、学科建设等方面持续发力，从而更好地为患者服务，让"党员应急岗"成为护佑母婴生命的坚强堡垒。

银发先锋映初心

刘正秋　袁继红

　　武汉大学人民医院退休第三党支部在学校党委的正确领导下，在医院高质量党建引领下，深入学习贯彻习近平新时代中国特色社会主义思想，结合支部退休党员的特点和需求，精准开展党员管理、教育、服务工作和党建活动，提升基层党组织的凝聚力和战斗力，不断探索支部建设新路径，努力打造具有人民医院特色的基层党建品牌。

【背景】

　　2021 年武汉大学人民医院退休第三党支部入选武汉大学第一批"样板党支部"培育创建单位，在如火如荼地创建武汉大学样板党支部的征途中，2022 年 6 月医院党委为推动党史学习教育常态化、长效化，巩固拓展"我为群众办实事"实践活动成果，教育引导党员立足岗位担当作为，充分发挥基层党组织战斗堡垒作用和党员先锋模范作用，及时下发了武大人医党字〔2022〕72 号文，命名首批党员先锋岗和党员责任区，其中退休第三党支部被命名为"夕阳正红"党员先锋岗。退休第三党支部以创建样板党支部为抓手，加强支部组织建设，提升党建工作水平，充分发挥党员先锋岗的示范作用。

【做法】

　　（一）统一思想认识，提高政治站位。怎样做才能对得起医院党委的信任和要求而不负众望呢？通过认真学习和领会院党委的文件精神，同志们认识到，要充分发挥老党员的先锋模范作用，从我做起，从身边的小事做起，要做到平常时候看得出来，关键时刻站得出来，危难关头豁得出来。退休第三支部全体党员都是先锋岗成员，四个支委是主要责任人。先锋岗全体党员郑重承诺：遇事亮身份，努力做好退休党员和群众的思想政治和服务工作，自觉接受群众监督。主要任务是：（1）执行医院党委的各项决定带领党员完成上级交办的各项工作。（2）对高龄、独居、行动不便的老职工，送学、送精神，送关怀上门。同志们纷纷表示，今后不管碰到什么事情，都要亮身份，为老同志们排忧解难，提高政治站位。

（二）**加强政治思想建设，提升党员的政治素质**。打铁必须自身硬，统一了思想认识，提高了政治站位后，政治思想建设尤为重要。党员先锋岗的同志们始终把政治思想建设摆在首位，传达学习上级党组织的决定，决策及时到位。每个月的党组织生活学习时，四个支委都能认真负责地通过支部党员群、电话或微信通知每个党员参加学习，教育党员用习近平新时代中国特色社会主义思想武装头脑，自觉在思想上、政治上、行动上同以习近平同志为核心的党中央保持高度一致。充分利用支委群和支部党员群，开展学习贯彻习近平新时代中国特色社会主义思想主题教育，学习新党章、党的二十大精神，用共产党员的标准严格要求自己，永葆晚节，永不褪色。

90岁高龄的老党员陈根娣同志，家住武汉生物制品研究所宿舍，坚持每月步行来医院参加组织生活学习，风雨无阻。身患疾病的老党员、80多岁的杨郁庭，一直带病参加每月的组织生活学习，结合医院实际，积极讨论发言，传递正能量。80岁高龄的郭慧芳老师，唯一的儿子在外地工作，总能克服生活中的种种困难，不给组织添麻烦，坚持每月参加组织生活会。他们始终严格要求自己，有极强的组织观念，具有革命乐观主义精神，是大家身边学习的榜样。

2024年5月17日，退休三支部组织主题党日活动，参观新洲区凤凰镇革命烈士纪念碑，学习革命先烈的英雄事迹，重温入党誓词，不忘初心、牢记使命，永葆共产党员的先进本色。一天的活动结束时，支委问年迈的张嵩玉老党员累不累，他笑着回答："只要腿脚能动，党建活动，我们都会积极参加。"返程后大家第一时间在支部群里为支部组织的党日活动频频点赞。

（三）**脚踏实地，热心为群众办实事**。2023年10月5日，支部书记刘正秋发现18栋居民群里有人将食堂油烟扰民的问题向城市留言板投诉了，便立即向离退休工作处的领导反映此情况，经与总务处处长沟通，得知医院已经

党支部组织党员参观新洲区凤凰镇革命烈士纪念碑

开始实施油烟管道改造，便在群里发安民告示，及时化解矛盾。

2023年12月初，出现冻雨恶劣天气，造成医院供暖不足，有些职工不理解，在群里发牢骚，先锋岗的党员们在群里进行解释和安抚，告知院党委高度关注老同志的供暖，正竭尽全力协调，确保家属区供暖，使这一矛盾没有激化，得到了职工的谅解。

党支部书记刘正秋同志参加医院"党建创新成果展示"大赛

2023年6月底"夕阳正红"党员先锋岗，代表全院1300多名退休职工，参加了医院党建创新成果展示大赛，获得了特别奖。这在离退休职工中引起了强烈反响，恰逢学院百年院庆，陈坚教授代表全体离退休职工挥毫泼墨，写下"百年岁月，春华秋实，代代英才，铸就辉煌"，同贺人民医院百年院庆。

【启示】

（一）**党员先锋岗的创建还存在着一些不足之处**。如对高龄、独居、行动不便的老同志送学、送精神、送关怀上门还做得不够。解决群众的急难愁盼问题，是党员先锋岗的职责所在，是他们应尽的责任和义务，应该全心全意地为老同志们做好服务。

（二）**党员先锋岗的党员要能为各级领导排忧解难，反映问题和诉求**。起到桥梁纽带作用是党员先锋岗存在的价值和意义，传递正能量是永远努力的方向。

支部建在科室，党员冲锋在前

胡 波 孙晓娟 都丽婷

全面加强公立医院党的建设，是贯彻落实新时代党的建设总要求、推动公立医院高质量发展的重要体现。临床科室作为公立医院最重要、最核心的组成单元，是直接为患者提供诊疗服务的第一线、最前沿。加强临床科室党支部建设，充分发挥临床科室党支部在推动学科发展中的政治功能和引领作用，是主动适应新时代公立医院党建工作要求的本质需求和必要举措，更是推动公立医院高质量发展的强劲动力和坚实保障。

【背景】

随着医药卫生体制改革的不断深入和健康中国战略的部署实施，全面加强临床科室建设，是公立医院实现高质量发展的重要基础，也是推进医疗卫生健康事业高质量发展的关键环节。基层党支部作为公立医院党建工作的前沿阵地和战斗堡垒，以高质量支部建设引领学科高质量发展是新时期公立医院基层党建工作的重要课题。武汉大学中南医院重症医学科党支部以"全国党建工作样板支部"创建为契机，坚持"党建引领促学科发展"的工作思路，致力于推动重症医学医疗水平的不断提升，通过发挥组织优势、学科优势、技术优势、人才优势等，在社会服务中彰显责任与担当，形成了一系列行之有效的党建工作机制和方法。

【做法】

（一）**发挥组织优势，构建生命救治快速通道**。重症医学科党支部坚持"一名党员就是一面旗帜"，充分发挥党员先锋模范作用，成立 ECMO 党员先锋队，引导党员立足岗位攻坚克难，致力于 ECMO 技术创新，挽救更多危重患者的生命。ECMO 党员先锋队在救治本院危重患者的同时，全年无休，24小时待命，奔赴省内外多地参与重症患者救治，做到"哪里有需要，我们随时去哪里"。《ECMO 党员先锋队救治与帮扶计划》案例荣获第六季中国医院管理奖全国区域优秀奖。同时，积极构建生命救治快速通道，通过与基层医院建立紧密的合作关系，实现患者信息的及时共享和医疗资源的优化配置，推动形成 300 公里绿色转诊圈，形成危重患者转运救治、稳定患者转回康复的绿色转诊模式，并进一步加强对转诊患者的跟踪管理，确保患者得到连贯、高效的医疗服务，大大提高了危重患者的救治成功率。每年通过绿色转诊救治的患者达 150 余人，党支部派出党员专家帮扶基层 500 余人次。

党支部结合重点工作成立 ECMO 党员先锋队

（二）**发挥学科优势，推动专科党建联盟建设**。重症医学科党支部积极推进医疗帮扶，改善基层民生，与专科联盟单位构建重症医学专科党建联盟，依托组织共建、资源共享、业务共创、服务共为的深度融合模式，推动优质医疗资源和医疗服务向基层延伸，助推华中地区重症医学水平整体提升。一方面党支部经常组织党员骨干深入基层，以服务基层群众健康为核心，组织开展大型系列义诊和帮扶活动，为广大基层群众提供优质便利的医疗卫生服务。另一方面针对基层医院救治能力的薄弱环节，党支部以学术讲座、临床查房、云会诊及技能培训等多种形式进行授课指导，切实提升基层医院重症患者救治能力。目前，重症医学科专科联盟成员单位已超过 100 家，涵盖湖北、湖南、河南、河北、江西、安徽等 8 个省份。

（三）发挥技术优势，打造规范化培训品牌。重症医学科党支部不断加强技术推广，为进一步助力基层医疗服务能力全面提升，提供强有力的医疗技术支撑。重症医学科党支部致力于构建技术推广品牌，打造了体外生命支持技术规范化培训班与重症血液净化技术规范化培训班品牌，提升基层医疗"软实力"，进一步为湖北及周边地区基层重症患者的成功救治再筑防线。截至 2024 年 4 月，体外生命支持技术规范化培训班已成功开展 4 期，培训了来自湖北、河南、重庆等不同地区学员 150 余名；重症血液净化技术规范化培训班已成功开展 2 期，培训了来自湖北、江西、河南、安徽等地区学员 80 余名。同时作为中华医学会相关项目委托培养单位，每年接收省内外进修医护人员 30 余名。

（四）发挥人才优势，推动党员骨干挂职基层。重症医学科党支部充分发挥人才优势，一方面针对基层医院危重患者救治能力薄弱以及新技术新业务欠缺等问题，组织选派 10 余名专家下沉基层医院担任名誉院长、副院长、学术主任等，从环境设置、硬件设施、诊疗流程、人才培养、专科技术等多方面进行个性化、全方位指导。其中一名党员骨干作为湖北省第十一批"博士服务团"成员，在挂职基层医院副院长期间，帮助实现全市体外生命支持技术零的突破，并助力该院重症医学科以全市第二的成绩成为市级重点专科。另一方面党支部积极选派党员骨干参加对口援疆工作，近 3 年共派出 3 名医护完成援疆任务，培养了一支"带不走"的医疗队，荣获"湖北省优秀援疆干部人才"称号。

【启示】

（一）坚持初心，保障人民群众生命健康是根本。党的二十大报告提出，把保障人民健康放在优先发展的战略位置。公立医院临床科室党支部要始终坚持人民至上、生命至上，始终把人民群众生命安全和身体健康放在首位。坚持党建引领，践行公立医院公益性，聚焦为民服务，创新党建工作载体，在不断提升医疗服务质量、改善患者就医体验、帮扶带动基层医院、志愿服务基层百姓等过程中充分发挥党支部战斗堡垒作用。

（二）**坚持融合，推进党建与业务深度融合是核心**。公立医院临床科室党支部要积极探索基层党建与业务工作深度融合的机制和路径，突出专业特色，坚持问题导向，推行"党建+"工作模式。充分发挥党支部政治功能，在坚持党建与临床诊疗、科学研究、教育教学和社会服务等工作融合推进的过程中，推动开展高质量医疗服务、建设高素质人才队伍、创造高水平科研成果等，真正实现党建与业务融合发展，赋能医疗卫生事业高质量发展。

（三）**坚持凝聚，提高队伍凝聚力和战斗力是关键**。党员队伍建设是基层党组织建设的最重要因素，公立医院临床科室党支部要不断加强党员队伍建设，充分发挥党员先锋模范作用。健全党员立足岗位创先争优长效机制，通过设立党员先锋队、党员先锋岗、党员责任区等形式，开展党员承诺践诺和志愿服务活动，发挥示范作用，不断提高党员队伍凝聚力和战斗力。

探索创新"三四五"工作模式，
打造样板党支部

舒服亮

随着高校党建工作的不断深入，珞珈自强超市（学生综合服务中心）党支部（以下简称党支部）积极响应学校与总务后勤部党委的号召，致力于通过创新"三四五"工作模式，提升组织力、凝聚力和战斗力，打造样板党支部。这一模式旨在建立健全服务体系，实现党建与业务工作的深度融合，为学生提供更加优质、高效的服务。

【背景】

近年来，珞珈自强超市面临服务需求多样化、个性化，以及互联网技术快速发展带来的挑战。为应对这些挑战，党支部决定探索创新党建工作模式，推动中心服务工作的转型升级。

【做法】

（一）**探索"三位一体"党建工作新格局**。党支部积极构建"三位一体"党建工作新格局，即健全思想教育体系、构建组织管理体系、打造服务保障体系。思想教育体系：建立常态化学习机制，通过理论学习与实践活动相结合，提升党员政治素养与创新能力。例如，党支部定期召开学习贯彻习近平新时代中国特色社会主义思想主题教育专题组织生活会，确保党的基本理论、基本路线、基本方略深入人心。组织管理体系：明确各级党组织职责，强化上下联动与横向协作，形成党建责任链条。通过责任明晰、协同高效的管理体系，推动党建工作与业务工作深度融合。服务保障体系：坚持以人民为中心的发展思想，创新服务模式，拓宽服务渠道。党支部在超市各门店设立文明服务窗口，设置投诉处理机制，提高门店服务质量和水平，树立文明服务新形象。

党支部召开学习贯彻习近平新时代中国特色社会主义思想
主题教育专题组织生活会

（二）**努力适应服务需求的新变化，建设四个平台。**党支部根据服务需求的新变化，建设了学习交流、文明服务、文化传播和社会实践四个平台。学习交流平台：精心布置党员活动室，为党员提供学习场所和书籍资料。通过集中学习与自学相结合的方式，增强党员政治觉悟。文明服务平台：在超市门店设立文明服务窗口，解决师生实际问题，提升服务水平。例如，设立投诉处理机制，确保师生反馈得到及时响应。文化传播平台：开展丰富多彩的文化活动，如员工拓展、女职工趣味运动会等，增强团队凝聚力。同时，组织职工参加学校各项文体活动，提升职工文化素养。社会实践平台：成立爱心志愿服务队，开展免费送货上门、商品知识宣讲等活动。积极参与学校"助农兴农"扶贫捐款，筹措帮扶对象所需物资，展现爱心与担当。

（三）**紧密结合时代特点，创建五个党建+模式。**一是党建+超市。建立党员联系门店制度，针对一线门店党员较少的实际情况，安排支部18名党员每人联系1个基层门店，帮助门店解决实际困难。重点工作节点，党员深入一线，在服务师生过程中亮明身份，树立形象，自觉发挥先锋模范作用，打通了党员联系基层的"最后一公里"。二是党建+综合服务体。党支部把党建工作与综合服务体的运营管理相结合，通过开展党建工作，提升服务质量，满足师生多元化需求。三是党建+服务育人。聚焦后勤"服务育人"宗旨，深化服务育人工作，让学生融入后勤管理。吸收学生参与电商平台建设与网络直播活动；定期召开学生代表座谈会；组织学生参加校园综合服务体的问卷调查、命名征集、LOGO 设计大赛等系列活动。2023 年与共青团武汉大学经济与管理学院委员会建立全面育人战略合作关系，通过搭建多样化的教学和实践平台，组织开展丰富多彩的劳动实践活动，使"服务育人"宗旨得到较好的体现。四是党建+安全。党支部高度重视安全工作，定期组织党员开展安全检查，做好节假日、寒暑假、重要时间节点的安全检查，严格落实隐患整改，确保师生生命安全。五是党建+信息化。注重信息化建设，利用信息技术手段，提升党支部工作效率，增强党建工作科学化水平，建立党员微信交流平台，定期推送"共产党手机报""学习强国"等学习平台上的内容，聚焦典型事例，传播正能量，交流学习心得，通报学习重点、学习内容和党支部开展的活动信息。

党支部组织党员、入党积极分子参观红色教育基地——项英故里

【启示】

（一）**创新工作模式，深化党建与业务融合**。党支部通过创新"三四五"工作模式，有效融合了党建工作与超市运营、学生服务等业务工作，实现了党建工作与业务工作的双融双促。这一模式不仅提升了党支部的组织效能，还显著提高了服务质量，为师生提供了更加优质、高效的服务。这启示我们，在党建工作中，应勇于创新，积极探索适合自身特点的工作模式，实现党建与业务的深度融合，从而推动整体工作的不断提升。

（二）**强化服务意识，构建人民满意的服务体系**。党支部坚持以师生为中心，通过建设学习交流、文明服务、文化传播和社会实践四大平台，精准对接师生需求，提供了多样化的服务。这些举措不仅提高了师生的满意度，还增强了党支部的凝聚力和战斗力。这启示我们，在党建工作中，应始终强化服务意识，把满足人民群众的需求作为出发点和落脚点，构建完善的服务体系，不断提升服务质量和水平，赢得人民群众的信任和支持。

（三）**注重党员培养，发挥先锋模范作用**。党支部通过建立健全的思想教育体系、组织管理体系和服务保障体系，全面提升了党员的政治素养、业务能力和服务能力。同时，通过"党建+"工作模式，鼓励党员在服务师生、推动工作中发挥先锋模范作用，有效激发了党建工作的新动能。这启示我们，在党建工作中，应注重党员的培养和教育，通过建立健全培养机制、激励机制和保障机制，激发党员的积极性和创造性，发挥他们在各项工作中的先锋模范作用，推动党建工作不断取得新的成效。

[体育部行政党支部]

践行"113"工作理念，全面加强支部建设

周　迪

　　基础不牢，地动山摇。习近平总书记强调，基层党组织是贯彻落实党中央决策部署的"最后一公里"。近年来，体育部行政党支部在部党总支的坚强领导下，结合单位实际和自身属性，立足管理服务，不断践行"113"工作理念，逐步在单位内形成了工作规范、执行有力、作风过硬、氛围进取、成绩突出的党支部良好形象。这里以体育部行政党支部工作实践为例，总结经验、探寻规律，为行政类党支部运用典型经验推进支部工作提供参考借鉴。

【背景】

　　2021年4月，体育部行政党支部重新设立。体育部行政党支部运行3年以来，紧紧围绕新时代党的建设总要求，在党总支的带领和指导下，践行"113"工作理念，即1个核心——以党员政治理论学习和教职工思想政治教育为党支部工作的核心。1个目标——打造行政党支部"唯干唯实唯先"的作风形象。3个重点——一是严格执行"三会一课"、主题党日、民主评议党员、组织生活会等党内基本制度；二是着力加强支委会建设，提升支委会工作水平；三是推动党建工作与业务工作深度融合，始终强调党建引领，全面提升党支部工作质量。

【做法】

　　（一）**坚持通过加强政治理论学习推动党性教育和党性锻炼，为发展凝聚智慧力量。**体育部行政党支部始终强调把党员的政治理论学习和教职工的思想政治教育放在支部工作的首要位置来抓，通过经常性的政治理论学习，坚

定不移把"两个确立"转化为坚决做到"两个维护"的高度自觉，坚持不懈用党的创新理论武装头脑、指导实践、推动工作。2021 年成立伊始，体育部行政党支部起步就是冲刺，一揽子制订并实施体育部行政党支部学习活动计划，全年组织完成 24 项党员学习教育活动。2022 年，体育部行政党支部不断巩固学习机制，创新建立"支委讲党课"机制，扎实开展了 5 次线下专题政治理论学习、2 次党课、3 次线上学习活动，集中学习了习近平总书记系列重要讲话和党的二十大等重大会议精神。2023 年，体育部行政党支部学习活动逐步形成常态，先后开展了 7 次线下专题政治理论学习、2 次党课、2 次线上学习活动，集中学习了习近平总书记给武汉大学参加中国南北极科学考察队师生代表的重要回信精神等内容。

（二）坚持通过强化目标问题导向推动管理服务质量提高，提升工作认可度满意度。体育部行政党支部坚持以思想破冰引领效能提升，以干在实处推动支部建设，以优良的作风为体育部的长远发展和顺畅运行提供坚强保障。2021 年，经体育部党总支研究上报和学校党委审批同意，在部党政办公室设立体育部唯一党员责任区——教师服务中心，实行"一个机构两块牌子"运行模式。体育部行政党支部第一时间配套制定了党员及办公室服务制度，完善和补充了教师服务的职能，为教师来访办事提供便利。2022 年，体育部行政党支部将教师服务中心运转情况纳入年终支部书记述职考评，向领导班子及党员教师进行汇报。2023 年，体育部行政党支部首次面向全体教师开展党员责任区——教师服务中心满意度测评，经综合测评，服务总体满意度为80%。为加强支委会自身建设，体育部行政党支部还实行支部委员工作计划制和报告工作制。支部委员按月制订工作计划，提交支部委员会会议集体研究讨论，抓好各项任务的落实；支部委员年底必须向支部全体党员报告负责工作的开展情况。

（三）坚持通过创新工作模式推动党员教育工作出新出彩，激发和提振党员精气神。体育部行政党支部运行 3 年来，不折不扣落实党内政治生活基本制度。同时，支部紧盯工作发展中的重点和难点，将党建工作具体化，始终坚持虚中有实，实中有虚，做到虚实结合、相融相促。一是抓责任"具体化"，推动支委会成员责任分工和工作机制认识统一。二是抓目标"具体化"，始终将工作计划前置，主动开展工作。三是抓问效"具体化"，对标年度支部考评中存在的不足，逐项做好整改和提升工作。党支部在开展党建活动中根据自身业务属性，开展了一系列特色党日活动，如 2021 年探索开展"党课+业务"的模式，推动党建和业务工作深度融合的研究和思考；2022 年开展"以学为先，以干为要，以创为翼"系列党日活动，加强支部特色建设；2023年开展"六个一"专项行动，补齐补强支部工作短板。

体育部行政党支部重新设立以来，始终围绕改革发展大局，突出增强政治功能和组织功能，强调内涵建设和工作创新，不断提高党支部和党员管理服务水平，收获了良好成果。党支部书记获评体育部 2023 年党支部书记考核优秀；支部全体党员主动发挥作用，特别是在 2023 年，体育部先后荣获学校综合治理与消防工作先进单位、130 周年校庆先进集体等荣誉，行政党支部全体党员在各项具体工作中都作出了积极贡献。

2021 年 5 月，党支部组织全体党员到周恩来旧居参观

【启示】

（一）推进行政类党支部建设，必须坚持加强学习，并贯之于实践。体育部行政党支部作为一个年轻的基层支部，坚持树立积极学习的理念，通过各种形式创造机会让全体党员参与学习。同时，始终提倡工作与学习两者紧密结合，切实引导全体党员将学习成效转化为做好本职工作、推动事业发展的

生动实践。

（二）**推进行政类党支部建设，必须持之以恒抓好作风建设**。体育部行政党支部作为管理类党支部，作风建设必须常抓不懈，为师生服务持续深入，才能体现党支部的先进性和党员的先锋模范作用。要做好服务，必须坚持扑下身子、沉到一线，多向师生请教，为改进工作方式提供有针对性的依据。

（三）**推进行政类党支部建设，必须明确实施载体和工作导向**。开展党建工作的形式不能千篇一律，要依据各个基层党组织的自身条件、所处环境、工作特点和主要任务，从而设计灵活的实践载体。开展党建工作的关键是找好党建工作的着力点，要紧紧围绕核心工作抓具体工作。

[武汉大学医院一门诊党支部]

打造"服务惠民"品牌，
推动医疗服务提质增效

隋　妍

近年来，武汉大学医院一门诊党支部紧紧围绕贯彻武汉大学党委和武汉大学医院党委工作部署，坚持党建引领和党建融入业务，结合广大师生对健康的需求，用心打造"服务惠民"品牌，建设过硬的医疗服务团队，努力为全校师生员工提供有质量、有温度的医疗服务。

【背景】

党的二十大报告提出，"教育、科技、人才是全面建设社会主义现代化国家的基础性、战略性支撑"，而高校作为拔尖创新人才培养的主阵地，在一体统筹推进教育强国、科技强国、人才强国建设中具有重要作用。过去两年，健康中国行动稳步推进，预防为主的大健康理念持续深化。同时，在高校不断发展的背景下，师生对医疗服务的需求和期望也显著增加，这就要求高校医疗体系必须紧跟国家战略，全面提升服务能力，不仅要满足基本的治疗需求，还要坚持预防为主，提供更加便捷、舒适、高效的服务，来满足师生多层次、多元化的健康需求。

【做法】

（一）**坚持党建融入业务，提高服务质量**。一门诊党支部坚持用习近平新时代中国特色社会主义思想武装头脑，着力在理论学习转化实践上下功夫，努力实现"理论学习有收获，为民服务解难题"。打造出了一支由"全科医生+社区护士+检验技师"组成的有经验的医疗团队，每年每月进社区、进学校开展健康讲座及义诊活动，同时也举办红色故事会，组织志愿者团队上门访视、党员干部走访调研等各种形式的党建活动。定期交流学习，深化对服务工作本质和要求的理解，了解师生的实际需求和问题，通过集思广益，提出创新的服务解决方案，加强支部党员的服务能力，促进服务质量的提升。

党支部 12 名党员在武大工学部社区开展"家庭医生送服务，
群众健康有'医'靠"主题党日活动

（二）**坚持发挥党员作用，树牢服务意识。**支部党员干部带头组成"医疗志愿者团队"，为辖区百岁老人上门免费进行健康体检。在每年重阳节前后，上门为高龄、资深、体弱多病的老年群体提供免费的基础医疗服务。这些举措，不仅拉近了医生与群众的关系，还受到家属的尊敬和称赞。疫情期间，发热患者的接诊管理、全民新冠疫苗接种以及核酸采样等突击任务频繁，工作量大且任务重，为守护校园安宁，党员干部以身作则，在最苦、最难的地方带领全体医护人员保质保量地完成一个又一个艰巨的任务，党员干部不仅发挥了先锋模范作用，还带动身边的职工更加积极、更加热情地参与工作，通过实际行动和榜样的示范进一步树牢了全体医务工作者的服务意识。

（三）**坚持完善工作内容，深挖服务潜力。**一门诊支部近几年持续为"特扶人群"提供"就医绿色通道""健康体检专场"等服务。在全校范围内组织开展多场 HPV 疫苗、流感疫苗、乙肝疫苗等日常或周末"师生专场"接种活动，制作"线上预约码"，开通"预约绿色通道"。2021 年至 2023 年，HPV 疫苗接种 11234 剂次，流感疫苗接种 7587 剂次，乙肝疫苗接种 2846 剂次。同时，支部成立的两支"家庭医生团队"轮流开展社区"巡诊"服务，为居民测血压，测血糖，从饮食习惯、运动起居等方面进行个性化专业指导。另外，中医专家下社区举办健康讲座及义诊活动得到了群众的一致好评，门诊提供代煎药服务、线上预约挂号、个性化中医健康指导等，也使中医药服务更加便捷可及。

（四）坚持加强监督整改，完善服务机制。一门诊支部实行党员干部轮流巡查值班制，每日进行工作巡查督导，工作内容包括监督迟到早退、着装挂牌、服务态度、规范行为用语等，发现问题及时解决纠正。此项工作制度的实行，形成了支部齐抓共管的工作合力。同时，支部每月不定期组织开展科务会、医德医风沟通会，针对工作中遇到的困难和问题及在珞珈直通车、作风评议平台、门诊监督意见箱内收到的意见和建议进行分析和探讨，共同商议，及时改进服务措施，切实解决工作中存在的实际问题，做好服务监督工作，进一步提升医务工作者在广大师生心目中的形象。

【启示】

（一）必须提升思想认识。用思想的力量引领医疗服务工作高质量发展，强化"为珞珈办医，为师生服务"的工作理念。一方面，持续提升卫生服务技术水平和管理水平，加强团队协作。另一方面，重视加强医德医风建设，尊重每位患者，在医疗服务过程中保持专业、可信、高效的服务态度。

（二）必须贴合工作实际。想要党建工作避免虚化、弱化、边缘化，就要以业务工作来检验成效。一门诊党支部紧紧围绕"为学校广大师生员工及辖区居民提供健康服务"这个中心来开展学习和活动，立足实际，发挥医务工作者自身的优势，组织和举办各种特色党建活动，使党建和业务工作深度融合，相互促进。

（三）必须建立长效机制。建立工作中的长效机制，必须一手抓制度完善，一手抓制度执行。将工作中一些有特色、有成效的思路和举措，形成可复制、可推广的成果，并及时以制度的形式固定下来，边实践边总结，充分发挥党员干部在遵守制度方面的示范引领作用，让支部的"优秀做法"得以传承。

（四）**必须加强舆论引导**。正面的新闻宣传和典型事迹报道，在塑造支部品牌、树立支部良好的形象上有着至关重要的作用，合适的宣传引导能增强组织凝聚力，增强活动的影响力，同时反映当下工作的实时状态，使更多人了解支部的工作内容，了解医院的最新动态，进一步推动医院各项工作发展。

严把关口强党性，示范引领当先锋

潘　虹　何　苗

武大二附小工学部党支部一直致力于加强党员队伍建设，提升党员素质，发挥党员在教育教学和学校发展中的先锋模范作用。近年来，面对新时代的教育改革和发展要求，武大二附小工学部党支部不断探索创新，形成了一套行之有效的发展党员、加强党员教育管理、发挥党员先锋模范作用的模式。2023年，武大二附小工学部党支部成功入选武汉大学第二批"样板党支部"培育创建单位名单。

【背景】

党员是党组织的基础和细胞，党员队伍的素质直接关系到党组织的凝聚力和战斗力。做好发展党员工作，选拔和培养优秀入党积极分子加入党组织，是保持党的先进性和纯洁性的重要举措。新时代要求党员发挥先锋模范作用，成为推动社会进步的重要力量。加强党员教育管理，提高党员素质，对于发挥党员先锋模范作用具有重要意义。武大二附小工学部党支部严把入口关、抓好培育关，教育引导党员立足本职岗位，干在实处、走在前列，创先争优。

【做法】

（一）**严把入口质量关，确保队伍高素质**。武大二附小工学部党支部严格遵循发展党员"坚持标准，保证质量，改善结构，慎重发展"的十六字方针，设立"党员发展考察小组"，对入党积极分子进行全方位、多角度的考察。在入党积极分子的选拔上，注重考察其思想政治素质、道德品质、工作能力以及社会实践能力等多方面素质。通过定期开展入党积极分子培训班、组织参加志愿服务和实践活动等方式，对入党积极分子进行全方位、多角度的考察和培养，党支部已建立入党积极分子培养考察体系和工作机制。在确定入党积极分子人选时，党支部广泛征求师生意见，确保人选的广泛性和代表性。在发展对象的确定上，严格按照党章规定的程序进行。同时，党支部还建立了发展党员工作责任制，明确各级党组织和党员在发展党员工作中的职责和任务，确保发展党员工作的顺利进行。2020 年至今，武大二附小工学部党支部从优秀青年教师中培养考察入党积极分子达 22 人，其中 8 人成为中共正式党员，3 人成为中共预备党员，1 人已确定为 2024 年重点培养发展对象。

（二）**锤炼队伍强管理，促进整体高效能**。武大二附小工学部党支部建立了完善的党员管理制度，包括党员组织生活制度、党员学习制度、党员服务制度等。通过制度的落实和执行，加强对党员、预备党员、入党积极分子的日常管理和监督，确保其在思想和行动上始终保持先进性。党支部还坚持定期开展党的理论、政策法规、师德师风等方面的教育培训活动，采用线上线下相结合的方式，提高培训的覆盖率和实效性。开展党员读书分享会、主题党日等活动，丰富党员的精神文化生活，增强党组织的凝聚力和向心力。武大二附小工学部党支部实行党员导师制，由优秀党员担任导师，对新党员进行一对一的指导和帮助，促进其快速成长。

（三）**先锋模范放光芒，引领党员创新篇**。武大二附小工学部党支部鼓励党员通过"党员先锋岗""党员责任区""党员示范课""青蓝工程""名师工作室"等形式，引导党员在教育教学、班级管理等方面发挥模范带头作用。支部党员教师在学校教育教学教研方面发挥骨干作用，在各级各类评先评优中获奖比例高达 80%。武大二附小工学部党支部以党建引领团建队建，立足实际，构建"党建+"系列活动，包括学雷锋、读书节、国庆歌会、科技节、宪法日等。通过"党润童心"国旗下讲话、小浪花广播台进行红色教育，组织团员教师开展思政一体化课堂实践，引导少先队员担当时代责任。同时，开展用英语讲好中国故事、普法、禁毒等宣传教育活动，将党史、社会主义核心价值观等融入教育教学，促进青少年健康成长。学校先后获评"全国优秀少先队集体"和"湖北省优秀少先队集体"。武大二附小工学部党支部组织党员参与支教助学、社区服务、无偿献血等各种形式的志愿服务活动。2023年 12 月，党支部副书记杨裕民校长带领 5 名党员教师到恩施高旗小学和白果树小学开展送教活动。党支部书记潘虹同志作为稀有血型志愿者无偿献血 10 年，她带领武大二附小党员教师于 2023 年成立无偿献血队，先后多次参加了武昌区组织的无偿献血活动。通过志愿服务活动，党员教师增强了自身的社会责任感和奉献精神。

党支部开展"扫雪除冰齐上阵　护航开学保平安"志愿服务活动

稀有血型志愿者潘虹同志（后排左二）参加无偿献血活动

【启示】

（一）**严格党员发展标准是加强党员队伍建设的基础**。只有确保发展的党员质量，才能为党组织注入新鲜血液，保持党组织的生机和活力。

（二）**创新党员教育管理方式是提高党员素质的关键**。只有不断探索新的教育管理方式，才能适应新时代的要求和挑战，提升党员的综合素质和业务能力。

（三）**发挥党员先锋模范作用是加强党员队伍建设的目标**。只有让党员在教育教学和学校发展中发挥模范带头作用，才能增强党组织的凝聚力和战斗力，推动学校各项事业不断向前发展。

将支部建设与测绘遥感精神相结合，
发挥党员先锋模范作用

黄海燕

测绘遥感信息工程国家重点实验室遥感方向研究生第二党支部牢记习近平总书记重要回信精神，始终胸怀"国之大者"，接续砥砺奋斗，练就过硬本领，勇攀科学高峰，为实现高水平科技自立自强和建设教育强国、科技强国、人才强国，全面推进中国式现代化作出新的更大贡献。我们致力于加强支部建设，提升基层党组织的凝聚力、战斗力。

【背景】

测绘遥感信息工程国家重点实验室遥感方向研究生第二党支部坚持以习近平新时代中国特色社会主义思想为指导，传承测绘遥感精神，将党建与科研发展相融合。我们积极参与活力创新工程项目，通过遥感的方式监测分析近十年来长征路植被覆盖度的变化信息，将科研做在祖国的大地上。始终以国家发展大局为己任，心怀"国之大者"，紧握时代脉搏，不忘初心、牢记使命。

【做法】

（一）结合学科特色，将支部建设与测绘遥感精神相结合，组织跨支部、跨院系、跨学校的主题党日活动。引导党支部成员以习近平新时代中国特色社会主义思想为指导，社会主义核心价值观为准则，深入理解测绘遥感精神内涵，以饱满的科研状态开展科学研究。开展"学思践悟二十大、砥砺奋进新征程"主题党日活动，受到湖北电视台、长江云等省级媒体的广泛关注。

与华中科技大学电子信息与通信学院联合开展"不忘初心担使命，跨校联学促发展"主题党日活动，进一步促进"党建+科研"双螺旋式发展。同时，与武汉大学计算机学院智能感知实验室研究生党支部联合开展"弘扬科学家精神，争做时代好青年"主题党日活动，增强全体学生党员的科学意识，激励学生党员在奋进新征程中勇毅前行。此外，为激励支部党员坚定理想信念，举行"党徽闪耀，党旗飘扬"七一主题党日活动，砥砺前进初心，弘扬伟大建党精神。

党支部举办"践行低碳理念，促进交流合作"主题党日活动

（二）持续建强战斗堡垒，发挥党员先锋模范作用。近三年来，党支部将党建工作和科研工作深度融合，强化党建引领，引领研究生全面发展，支部先后获评实验室先进党支部和武汉大学样板党支部称号，近年来，支部多位成员获评首届"雷军卓越奖学金""国家奖学金""于刚宋晓奖学金""华为奖学金""王之卓创新人才奖""武汉大学优秀学业奖学金"等奖励，以及武汉大学"优秀研究生标兵""优秀共青团员""优秀班干部""共青团理论先进个人""优秀青年志愿者""社会活动积极分子""第十六届武汉大学研究生学术之星"等称号。支部成员积极参加武汉大学青年讲师团和武汉大学党建研究会的工作，以实际行动展现青年学子的使命与担当。特别是庄庆威同志获得了武汉大学"雷军卓越奖学金"，韩承熙同志荣获了武汉大学"优秀研究生标兵"称号，两位同志积极参与校内外的宣讲，将成果写在祖国的大地

上，是青年学子学习的榜样。

（三）服务国家重大战略，投身科研报国。习近平总书记2020年9月在第七十五届联合国大会上指出：中国将提高国家自主贡献力度，采取更加有力的政策和措施，二氧化碳排放力争于2030年前达到峰值，努力争取2060年前实现碳中和。此外，境外重点项目建设是我国推动共建"一带一路"和构建人类命运共同体的重要实践。党支部成员积极参与重点项目，为实现碳达峰、碳中和和促进"一带一路"项目的发展贡献青春力量。党支部同志积极参加国内外各类会议及学术论坛，并获最佳报告奖。此外，党支部参与申报武汉大学活力创新工程项目"遥'瞰'长征路变迁，感'悟'新时代精神"，利用所学的遥感手段监测分析了近十年来长征路植被覆盖度的变化信息，理论与实践相结合，做到学以致用。

【启示】

（一）勇攀科学高峰，练就过硬本领。在科研征途上，坚持理论联系实际，以习近平新时代中国特色社会主义思想为指导，以测绘遥感精神为引领。通过"弘扬科学家精神，争做时代好青年"主题党日活动等形式，深入学习科学家故事，以其为楷模，始终保持昂扬的科研状态。同时，我们积极参与"遥'瞰'长征路变迁，感'悟'新时代精神"活力创新工程项目，运用遥感技术服务祖国，将理论付诸实践，以科技创新助推国家发展。

（二）加强支部建设，促进支部凝聚力。为了更好地发挥党支部在引领科研创新和推动学生全面发展中的核心作用，不断加强支部建设。通过跨支部、跨院系的主题党日活动，增强科研工作与党建工作的融合。通过宣讲与实践交流讨论多种形式，激发支部成员的研究热情和创新精神。特色党日活动不仅在校内外引起了广泛关注，还提升了支部在学术界和社会中的影响力，为打造坚强战斗堡垒提供了强有力的组织保障。

（三）勇担时代重任，助力国家重大战略。作为测绘遥感信息工程国家重点实验室的一员，积极响应国家重大战略，投身科研报国。习近平总书记关于碳达峰碳中和工作的重要论述以及共建"一带一路"倡议，激励我们更加积极地参与相关科研项目，为实现科技强国贡献青春智慧和力量。通过参与多种国内外会议和学术论坛，不断深化专业知识，扩展国际视野，提升科研能力和影响力。